Die Haftung des Hauptversammlungsleiters

Europäische Hochschulschriften

European University Studies

Publications Universitaires Européennes

Reihe II **Rechtswissenschaft**

Series II Law

Série II Droit

Band/Volume **5771**

Sebastian Pliquett

Die Haftung des Hauptversammlungsleiters

PL ACADEMIC RESEARCH

Bibliografische Information der Deutschen Nationalbibliothek
Die Deutsche Nationalbibliothek verzeichnet diese Publikation in der Deutschen Nationalbibliografie; detaillierte bibliografische Daten sind im Internet über http://dnb.d-nb.de abrufbar.

Zugl.: Berlin, Freie Univ., Diss., 2015

D 188
ISSN 0531-7312
ISBN 978-3-631-66578-7 (Print)
E-ISBN 978-3-653-06021-8 (E-Book)
DOI 10.3726/978-3-653-06021-8

PL Academic Research ist ein Imprint der Peter Lang GmbH.
Peter Lang – Frankfurt am Main · Bern · Bruxelles · New York · Oxford · Warszawa · Wien

Diese Publikation wurde begutachtet.

www.peterlang.com

Meinem Großvater
Hans-Ulrich Pliquett sen.
und
meinem Vater

Vorwort

Diese Arbeit lag dem Fachbereich Rechtswissenschaften der Freien Universität Berlin im Jahre 2015 als Dissertation vor. Das Manuskript wurde im Februar 2015 abgeschlossen, wichtige Entwicklungen zur Thematik konnten noch bis Juni 2015 berücksichtigt werden.

Ich danke meinem Doktorvater Univ.-Prof. Dr. Gregor Bachmann für die vielen Anregungen und Hinweise sowie für seine Offenheit gegenüber diesem praxisnahen Dissertationsprojekt. Weiter danke ich Univ.-Prof. Dr. Christian Armbrüster für die Übernahme und sehr zügige Erstattung des Zweitgutachtens.

Besonderer Dank gilt meinen Eltern und meiner Schwester für die finanzielle sowie emotionale Unterstützung des Promotionsvorhabens und darüber hinaus. Ebenso danke ich meiner Lebensgefährtin für ihre Hilfe, ihren Beistand, ihre Geduld und ihre Anerkennung nicht nur aber auch in Belangen der Promotion – WDSMSV.

Berlin im Juli 2015

Inhaltsverzeichnis

A. Einleitung

I. Einführung und Problemaufriss

Der Leiter einer Hauptversammlung steht im Zentrum der alljährlich stattfindenden Aktionärsversammlungen deutscher Aktiengesellschaften. Seine Position ist schon seit jeher besonders wichtig für das Gelingen der Hauptversammlung. Als Leiter der Versammlung ist er die zentrale Schaltstelle im Hauptversammlungsgeschehen und tritt gegenüber den teilnehmenden Aktionären als Aushängeschild der Verwaltung in Erscheinung. Damit einhergehen sowohl im Hinblick auf die Leitung als auch auf die Ordnung der Versammlung weitreichende Kompetenzen, die erhebliche Folgen für alle an der Hauptversammlung Beteiligten entfalten.

Die Relevanz der Leitungsposition und der damit verbundenen Aufgaben und Befugnisse hat sich in neuerer Zeit noch erheblich gesteigert. Denn spätestens seitdem die Aktionäre begonnen haben, ihre Rechte auf der Versammlung aktiv einzufordern und auszuüben, steht der Hauptversammlungsleiter als Organisator dieser von verschiedenen Interessen und Motivationen bestimmten Versammlung noch mehr im Zentrum des Geschehens. Unter Berücksichtigung der Belange und Interessen der auf der Hauptversammlung vertretenen Aktionäre hat der Hauptversammlungsleiter die Versammlung so zu organisieren, dass diese effektiv die gesetzlich vorgeschriebenen Aufgaben als Organ der Gesellschaft abarbeiten und erledigen kann. Weiter muss er auch dafür sorgen, dass die auf der Hauptversammlung gefassten Beschlüsse nicht rechtswidrig sind und infolge eines von Aktionären eingeleiteten Anfechtungsverfahrens für nichtig erklärt werden. Er hat das allgegenwärtige Anfechtungsrisiko zu minimieren. Diese Aufgabe kann besonders herausfordernd sein, wenn auf sogenannten kritischen Hauptversammlungen Aktionäre lautstark und penetrant auftreten und dadurch versuchen, die Anfechtbarkeit von Beschlüssen gezielt zu provozieren.[1]

In Anbetracht dieser Aufgabenfülle und der immer schwieriger werdenden Begleitumstände einer regulären Hauptversammlung erscheint es durchaus plausibel, dass dem Hauptversammlungsleiter in Wahrnehmung seiner Tätigkeit Fehler unterlaufen. Zwar steht ihm für die Erledigung seiner Aufgabe meist ein vorher erarbeiteter, umfangreicher Leitfaden zur Verfügung,[2] doch kann ein solcher nicht jede unvorhergesehene Situation der Hauptversammlung beinhalten. Mit einem Fehlverhalten ist in Anbetracht der vielfältigen Herausforderungen und der notwendigen Spontaneität der Handlungen grundsätzlich immer zu rechnen.

---

1 Butzke, Die HV der AG, Kap. D, Rn. 6; Theusinger/Schilha, BB 2015, S. 131; vgl. dazu bereits früher schon Max, AG 1991, S. 77. Statistiken über die in 2013 geltend gemachten Beschlussmängelklagen liefern Bayer/Hoffmann, AG 2014, R163.

2 Ek, Praxisleitfaden für die HV, Rn. 280 f.; Butzke, Die HV der AG, Kap. D, Rn. 16 f.; Theusinger/Schilha, BB 2015, S. 131 (133).

Von der Erkenntnis einer gewissen Fehleranfälligkeit der Hauptversammlungsleitung gelangt man schnell zu den Folgen, die solche Fehler des Hauptversammlungsleiters haben können. Unstrittig ist, dass aufgrund der entscheidenden und einflussreichen Position des Versammlungsleiters Fehler erhebliche Konsequenzen für alle an der Hauptversammlung Beteiligten haben können. Führen diese letztendlich zu finanziellen Nachteilen, rückt insbesondere die persönliche Haftung für das die Nachteile auslösende Verhalten ins Blickfeld. Dies gilt umso mehr, als die Haftung von Leitungspersonen im Gefüge der Kapitalgesellschaften in neuerer Zeit an Relevanz gewonnen hat.[3] Dies zeigen nicht zuletzt einige prominente Organhaftungsfälle der letzten Jahre und sich daran anschließende Diskussionen in der Literatur.[4]

Aber auch allgemein wird ein erheblicher Anstieg der Organhaftungsprozesse registriert.[5] Auf den Hauptversammlungen ist die Frage der Inanspruchnahme von Organen ebenfalls ein Thema.[6] Nicht zuletzt zeugt das von *Bachmann* auf dem Deutschen Juristentag 2014 vorgelegte Gutachten zur Organhaftung von der neuen Bedeutung dieser Materie.[7]

Vereint man nun gedanklich die Themenkomplexe der persönlichen Haftung von Leitungspersonen einer Gesellschaft auf der einen und der immer komplizierter werdenden und damit fehlerträchtigeren Hauptversammlung auf der anderen Seite, ergibt sich daraus das Thema dieser Arbeit. Es soll im Nachfolgenden um die Haftung des Hauptversammlungsleiters für Fehler bei der Hauptversammlungsleitung gehen. Die Arbeit versteht sich damit als ergänzender Baustein zum Themenkomplex der Haftung von leitenden Personen der Aktiengesellschaft.

II. Abgrenzung

Mit Haftung ist die monetäre Inanspruchnahme für Vermögensschäden der Gesellschaft gemeint. Das heißt, es wird allein die sogenannte Innenhaftung – also die Haftung des Hauptversammlungsleiters gegenüber der Gesellschaft – und nicht die Haftung gegenüber Aktionären oder Dritten (Außenhaftung) Gegenstand der Untersuchung sein. Weiter wird nur die Haftung eines Hauptversammlungsleiters einer Aktiengesellschaft Gegenstand dieser Arbeit sein. Es bleibt einer gesonderten Untersuchung überlassen, inwiefern die nachfolgenden Erkenntnisse auf die Leiter einer GmbH-Gesellschafterversammlung entsprechend angewendet werden können.

---

3 Vgl. die empirischen Befunde bei Bachmann, DJT-Gutachten, S. E11 ff.

4 Vgl. nur Koch, AG 2012, S. 429; Schöne/Petersen, AG 2012, S. 700; Grunewald, AG 2013, S. 813; Hoffmann, NJW 2012, S. 1393.

5 Vgl. die Einführung m.w.N. aus Literatur und Rechtsprechung bei Hopt, ZIP 2013, S. 1793.

6 Besse, GWR 2014, S. 54.

7 Für eine knappe Zusammenfassung des Gutachtens vgl. Bachmann, NJW-Beilage 2014, S. 43 ff.

III. Relevanz der Thematik und Bestandsaufnahme

Bisher hat das Thema der persönlichen Haftung eines Hauptversammlungsleiters für Verfehlungen bei der Hauptversammlungsleitung wenig Beachtung in der wissenschaftlichen Literatur gefunden. Nur am Rande fand dieses Thema Erwähnung bei *Bachmann*[8] im Jahre 1999. Gleiches gilt für eine Äußerung von *Rose*[9] zu dieser Thematik. Auch in einem Beitrag von *Marsch-Barner*[10] war die Haftung des Hauptversammlungsleiters nur ein kleiner Teilaspekt der Untersuchung. Eine erste tiefergehende Auseinandersetzung mit dieser Fragestellung leistete *von der Linden*[11] im Jahr 2013. Auf diesen Aufsatz antwortet *Mutter*[12] mit einem kurzen kritischen Kommentar im gleichen Jahr. Auch *Besse* erkennt die Relevanz der Thematik, jedoch ohne sich sich näher damit zu beschäftigen.[13] Aktuell hat die Haftung des Hauptversammlungsleiters mit Beiträgen von *Schürnbrand,*[14] *von der Linden,*[15] *Drinhausen/Marsch-Barner,*[16] *Wardenbach*[17] und *Theusinger/Schilha*[18] vermehrt Aufmerksamkeit erfahren.

Die Kommentarliteratur ließ das Thema der Haftung des Hauptversammlungsleiters in der Vergangen weitgehend unbeleuchtet.[19] In neuerer Zeit findet die Thematik – angestoßen durch den Aufsatz *von der Lindens* – aber auch bei den Kommentatoren Beachtung, wie die Ausführungen im neuesten Kommentar von *Heidel* zeigen.[20]

Neue Entwicklungen zeigen sich auch in der gerichtlichen Praxis. Bis vor Kurzem lagen keine veröffentlichten Entscheidungen der Gerichte zum Thema der Haftung des Hauptversammlungsleiters vor.[21] Am 8. Mai 2014 entschied allerdings das LG Ravensburg rechtskräftig über die Haftung eines die Hauptversammlungsleitung übernehmenden Aufsichtsratsmitgliedes.[22]

---

8 Bachmann, EWiR § 131 AktG 1/2000, S. 157 (158).
9 Rose, NZG 2007, S. 241 (245).
10 Marsch-Barner, FS Brambring 2011, S. 267 (281 f.).
11 v. der Linden, NZG 2013, S. 208.
12 Mutter, AG 2013, R161.
13 Besse, GWR 2014, S. 54 (55).
14 Schürnbrand, NZG 2014, S. 1211.
15 v. der Linden, EWiR 2014, S. 551.
16 Drinhausen/Marsch-Barner, AG 2014, S. 757 (766 ff.).
17 Wardenbach, GWR 2014, S. 503.
18 Theusinger/Schilha, BB 2015, S. 131.
19 Eine Ausnahme dazu stellte die kurze Stellungnahme von Kubis in MüKo-AktG, § 119, Rn. 184 dar.
20 Heidel in Heidel-AktG und KapMarktR, Vor §§ 129–132, Rn. 69 ff.
21 So auch Heidel in Heidel-AktG und KapMarktR, Vor §§ 129–132, Rn. 69.
22 LG Ravensburg, ZIP 2014, S. 1632 (1633); Eigentlich hätte das Gericht sich mit der Haftung des Hauptversammlungsleiters aufgrund der besonderen Sachverhaltskonstellation gar nicht auseinandersetzen müssen. Vgl. dazu v. der Linden, EWiR 2014, S. 551 (552).

Aus diesem bislang eher spärlichen Fundus tiefgehender wissenschaftlicher Untersuchungen und dem vollständigen Fehlen von obergerichtlichen Entscheidungen darf aber nicht geschlossen werden, dass die Haftungsthematik im Zusammenhang mit der Hauptversammlungsleitung keine praktische oder wissenschaftliche Relevanz aufweist. Vom Gegenteil zeugt die Vielzahl von Besprechungen des bislang einzigen in dieser Sache einschlägigen Urteils.[23] Auch aus der Sicht der Entscheidungsträger von Aktiengesellschaften (und deren Beratern) ist die aufgeworfene Haftungsfrage von Bedeutung. Immerhin bietet sich der Gesellschaft in diesem Zusammenhang eine Gelegenheit, für monetäre Schäden Ersatz zu erlangen und so wirtschaftliche Nachteile auszugleichen. Dies ist in Zeiten kostenbewusster Entscheidungen und dem vorherrschenden Gedanken der Gewinnmaximierung von besonderer Bedeutung und hat in Anbetracht wachsamer und wirtschaftlich denkender Aktionäre auch bezüglich der „Investor Relations" einen hohen Stellenwert.

Infolge der ARAG-Entscheidung des BGH[24] stellt sich darüber hinaus auch die Frage, ob die Gesellschaftsorgane zur Verfolgung eventueller Schadensersatzansprüche nicht sogar verpflichtet sind und sich bei einem Unterlassen selbst Regressansprüchen ausgesetzt sehen. Insofern verwundert es auch nicht, dass es eher Autoren der Praxis sind,[25] die ein Interesse an Haftungsfragen im Zusammenhang mit dem Hauptversammlungsleiter zeigen. Immerhin sind sie es, die möglicherweise an einem Regress interessierte Gesellschaftsorgane beraten beziehungsweise den potenziell haftenden Hauptversammlungsleiter vertreten.

Das bis ins Jahr 2014 reichende gänzliche Fehlen gerichtlicher Entscheidungen zu diesem Thema ist zudem damit zu erklären, dass es aufgrund fehlender wissenschaftlicher Aufarbeitung bislang für die zur Geltendmachung berufenen Instanzen der Gesellschaften noch nicht beurteilbar war, ob ein Regressverfahren gegen den Hauptversammlungsleiter im Ansatz überhaupt Aussicht auf Erfolg haben kann. Das Fehlen grundsätzlicher Untersuchungen erklärt auch, warum das Thema bislang nicht im Bewusstsein der entscheidenden Personen verankert ist. Zudem ist durch die Aufsätze der aktuellen Zeit bereits ein Umdenken hin zu einer Berücksichtigung dieser speziellen Haftungsthematik zu erkennen. Erste Öffentliche Überlegungen zur tatsächlichen Inanspruchnahme gibt es in der Praxis bereits.[26] Im konkreten Fall droht der Großaktionär mit Regress gegenüber dem Hauptversammlungsleiter und

---

23 Vgl. v. der Linden, EWiR 2014, S. 551; Schürnbrand, NZG 2014, S. 1211; Wardenbach, GWR 2014, S. 503; Theusinger/Schilha, BB 2015, S. 131.

24 BGHZ 135, 244 = NJW 1997, S. 1926.

25 *Von der Linden, Mutter, Rose, Besse, Wardenbach* und *Theusinger/Schilha* sind allesamt Partner großer international tätiger Anwaltskanzleien, *Drinhausen* war dies bis 2014. Auch *Marsch-Barner* ist nach seiner Laubahn als Syndikus mit einer internationalen Großkanzlei assoziiert.

26 Vgl. Steevens, „Chaos in Cuxhaven", Börsen-Zeitung v. 18.06.2015, S. 7.

seinen Beratern in Höhe der Kosten der zu wiederholenden Hauptversammlung.[27] Insofern möchte diese Arbeit einen Beitrag zur Klärung dieses bislang wenig beleuchteten Bereichs der Innenhaftung bei Aktiengesellschaften leisten.

IV. Gang der Untersuchung

Nachfolgend soll zunächst ein komprimierter Blick auf den Hauptversammlungsleiter an sich und die dahinterstehenden Personen geworfen werden. Weiter erfolgt eine kurze Zusammenstellung der Aufgaben, Befugnisse und Pflichten des Leiters sowie eine Erläuterung zu den Folgen seines Handelns. Anschließend soll die Haftung als Schwerpunkt der Arbeit ins Blickfeld der Untersuchung rücken.

Um die Frage beantworten zu können, ob der Hauptversammlungsleiter persönlich haftet, bedarf es zunächst der Identifikation von einschlägigen Haftungstatbeständen. Hierfür ist nach Anspruchsnormen zu forschen, welche eine persönliche Haftung als Rechtsfolge vorsehen und tatbestandlich die Verhaltensweisen eines Hauptversammlungsleiters umfassen.

Dies könnten zunächst die Haftungstatbestände der Organhaftung sein, wie sie in § 93 Abs. 2 und § 116 AktG normiert sind. Aufgrund der Spezialität des Aktienrechts gegenüber dem allgemeinen Zivilrecht werden diese vorrangig auf eine Einschlägigkeit zu überprüfen sein. Die ebenfalls möglicherweise einschlägigen Haftungstatbestände des allgemeinen Schuldrechts und diejenigen des Deliktrechts werden davon getrennt in einem weiteren Kapitel untersucht.

Abschließend soll eine kurze Auseinandersetzung mit den Möglichkeiten der Versicherbarkeit eines möglichen Haftungsrisikos erfolgen, bevor ein Schlussfazit zu ziehen ist.

27 Vgl. Wetzel, „Wenn die Polizei zur Hauptversammlung anrückt“, DIE WELT v. 17.06.2015 online abrufbar unter http://www.welt.de/wirtschaft/energie/article142683134/Wenn-die-Polizei-zur-Hauptversammlung-anrueckt.html (aufgerufen am 25.06.2015).

B. Grundsätzliches zum Hauptversammlungsleiter

Für ein besseres Verständnis des gesamten Themenkomplexes „Hauptversammlungsleiter“ soll zunächst grundsätzlich die Position des Hauptversammlungsleiters charakterisiert werden.

I. Notwendigkeit einer Hauptversammlungsleitung

Der Hauptversammlungsleiter wird in mehreren Normen ausdrücklich erwähnt. Zu nennen sind die §§ 118 Abs. 4, 122 Abs. 3 S. 2, 130 Abs. 2 und 131 Abs. 2 S. 2 AktG. Gemein haben diese Vorschriften, dass sie die Existenz eines Hauptversammlungsleiters voraussetzen. Insbesondere aus der ausdrücklichen Nennung in § 131 Abs. 2 S. 2 AktG wird nach allgemeiner Ansicht gefolgert, dass die Hauptversammlung einer Aktiengesellschaft zwingend einer Leitung bedarf.[28]

Dieser Schluss wird durch eine Betrachtung der aus dem Wesen der Hauptversammlung resultierenden Interessenlage bestätigt. Die Existenz eines Leiters der Hauptversammlung ist eine Notwendigkeit bei einer durchschnittlichen Aktiengesellschaft. Denn die Aktiengesellschaft ist von ihrem gesamten Konzept als Gesellschaft mit offenem und unbeschränkt großem Aktionärskreis ausgeformt, bei dem keinerlei persönliche Verbindungen zwischen den einzelnen Teilhabern gegeben sein müssen. Bei aller Anonymität treffen sich diese unterschiedlichen Charaktere mindestens einmal im Jahr auf der ordentlichen Hauptversammlung. Hier prallen dann eine Vielzahl von unterschiedlichsten Interessen und Ansichten aufeinander. Diese teilweise divergierenden und gegensätzlichen Ansichten, Einschätzungen und Verhaltensweisen zum Wohle der Aktiengesellschaft zusammenzuführen, bedarf der leitenden und ordnenden Hand einer Führungsperson. Nur so kann die Hauptversammlung ihrem Sinn und Zweck als Organ der Gesellschaft gerecht werden.[29]

Eine Ausnahme von dem Grundsatz der zwingenden Existenz eines Leiters ist einzig dort zulässig, wo es einer solchen ordnenden Hand nicht bedarf, es also nicht zu den aufgezeigten Konflikten kommen kann. Daher ist für die Einmann-Aktiengesellschaft anerkannt, dass hier auf einen Hauptversammlungsleiter verzichtet werden kann.[30]

28 Kubis in MüKo-AktG, § 119, Rn. 105 m.w.N.
29 Vgl. zu diesem Gedanken auch Wilsing/v. der Linden, ZIP 2009, S. 641.
30 Statt aller Heidel in Heidel-AktG und KapMarktR, Vor §§ 129–132, Rn. 1 m.w.N.

II. Einordnung anhand des Wortlauts

Mit der Frage, ob eine Versammlungsleitung notwendig ist, ist aber das Wesen und die Person des Hauptversammlungsleiters noch nicht näher bezeichnet. Will man sich der Person des Hauptversammlungsleiters nähern, bedarf es einer Beschäftigung mit der Frage, wer oder was der „Hauptversammlungsleiter" tatsächlich ist.

Stellt man allein auf die Begrifflichkeit ab, folgt daraus, dass es sich um eine Person handeln muss, die eine leitende oder organisierende Tätigkeit ausführt. Weiter legt der Begriff nahe, dass diese leitende Tätigkeit mit Bezug zur gesetzlich in den §§ 118 ff. AktG geregelten Hauptversammlung einer Aktiengesellschaft ausgeführt wird. Insgesamt folgt damit aus der Begrifflichkeit, dass es sich um eine Funktionsbezeichnung für ein Leitungsamt handeln muss, welches im Zusammenhang mit der Hauptversammlung der Aktiengesellschaft im Sinne des § 1 AktG ausgeübt wird.

Darüber hinausgehende Erkenntnisse liefert die Begrifflichkeit nicht. Insbesondere lassen sich aus ihr keine Informationen über die hinter dieser Bezeichnung stehenden Personen und deren Befugnisse, Aufgaben und Pflichten gewinnen. Solche Informationen könnten sich aber aus dem Gesetz oder aus sonstigen Rechtsquellen ergeben. Zu denken ist dabei an die §§ 118 ff. AktG und an die innergesellschaftlichen Regelungswerke, wie Satzungen und Geschäftsordnungen. Im Übrigen besteht zum Themenkomplex Hauptversammlungsleitung eine umfangreiche Rechtsprechung sowie ein langjähriger literarischer Diskurs.

III. Begründung und Beendigung des Amtes

Wie erlangt aber nun eine Person das zwingend notwendige Amt dieses Hauptversammlungsleiters? Wann und wie endet das Amt? Was bestimmen die Rechtsquellen bezüglich dieser entscheidenden Punkte? Diesen Fragen soll im Folgenden nachgegangen werden.

1. Begründung des Amtes

Zunächst ist zu klären, wie und mit wem das Amt des Hauptversammlungsleiters besetzt wird. Hierfür sind die oben genannten Rechtsquellen auf einen entsprechenden Inhalt zu untersuchen.

a) Gesetzliche Regelungen

Das Gesetz enthält keine Bestimmungen darüber, wie und mit welcher Person das Amt des Hauptversammlungsleiters zu besetzen ist.[31] Besondere Anforderungen intellektueller Art sieht das Gesetz ebenfalls nicht vor – noch nicht einmal die

31 Vgl. zuletzt nur Drinhausen/Marsch-Barner, AG 2014, S. 757.

deutsche Sprache muss der Leiter beherrschen.[32] Fähig zur Übernahme dieser Position sind daher alle Personen außer dem beurkundenden Notar[33] und den Mitgliedern des Vorstandes.[34] Denn deren Aufgaben im Gefüge der Gesellschaft stehen in einem natürlichen Spannungsverhältnis zu einer neutralen und ordnenden Leitung der Versammlung.[35] Keine Bedenken bestehen hingegen bei der Bestimmung eines externen – möglicherweise sogar professionellen – Leiters.[36]

Auch wenn das Gesetz selber im Grundsatz keine dezidierte Aussage betreffend die Begründung des Amtes des Hauptversammlungsleiters enthält, ist doch die gerichtliche Bestimmung als Ausnahmefall in § 122 Abs. 3 S. 2 AktG statuiert. Im Hinblick auf die diesbezüglich notwendigen Voraussetzungen und Modalitäten wird auf die einschlägige Kommentarliteratur verwiesen.

b) Satzungsbestimmungen

Aufgrund des Fehlens gesetzlicher Regelungen enthalten die meisten Satzungen Bestimmungen zu der Frage, wer den Vorsitz der Hauptversammlung übernimmt. Im Detail sind dabei viele Regelungswege denkbar. In den allermeisten Fällen bestimmt die Satzung eine näher bezeichnete Person oder einen definierten Personenkreis als Hauptversammlungsleiter.[37] Ebenfalls kommt es vor, dass durch Satzungsanordnung die Auswahl des Leiters dem Aufsichtsrat, anderen Gremien oder der Hauptversammlung selbst überantwortet wird.[38] Auch die ausdrückliche namentliche Nennung einer einzelnen Person erscheint nicht ausgeschlossen, wenn auch wegen möglicher personeller Veränderungen nicht besonders zweckmäßig.

c) Geschäftsordnung

Hat die Gesellschaft von der in § 129 Abs. 1 S. 1 AktG vorgesehenen Möglichkeit Gebrauch gemacht und eine Geschäftsordnung erlassen, kann auch diese Anordnungen über die Person des Hauptversammlungsleiters und/oder das Auswahlverfahren enthalten.[39]

---

32 OLG Hamburg, NZG 2001, S. 513 (516); kritisch dazu Kubis in MüKo-AktG, § 119, Rn. 107. Ausführlich zu den sprachlichen Aspekten der Hauptversammlungsleitung Drinhausen/Marsch-Barner, AG 2014, S. 757 (763 ff.).

33 KG, ZIP 2010, S. 172, (174 f.).

34 Vgl. nur Koch in Hüffer-AktG, § 129, Rn. 20.

35 So ebenfalls Wilsing/v. der Linden, ZIP 2009, S. 641 (644 f.).

36 Dazu ausführlich Wilsing/v. der Linden, ZIP 2009, S. 641 (646 ff.).

37 Vgl. Bayer/Hoffmann, AG 2012, R339.

38 Vgl. Bayer/Hoffmann, AG 2012, R339.

39 Vgl. nur Kubis in MüKo-AktG, § 119, Rn. 109. Siehe auch § 4 der Musterordnung von Schaaf, ZIP 1999, S. 1339 (1342).

d) Wahl durch Hauptversammlung

Fehlt es an einer Satzungsbestimmung zur Besetzung des Amtes des Hauptversammlungsleiters oder sind alle dort vorgesehenen Personen verhindert, die Leitung zu übernehmen, so wählt die Hauptversammlung selbst zu Beginn der Versammlung einen Leiter.[40] Die Wahl des ordentlichen Hauptversammlungsleiters erfolgt mit einfacher Mehrheit, soweit die Satzung keine andere Anordnung trifft.[41] Wahlleiter und damit vorübergehender Leiter der Hauptversammlung ist entweder der für diese Situation durch Satzung Bestimmte[42] oder es übernimmt der einladende Vorstand die Leitung, konkret ein damit betrautes Vorstandsmitglied – häufig der Vorsitzende.[43] Dem provisorischen Versammlungsleiter stehen bis zur Wahl des tatsächlichen Hauptversammlungsleiters sämtliche Ordnungsbefugnisse zu.[44]

2. Pflicht zur Übernahme des Amtes

Ist entweder durch Satzung oder durch Wahl eine Person als Hauptversammlungsleiter bestimmt, stellt sich die Frage, ob diese verpflichtet ist, das Amt anzutreten. Bestimmt die Satzung der Gesellschaft eine vordefinierte Person zum Hauptversammlungsleiter, lehnt die ganz h.M. eine solche Pflicht ab.[45] Hierfür wird ins Feld geführt, dass der Hauptversammlungsleiter jederzeit sein Amt mit sofortiger Wirkung niederlegen könne.[46] Daher müsse eine anfängliche Weigerung das Amt zu übernehmen, ebenfalls beachtlich sein.[47] Zudem wird argumentiert, dass die Tätigkeit des Hauptversammlungsleiters von seiner eventuell sonst bestehenden Organverpflichtung abzugrenzen sei und daher nicht zu dem zwingend zu erfüllenden Pflichtenkatalog des Organmitglieds gehöre.[48]

Ob tatsächlich eine strikte Trennung der Ämter anzunehmen ist, wird bei den zu überprüfenden Haftungstatbeständen noch näher zu erläutern sein. An dieser Stelle genügt es, auf das überzeugende Argument der jederzeit möglichen

---

40 Fischer/Pickert in Arbhdb. HV, § 9, Rn. 5; Kubis in MüKo-AktG, § 119, Rn. 111, m.w.N.

41 Koch in Hüffer-AktG, Anh. zu § 129, Rn. 20; Ihrig, FS Goette 2011, S. 205 (209).

42 Bayer/Hoffmann, AG 2012, R339 (R340).

43 Koch in Hüffer-AktG, § 129, Rn. 20; Mülbert in GroßKomm-Aktiengesetz, Vor §§ 118–147, Rn. 78; Ek, Praxisleitfaden für die HV, Rn. 238.

44 Ek, Praxisleitfaden für die HV, Rn. 239.

45 Wicke in Spindler/Stilz-AktG, Anh. zu § 119, Rn. 4; Kubis in MüKo-AktG, § 119, Rn. 108; Butzke, Die HV der AG, Kap. D, Rn. 9.

46 Vgl. zu dieser Möglichkeit nur Drinhausen in Hölters-AktG, Anh. zu § 129, Rn. 3; Wicke in Spindler/Stilz-AktG, Anh. zu § 119, Rn. 4; LG München I v. 29.03.2007, Az.: 5 HK O 11176/06, 5 HK O 11176/06, Rn. 45 – zitiert nach juris.

47 LG München I v. 29.03.2007, Az.: 5 HK O 11176/06, 5 HK O 11176/06, Rn. 45 – zitiert nach juris; bestätigt durch das OLG München v. 20.07.2007 und 29.02.2008, Az.: 7 U 3037/07 – zitiert nach juris; in diese Richtung auch Wicke in Spindler/Stilz-AktG, Anh. zu § 119, Rn. 4.

48 Kubis in MüKo-AktG, § 119, Rn. 108.

Amtsniederlegung zu rekurrieren. Wenn der Hauptversammlungsleiter ohne zeitliche oder sonstige Beschränkungen sein Amt niederlegen kann, erscheint es als bloße Förmelei, zunächst die zwingende Übernahme zu fordern.

Schlägt der in der Satzung Bestimmte das Amt aus, übernimmt die für diesen Fall in der Satzung vorgesehene Person den Vorsitz. Allerdings kann auch diese das Amt ablehnen.[49] In einem solchen Fall gilt dann Identisches wie bei Fehlen einer Vertretungsregelung in der Satzung – die Hauptversammlung selbst wählt den Hauptversammlungsleiter.[50]

Erfolgt die Bestimmung des Hauptversammlungsleiters durch Wahl der Hauptversammlung – sei es wegen fehlender Satzungsregelung oder weil die in der Satzung bestimmten Personen das Amt nicht annehmen wollen – ist auch die gewählte Person darin frei, das Amt abzulehnen.[51]

3. Ende der Amtsstellung

Ist damit der Vorgang der Begründung des Amtes weitgehend geklärt, bestehen im Hinblick auf die Möglichkeiten und Voraussetzungen für das Ende der Leitertätigkeit viele Unklarheiten und im Detail unterschiedliche Ansichten in der Literatur. Zur Darstellung dieses Themenkomplexes ist zwischen den verschiedenen Arten der Beendigung des Amtes zu differenzieren.

a) Ende der Hauptversammlung

Als gesichertes Terrain kann wohl gelten, dass das Amt des Hauptversammlungsleiters sein natürliches Ende am Schluss der Hauptversammlung findet. Weitergehende Aufgaben im Laufe des Geschäftsjahres der Gesellschaft fallen dem Hauptversammlungsleiter nicht zu.

b) Amtsniederlegung

Im Hinblick auf die freiwillige Beendigung des Amtes durch Amtsniederlegung besteht zumindest insoweit Einigkeit, dass ein solches Vorgehen in jedem Fall und jederzeit möglich sein soll und mit dem Zeitpunkt der Erklärung auch die Amtsstellung endet.[52]

Einige Stimmen wollen im Nachgang über die Pflichtwidrigkeit der Amtsniederlegung urteilen, allerdings ohne die konkreten Konsequenzen bei Feststellung einer

---

49 Kubis in MüKo-AktG, § 119, Rn. 108.

50 Kubis in MüKo-AktG, § 119, Rn. 108; Ziemons in Schmidt/Lutter-AktG, § 129, Rn. 40.

51 Fischer/Pickert in Arbhdb. HV, § 9, Rn. 8; Butzke, Die HV der AG, Kap. D, Rn. 10.

52 LG München I v. 29.03.2007, Az.: 5 HK O 11176/06, 5 HK O 11176/06, Rn. 45 – zitiert nach juris; bestätigt durch das OLG München v. 20.07.2007 und 29.02.2008, Az.: 7 U 3037/07 – zitiert nach juris; Kubis in MüKo-AktG, § 119, Rn. 120; Wicke in Spindler/Stilz-AktG, Anh. zu § 119, Rn. 4.

pflichtwidrigen Amtsniederlegung zu benennen.[53] Die h. M. verzichtet hingegen auf eine nachträgliche Beurteilung.[54]

c) *Absetzung des Hauptversammlungsleiters*

Im Hinblick auf die erzwungene Beendigung des Amtes ist zu unterscheiden, ob der Hauptversammlungsleiter durch Wahl der Hauptversammlung oder durch Satzungsbestimmung in das Amt gekommen ist.

aa) Begründung des Amtes durch Wahl

Bei einer Wahl durch die Hauptversammlung soll es für diese jederzeit und ohne Notwendigkeit eines wichtigen Grundes möglich sein, den Hauptversammlungsleiter abzuwählen und gleichzeitig einen neuen Leiter zu bestimmen.[55] Dieser Sichtweise ist zu folgen. Die Hauptversammlung räumt der gewählten Person die Stellung eines Hauptversammlungsleiters ohne spezielle Voraussetzungen ein, folglich muss sie auch in der Lage sein, diese Bestellung jederzeit wieder rückgängig zu machen. Dies ergibt sich bereits aus dem Grundgedanken des Actus contrarius. Daher ist auch die Abwahlmöglichkeit nicht von einem wichtigen Grund abhängig zu machen.[56]

bb) Begründung des Amtes durch Satzung

Anders und sehr kontrovers wird die Situation beurteilt, wenn der durch Satzung bestimmte Hauptversammlungsleiter von der Hauptversammlung seines Amtes enthoben werden soll. Hier reicht die Meinungsvielfalt von der grundsätzlichen Ablehnung eines solchen Vorgehens[57] bis zu einer voraussetzungslosen Abwahlmöglichkeit mit einfacher Mehrheit.[58] Zwischen diesen Polen wird sowohl im Hinblick auf die notwendige Abstimmungsmehrheit als auch bezüglich der Notwendigkeit eines besonderen Absetzungsgrundes ein vielfältiges Meinungsspektrum vertreten, welches hier nicht abschließend dargestellt werden soll.[59]

Vorzugswürdig erscheint es wohl, für eine erfolgreiche Abwahl zum einen die Drei-Viertel-Mehrheit des vertretenen Kapitals vorauszusetzen und zum anderen

---

53 So beispielsweise Mülbert in GroßKomm-Aktiengesetz, Vor §§ 118–147, Rn. 84.
54 Jeweils m.w.N.: Kubis in MüKo-AktG, § 119, Rn. 120; Wicke in Spindler/Stilz-AktG, § 119, Rn. 4.
55 Vgl. nur Kubis in MüKo-AktG, § 119, Rn. 119 m.w.N.; Heidel in Heidel-AktG und KapMarktR, Vor §§ 129–132, Rn. 7; Göhmann in Henn-Hdb. des AktienR, Kapitel 9, Rn. 148.
56 So die ganz h.M. anders aber Kuhnt, FS Lieberknecht 1997, S. 45 (58 f.).
57 Krieger, AG 2006, S. 355 (358 ff.); Wilsing/v. der Linden, ZIP 2010, S. 2321 (2327 f.).
58 Max, AG 1991, S. 77 (86).
59 Eine knappe Zusammenstellung des Meinungsspektrums gibt Wicke in Spindler/Stilz-AktG, Anh. zu § 119, Rn. 4.

die Abwahl nur aus wichtigem Grund zu gestatten.[60] Denn wird der Hauptversammlungsleiter durch die Satzung bestimmt, geschieht dies, um in personeller Hinsicht einen gewissen Grad an Sicherheit und Planbarkeit bezüglich dieser verantwortungsvollen und einflussreichen Position zu erlangen.[61] Die Leitung einer Hauptversammlung bedarf nicht nur, aber besonders bei einer großen Publikums-Aktiengesellschaft eines nicht unerheblichen Aufwandes an Vorbereitung, eines ausgeprägten Organisationstalentes und idealerweise einer Vertrauensstellung gegenüber den Verwaltungsmitgliedern und Aktionären der Gesellschaft.[62] Daher ist es von Vorteil, wenn die Satzung im Vorfeld klarstellt, wer sich auf dieses Amt vorzubereiten hat und auf wen sich die Anwesenden einzustellen haben. Ist eine Satzungsbestimmung vor diesem Hintergrund getroffen, muss diese Anordnung auch gegen Minderheitsbegehren abgesichert werden. Ansonsten entstünde die sinnwidrige Situation, dass die von der satzunggebenden Mehrheit für die Leitung ausgewählte Person ohne triftigen Grund von einer nicht-satzunggebenden Mehrheit abgewählt werden könnte.

Auf der anderen Seite muss die Hauptversammlung und insbesondere das Teilnahmerecht der Aktionäre aber auch vor einem untragbaren, weil rechtswidrig agierenden Hauptversammlungsleiter geschützt werden.[63] Auch bei Nichterscheinen oder Untätigkeit des bestimmten Hauptversammlungsleiters kann die Konsequenz nicht sein, dass die Hauptversammlung nicht eröffnet wird.[64] Ein bestimmtes Maß an Kontrolle und Folgeverantwortung muss auch im Hinblick auf den satzungsmäßig bestimmten Hauptversammlungsleiter gewahrt werden.

Wie der hier geforderte wichtige Grund konkret ausgestaltet sein muss, ist abstrakt schwierig zu bestimmen.[65] Sicherlich liegt ein solcher dann vor, wenn der Hauptversammlungsleiter krasse Leitungsfehler begeht, grob rechtswidrig handelt oder in seinem gesamten Handeln parteiische oder diskriminierende Tendenzen auszumachen sind.[66]

Da es sich faktisch bei der Abwahl um eine Durchbrechung der entsprechenden Satzungsbestimmung für den Zeitraum der Hauptversammlung handelt, muss entsprechend § 179 Abs. 2 AktG eine satzungsändernde Mehrheit verlangt werden. Eine andere Ansicht verlangt nur die einfache Mehrheit mit der Begründung, es liege eben keine Satzungsdurchbrechung vor, da bei Vorliegen wichtiger Gründe auch ohne ausdrückliche Nennung eine Abwahlmöglichkeit durch Auslegung in

---

60 So auch Kubis in MüKo-AktG, § 119, Rn. 112; Wicke in Spindler/Stilz-AktG, Anh. zu § 119, Rn. 4.
61 Ähnlich Wicke in Spindler/Stilz-AktG, Anh. zu § 119, Rn. 4.
62 Diesen Punkt auch betonend Krieger, AG 2006, S. 355 (357 f.).
63 So ausdrücklich auch Göhmann in Henn-Hdb. des AktienR, Kapitel 9, Rn. 149; Drinhausen in Hölters-AktG, Anh. zu § 129, Rn. 5.
64 Heidel in Heidel-AktG und KapMarktR, Vor §§ 129–132, Rn. 10.
65 Dazu eingehend Butzke, ZIP 2005, S. 1164 (1166).
66 Dazu ausführlich Kubis in MüKo-AktG, § 119, Rn. 113.

die Satzung hineingelesen werden könne.[67] Diese Ansicht erscheint allerdings als übermäßige Überdehnung der Auslegungsmöglichkeiten und ist daher abzulehnen.

cc) Prozedere der Abwahl und deren Folgen

Für das Prozedere einer solchen Abwahl gilt, dass über den Abwahlantrag unverzüglich eine Debatte eröffnet und anschließend ohne weitere Verzögerung abgestimmt werden muss. Es bedarf allerdings eines plausiblen, das heißt auf einen wichtigen Grund gestützten Antrags.[68]

Die Wirkung der Abwahl tritt analog § 84 Abs. 3 S. 4 AktG mit der Verkündung des Beschlusses über die Abberufung ein, ohne dass es auf das tatsächliche Vorliegen eines wichtigen Grundes ankommt.[69] Vielmehr wird in einer nachfolgenden gerichtlichen Überprüfung beurteilt, ob die für einen solchen Schritt notwendigen Voraussetzungen vorlagen.[70] Denn alle Beschlüsse, die nach der unberechtigten Abberufung des Hauptversammlungsleiters gefasst wurden, sind anfechtbar und können gerichtlich für nichtig erklärt werden.[71]

Gleiches gilt im Übrigen dann, wenn der Hauptversammlungsleiter nicht über den Abwahlantrag abstimmen lässt. Die von einigen Stimmen angenommene Nichtigkeit der auf die Weigerung folgenden (Sach-)Beschlüsse,[72] findet keine Stütze im Gesetz – auch nicht in § 130 Abs. 2 AktG.[73] Denn wieso der durch Satzung wirksam bestimmte Hauptversammlungsleiter, ohne dass über den Absetzungsantrag abgestimmt wurde und ohne ein diesbezügliches Wahlergebnis, dennoch nicht mehr zu den Feststellungen des § 130 Abs. 2 AktG berechtigt sein soll, leuchtet nicht ein.[74] Allein der Abwahlantrag kann die Leiterposition nicht beeinflussen. Diese besteht vielmehr bis zur wirksam festgestellten Abwahl.[75]

---

67 So beispielsweise Frhr. von Falkenhausen/Kocher, BB 2005, S. 1068 (1069).

68 LG Frankfurt a.M. v. 11.01.2005, Az.: 3–5 O 100/04, Rn. 97 ff – zitiert nach juris; Koch in Hüffer-AktG, § 29, Rn. 21; Heidel in Heidel-AktG und KapMarktR, Vor §§ 129–132, Rn. 12; Wilsing/v. der Linden, ZIP 2010, S. 2321 (2328 f.).

69 Kubis in MüKo-AktG, § 119, Rn. 115; Wicke in Spindler/Stilz-AktG, Anh. zu § 119, Rn. 4.

70 Kubis in MüKo-AktG, § 119, Rn. 115; Frhr. von Falkenhausen/Kocher, BB 2005, S. 1068 (1069 f.).

71 Kubis in MüKo-AktG, § 119, Rn. 115.

72 So etwa LG Frankfurt a.M. v. 11.01.2005, Az.: 3–5 O 100/04, Rn. 98 ff. – zitiert nach juris; LG Köln v. 6.7.2005, Az.: 82 O 150/04, Rn. 138 ff. – zitiert nach juris; Heidel in Heidel-AktG und KapMarktR, Vor §§ 129–132, Rn. 15.

73 Frhr. von Falkenhausen/Kocher, BB 2005, S. 1068 (1069); Wilsing/v. der Linden, ZIP 2010, S. 2321 (S. 2326).

74 So aber LG Köln v. 6.7.2005, Az.: 82 O 150/04, Rn. 142 – zitiert nach juris.

75 So auch Rose, NZG 2007, S. 241 (244).

IV. Der Hauptversammlungsleiter in der Praxis

Abschließend soll unter Einflechtung empirischer Befunde eine Bestandsaufnahme zur Person des Hauptversammlungsleiters in der Praxis erfolgen. Wer sind die Menschen, die in der alljährlichen Hauptversammlungssaison diese verantwortungsvolle und schwierige Aufgabe übernehmen?

1. Aufsichtsratsmitglieder

In den allermeisten Fällen bestimmt die Satzung der Aktiengesellschaft ein Mitglied des Aufsichtsrates als Hauptversammlungsleiter.[76] Bei den größten deutschen Aktiengesellschaften ist dies im Regelfall der Aufsichtsratsvorsitzende,[77] so dass dieser auch als der geborene Hauptversammlungsleiter tituliert wird.[78] Kann der Aufsichtsratsvorsitzende das Amt nicht übernehmen, ist in den Satzungen meist dessen Stellvertreter im Aufsichtsrat als Ersatz vorgesehen.[79]

In der Praxis finden ebenfalls Regelungen Anwendung, nach denen der Aufsichtsrat aus seiner Mitte einen Leiter oder bei dessen Verhinderung einen Vertreter bestimmt[80] oder der Aufsichtsratsvorsitzende im Falle der eigenen Verhinderung seinen Vertreter für die Position des Leiters selbst bestimmen kann.[81]

2. Aktionäre

Genauso denkbar ist es, dass einer der Aktionäre den Vorsitz der Hauptversammlung übernimmt.[82] Eine solche Anordnung kann ebenfalls in der Satzung oder Geschäftsordnung erfolgen. Ist dies nicht der Fall, können die Aktionäre aus ihrem Kreis einen Leiter wählen.

3. Externe/professionelle Leiter

Die Leitung der Hauptversammlung muss nicht von Aktionären oder Organmitgliedern der Aktiengesellschaft ausgeführt werden. Bei entsprechender Regelung in der Satzung kann auch ein gesellschaftsfremder Dritter als Leiter bestimmt werden.[83]

---

76 Vgl. Bayer/Hoffmann, AG 2012, R339.

77 Vgl. Bayer/Hoffmann, AG 2012, R339.

78 Theisen, Der Aufsichtsrat 2007, S. 49; Kubis in MüKo-AktG, § 119, Rn. 106, Fn. 393; Wilsing/v. der Linden, ZIP 2009, S. 641 (642).

79 Bayer/Hoffmann, AG 2012, R339 (R340).

80 Koch in Hüffer-AktG, § 129, Rn. 18; Meyer-Landrut/Wendel, Satzung/HV-Beschlüsse, Rn. 138.

81 Bayer/Hoffmann, AG 2012, R339 (R340).

82 Vgl. Mülbert in GroßKomm-Aktiengesetz, Vor §§ 118–147, Rn. 75; Ziemons in Schmidt/Lutter-AktG, § 129, Rn. 42.

83 Statt aller Ziemons in Schmidt/Lutter-AktG, § 129, Rn. 42.; Wilsing/v. der Linden, ZIP 2009, S. 641 (646).

Denkbar ist es beispielsweise, in Erwartung einer besonders heiklen Hauptversammlung mit einer Vielzahl von kritischen Nachfragen, einen im Aktienrecht und dem Ablauf einer Hauptversammlung erfahrenen externen Berater als Hauptversammlungsleiter einzusetzen.[84] Allerdings sehen die meisten Satzungen der großen deutschen Aktiengesellschaften zum aktuellen Zeitpunkt eine solche Berufungsmöglichkeit eines externen Leiters nicht vor.[85]

84 Wilsing/v. der Linden, ZIP 2009, S. 641 (646 f.).
85 Wilsing/v. der Linden, ZIP 2009, S. 641 (650).

C. Aufgaben und Befugnisse des Hauptversammlungsleiters

I. Einführung

Wie bereits gezeigt, wird der Hauptversammlungsleiter an verschiedenen Stellen des Gesetzes (§§ 118 Abs. 4, 122 Abs. 3 S. 2, 130 Abs. 2 und 131 Abs. 2 S. 2 AktG) ausdrücklich genannt. Gemein haben diese Normen, dass sie die Existenz eines Hauptversammlungsleiters voraussetzen, dessen Befugnisse und Aufgaben hingegen nur sehr bruchstückhaft oder gar nicht regeln.[86] Dennoch ist heute durch gerichtliche Entscheidungen und literarischen Diskurs nahezu geklärt, was die Aufgabe, Befugnisse und Pflichten sind.

Zentrales Ziel des Handelns eines Hauptversammlungsleiters ist die geordnete Durchführung der gesetzlich vorgeschriebenen Hauptversammlung, um die an die Hauptversammlung gestellten Aufgaben zu erfüllen. Im Hinblick auf die mit dieser Aufgabe verbundenen Tätigkeiten kann weiter zwischen Leitungs- und Ordnungsaufgaben differenziert werden. Der Hauptversammlungsleiter hat die sachliche Erledigung der Geschäfte der Hauptversammlung (Leitung) zu bewirken[87] und zu diesem Zweck für eine ordnungsgemäße Durchführung der Hauptversammlung zu sorgen (Ordnung).[88] Bei der Leitung geht es eher um Maßnahmen, welche die Hauptversammlung selbst und nur mittelbar den einzelnen Aktionär betreffen, während die Ordnungsmaßnahmen eher auf den Aktionär selbst abzielen.

Aus den Aufgaben ergeben sich auch die Befugnisse des Hauptversammlungsleiters. Er hat alle Befugnisse und Rechte, die er braucht, um einen ordnungsgemäßen und sachgerechten Versammlungsablauf herbeizuführen und zu gewährleisten.[89] Aufgaben und Befugnisse korrespondieren miteinander. Wo den Hauptversammlungsleiter eine Aufgabenzuweisung trifft, muss er auch die zur Erfüllung erforderlichen Befugnisse haben.

Zur Durchsetzung dieser Befugnisse bedarf es eines aktiven Tätigwerdens des Hauptversammlungsleiters. In welcher Art und in welchem Ausmaß er tätig wird, liegt grundsätzlich in seinem eigenen Ermessen. Der Hauptversammlungsleiter kann dabei in den durch Satzung oder Geschäftsordnung vorgegebenen Grenzen frei agieren.

---

86 Statt aller Drinhausen in Hölters-AktG, Anh. zu § 129, Rn. 1; Kubis in MüKo-AktG, § 119, Rn. 105; Rose, NZG 2007, S. 241 (243).

87 BGHZ 44, 245 (248) = NJW 1966, S. 43 (44).

88 Mülbert in GroßKomm-Aktiengesetz, Vor §§ 118–143 AktG, Rn. 87.

89 So ausdrücklich BGHZ 44, 245 (248) = NJW 1966, S. 43 (44).

II. Das Spannungsfeld zwischen Teilnahmerecht und Leitung

Allerdings hat jede seiner Handlungen mit Bezug zur Hauptversammlung aufgrund seiner hervorgehobenen Position Auswirkungen auf die Hauptversammlung. Infolge dessen tangiert sein Handeln auch die teilnehmenden Aktionäre. Dies führt in letzter Konsequenz zu Auswirkungen auf deren Teilnahmerecht, welches ihnen qua Anteilseignerschaft zusteht. Was dieses Teilnahmerecht genau ausmacht, inwiefern der Hauptversammlungsleiter das Teilnahmerecht tangiert und wie sich das Teilnahmerecht auf die Handlungsfreiheit des Hauptversammlungsleiters auswirkt, wird nachfolgend erörtert. Insbesondere soll aufgezeigt werden, in welchem Verhältnis das Teilnahmerecht und das Ermessen des Hauptversammlungsleiters zueinander stehen.

1. Das Teilnahmerecht

Jeder Aktionär hat ein Recht zur Teilnahme an der Hauptversammlung. Dieses Recht der Aktionäre einer Aktiengesellschaft leitet sich aus § 118 AktG ab, wird vom Gesetzgeber als selbstverständlich vorausgesetzt und besteht faktisch aus verschiedenen Einzelrechten.[90] Eines dieser Einzelrechte ist das Recht zur physischen oder sonstigen Teilnahme an einer stattfindenden Hauptversammlung. Dieses Recht besteht unabhängig von der Größe des vom Aktionär gehaltenen Anteils. Ebenfalls zum Teilnahmerecht gehört das Rederecht des einzelnen Aktionärs. Dieser hat das Recht, sich zu den anstehenden Tagesordnungspunkten auf der Hauptversammlung für alle wahrnehmbar zu äußern, und zwar unabhängig von einem bestehenden Stimmrecht.[91] Weitere Einzelrechte sind das Beschlussantragsrecht und das Recht auf Einsichtnahme in das Teilnehmerverzeichnis.[92]

Das Teilnahmerecht ist untrennbar mit der Aktionärsstellung verbunden, als solches Ausfluss und Basis der Mitgliedschaft und damit im Kern unentziehbar, unverzichtbar und nicht gesondert übertragbar.[93] Sinn und Zweck des Teilnahmerechts der Aktionäre ist deren Teilhabe an und die Beteiligung in Angelegenheiten der Gesellschaft. Es handelt sich folglich im Kern um ein Kontroll- und Mitbestimmungsrecht, welches jeder Aktionär durch Teilnahme an der Hauptversammlung

---

90 Vgl. Koch in Hüffer-AktG, § 118, Rn. 20; Kubis in MüKo-AktG, § 118, Rn. 35 ff.; Hoffmann in Spindler/Stilz-AktG, § 118, Rn. 11 f.

91 Vgl. nur BGH, NJW 1971, S. 2225; Spindler in Schmidt/Lutter-AktG, § 118, Rn. 25. Näher zum Rederecht und dessen Schranken vgl. Mülbert in GroßKomm-Aktiengesetz, Vor §§ 118–147, Rn. 143 ff.

92 Kubis in MüKo-AktG, § 118, Rn. 65; Hoffmann in Spindler/Stilz-AktG, § 118, Rn. 12.

93 Kubis in MüKo-AktG, § 118, Rn. 38; Hoffmann in Spindler/Stilz-AktG, § 118, Rn. 11 f.; Koch in Hüffer-AktG, § 118, Rn. 25.

ausübt.[94] Die Hauptversammlung hat im Gefüge der Aktiengesellschaft damit die Aufgabe zur Bildung, Bündelung und Konzentration der Mitwirkungsrechte.[95]

2. Verhältnis von Maßnahmen des Hauptversammlungsleiters zum Teilnahmerecht der Aktionäre

a) Einschränkung des Teilnahmerechts durch Leitungsmaßnahmen

Im Kern kann das Teilnahmerecht der Aktionäre auch nicht beschränkt werden. Dies bedeutet allerdings nicht, dass es nicht durch Maßnahmen des Hauptversammlungsleiters zu punktuellen Eingriffen in dieses Aktionärsrecht kommen kann.

Wie oben bereits dargestellt, ist es das Ziel jedes Handelns des Hauptversammlungsleiters, eine effektive und ordnungsgemäße Hauptversammlung zu ermöglichen (vgl. oben C.I). Maßnahmen, die zur Erreichung dieses Ziel getroffen werden, können Beeinträchtigungen des Teilnahmerechts zur Folge haben. Denn die Sicherung eines ordnungsgemäßen und funktionsfähigen Ablaufs der Hauptversammlung setzt möglicherweise Maßnahmen und Anordnungen voraus, welche quasi im Gegenzug eine Beeinträchtigung der freien Ausübung des Teilnahmerechts mit sich bringen. Zu diesen das Teilnahmerecht beschränkenden Maßnahmen ist der Hauptversammlungsleiter aber wegen der Notwendigkeit einer ordnungsgemäßen und effektiven Hauptversammlung berechtigt. Rechtstheoretisch ist der durch den Hauptversammlungsleiter erfolgte Eingriff in das Teilnahmerecht aufgrund des übergeordneten Ziels der Gewährleistung einer effektiven und ordnungsgemäßen Hauptversammlung gerechtfertigt.

Daraus ergibt sich die Situation, dass der Hauptversammlungsleiter, obwohl das Teilnahmerecht eine so wesentliche Rolle für die Teilhabe innerhalb der Aktiengesellschaft spielt, die Macht besitzt, es in Erfüllung seiner Aufgabe zu beeinflussen, zu begrenzen und auszuformen. Der Hauptversammlungsleiter ist der natürliche Counterpart zum Teilnahmerecht der Anteilseigner. Ein Eingriff des Hauptversammlungsleiters in das Teilnahmerecht des einzelnen Aktionärs zum Zweck der Sicherung einer ordnungsgemäß durchgeführten und funktionsfähigen Hauptversammlung ist trotz der Wichtigkeit der Aktionärsrechte gerechtfertigt.

b) Doppelwirkung des Hauptversammlungsleiterhandelns auf das Teilnahmerecht

Zu erkennen gilt es dabei jedoch, dass die Notwendigkeit eines ordnungsgemäßen Ablaufs als oberstes Ziel der Hauptversammlungsleitung und als Rechtfertigungsgrund für Eingriffe in das Teilnahmerecht kein Selbstzweck ist. Vielmehr ist dieses

---

94 So auch Drinhausen in Hölters-AktG, § 118, Rn. 1.

95 Vgl. Koch in Hüffer-AktG, § 118, Rn. 1; Krenek/Pluta in Heidel-AktG und KapMarktR, § 118, Rn. 3.

oberste Ziel ebenfalls unmittelbar mit dem Teilnahmerecht und dem dahinterstehenden Sinn und Zweck verknüpft.

Denn durch sein leitendes und ordnendes Eingreifen ermöglicht der Hauptversammlungsleiter erst die effektive Ausübung der Einzelrechte und damit die wirksame Beteiligung des einzelnen Aktionärs an den Angelegenheiten der Aktiengesellschaft.[96] Dies folgt aus der Tatsache, dass eine ordentliche Willensbildung im Rahmen der Hauptversammlung ohne ordnende Hand kaum möglich wäre. Ein Chaos der unterschiedlichen Meinungen, Standpunkte und Ansichten müsste befürchtet werden und die Effektivität der Hauptversammlung wäre bedroht. Zudem bestünde eine unüberschaubare Gefahr von Anfechtungen aufgrund von Verfahrensmängeln, die durch fehlende Ordnung bedingt sind. Aus diesem Grund bedürfen die Rechte der Aktionäre einer Kanalisierung seitens des Hauptversammlungsleiters. Ohne dessen Eingreifen bestünde zwar ein unbeschränktes Teilnahmerecht des Aktionärs, die effektive Nutzung dieses Rechts auf Teilnahme im Sinne einer Teilhabe am Geschehen wäre aber trotz der Freiheit nicht möglich. Vielmehr wäre es durch die ebenfalls gegebenen Rechte der anderen Aktionäre in seiner Effektivität gehindert und damit in seinem Sinn betroffen.[97]

Im Ergebnis besteht damit eine Doppelwirkung zwischen dem Hauptversammlungsleiterhandeln und dem Teilnahmerecht des Aktionärs in der Art, dass die Handlungen des Hauptversammlungsleiters zwar das Teilnahmerecht einschränken, diesem aber auch erst zu Effektivität und zur Erfüllung des gesetzlich-intendierten Sinn und Zwecks verhelfen.

III. Schranken für das Handeln des Hauptversammlungsleiters

Obwohl das Handeln des Hauptversammlungsleiters folglich trotz seiner grundsätzlich einschränkenden Wirkungsweise zulässig ist, bedarf es gerade deswegen eines inneren Korrektivs, welches einen gerechten Ausgleich zwischen den Freiheiten der Aktionäre und der Effektivität der Hauptversammlung bewirkt.

Ohne Regulierung würde das Teilnahmerecht zu einem stumpfen Schwert degradiert, da eine uferlose Beschneidung durch den Hauptversammlungsleiter ermöglicht würde. Die Einschränkung des Teilnahmerechts durch den Hauptversammlungsleiter darf nicht so weit gehen, dass dieses den gesetzlich intendierten Sinn und Zweck der Meinungsbildung nicht mehr gewährleisten kann.

Aus diesem Grund hat sich der Hauptversammlungsleiter in Wahrnehmung der genannten Aufgaben und bei Nutzung der korrespondierenden Befugnisse zwingend an drei beschränkenden Grundprinzipien zu orientieren. Zunächst muss der Hauptversammlungsleiter die Neutralität seines Amtes wahren (Neutralitätsgebot), was praktisch bedeutet, dass er keinerlei Einfluss auf Inhalt und Ergebnis der

96 Ähnlich bereits Horrwitz, Recht der GV der AGs, S. 208.
97 Dies betont auch BGHZ 198, 354 (367 Rn. 35) = NZG 2014, S. 27 (31 Rn. 35).

Abstimmungen nehmen darf.[98] Weiter hat er alle Aktionäre gleich zu behandeln (Gleichbehandlungsgrundsatz)[99] und schließlich bei allen Handlungen mit Wirkung für die Aktionäre den Grundsatz der Verhältnismäßigkeit einzuhalten.[100]

Diese drei Grundsätze bilden faktisch die Leitplanken und Schranken für sein Handeln.[101] Die Existenz dieser Schranken rechtfertigt sich aus der Eingriffsqualität des Hauptversammlungsleiterhandelns in Bezug auf das für die Gesellschaft elementare Teilnahmerecht.[102] Im Hinblick auf die Maßnahmen zur Leitung der Hauptversammlung spielen insbesondere die ersten beiden Prinzipien eine Rolle, während die Verhältnismäßigkeit zumeist bei Ordnungsmaßnahmen von entscheidender Bedeutung ist.

IV. Aufgaben/Befugnisse

Nachfolgend sollen die Aufgaben des Hauptversammlungsleiters und die damit korrespondierenden Befugnisse genauer dargestellt werden. Maß und Umfang der Aufgaben und Befugnisse bestimmen sich aufgrund der eben dargestellten Wechselwirkung immer nach dem Sinn und Zweck des Hauptversammlungsleiterhandelns auf der einen und den beschriebenen drei begrenzenden Prinzipien auf der anderen Seite. Unter Berücksichtigung dieses Grundgedankens ergeben sich dann die Befugnisse des Hauptversammlungsleiters in der konkreten Situation.

Detaillierte Regelungen zu den Aufgaben und Befugnissen des Hauptversammlungsleiters kann die Geschäftsordnung der Hauptversammlung nach § 129 Abs. 1 S. 1 AktG enthalten.[103] Die Möglichkeit zum Erlass einer Geschäftsordnung hatte sogar ausdrücklich den Sinn und Zweck, dem unerfahrenen Hauptversammlungsleiter bei Rechtsunsicherheiten zu helfen.[104] Allerdings ist von dieser Möglichkeit in der Praxis kaum Gebrauch gemacht worden, so dass einige Autoren § 129 Abs. 1 S. 1 AktG sogar als „totes Recht" bezeichnen.[105] Zudem bestehen die Kompetenzen des Hauptversammlungsleiters unabhängig von der Existenz einer Geschäftsordnung und werden durch diese auch nicht beeinflusst,[106] so dass im folgenden auf dieses Regelwerk nicht näher eingegangen wird.

98 Kubis in MüKo-AktG, § 119, Rn. 122.
99 BGHZ 44, 245 (255) = NJW 1966, S. 43 (45).
100 BGHZ 184, 239 (246 Rn. 16) = NJW 2010, S. 1604 (1606 Rn. 16).
101 Wicke in Spindler/Stilz-AktG, Anh. zu § 119, Rn. 5; Heidel in Heidel-AktG und KapMarktR, Vor §§ 129–132, Rn. 49.
102 Kubis in MüKo-AktG, § 119, Rn. 122.
103 Vgl. das Muster von Schaaf, ZIP 1999, S. 1339 (1342).
104 BR-Drs. 872/97, Begründung S. 49.
105 Kubis in MüKo-AktG, § 129, Rn. 3; Noack/Zetzsche in KK-AktG, Band 3.2, § 129, Rn. 3.
106 Vgl. dazu m.w.N. Kubis in MüKo-AktG, § 129, Rn. 6; Mülbert in GroßKomm-Aktiengesetz, Vor §§ 118–147, Rn. 182; Schaaf, ZIP 1999, S. 1339 (1340).

Die folgenden Ausführungen erheben nicht den Anspruch einer abschließenden oder kompletten Zusammenstellung aller Aufgaben und Befugnisse des Hauptversammlungsleiters. Vielmehr soll durch die Darstellung deren beträchtlicher Umfang und die erhebliche Reichweite für die Aktiengesellschaft und die Hauptversammlungsteilnehmer aufgezeigt werden. Die zuvor dargelegte Aufspaltung der Aufgaben des Hauptversammlungsleiters in solche der Leitung und solche der Ordnung, soll hier in der Folge als Gliederungsmerkmal dienen. Sie ist in der Praxis allerdings nicht in allen Fällen strikt durchzuhalten, so dass sich im Einzelfall eine andere Einordnung anbieten kann.[107]

1. Leitungsaufgaben

Die Aufgaben des Hauptversammlungsleiters in Bezug auf das Verfahren der Hauptversammlung sind vielfältig und umfangreich. Allerdings lassen sich alle Aufgaben dadurch charakterisieren, dass sie dem Ziel einer ordnungsgemäßen und effektiven Erledigung der Geschäfte der Hauptversammlung dienen. Leitungsaufgaben sind über die gesamte Dauer der Versammlung vorzunehmen.

a) Eröffnung der Hauptversammlung

Der Versammlungsleiter eröffnet die Hauptversammlung am in der Einberufung angegebenen Tag und Ort zur angekündigten Uhrzeit.[108] Eine frühere Eröffnung ist wegen des zwingend zu beachtenden Anwesenheitsrechts jedes Aktionärs nicht möglich und dennoch gefasste Beschlüsse sind anfechtbar.[109] Eine spätere Eröffnung kann im Einzelfall nötig und zulässig sein, zum Beispiel bei umfangreichen Einlasskontrollen.[110] Dabei darf es aber nicht zu einer unangemessen langen Verzögerung kommen.[111]

Weiter hat der Hauptversammlungsleiter bei Eröffnung die ordnungsgemäße Einberufung der Hauptversammlung[112] sowie die Teilnahmeberechtigung der Erschienenen zu überprüfen.[113] Im Rahmen dieser Kontrolle kann nur eine Überprüfung im Hinblick auf offensichtliche Mängel gefordert werden.[114] Daher wird

107 Kuhnt, FS Lieberknecht 1997, S. 45 (49).

108 Statt aller Kubis in MüKo-AktG, § 119, Rn. 133; Göhmann in Henn-Hdb. des AktienR, Kapitel 9, Rn. 145.

109 LG München I v. 20.01.2011, Az.: 5 HK O 18800/09, 5 HK O 18800/09, Rn. 249 – zitiert nach juris; Kubis in MüKo-AktG, § 119, Rn. 133; Wicke in Spindler/Stilz-AktG, Anh. zu § 119, Rn. 7.

110 Kubis in MüKo-AktG, § 119, Rn. 133.

111 Kubis in MüKo-AktG, § 119, Rn. 133; Heidel in Heidel-AktG und KapMarktR, Vor §§ 129–132, Rn. 19.

112 Mülbert in GroßKomm-Aktiengesetz, Vor §§ 118–147, Rn. 99.

113 Wicke in Spindler/Stilz-AktG, Anh. zu § 119, Rn. 6; Mülbert in GroßKomm-Aktiengesetz, Vor §§ 118–147, Rn. 100.

114 Mülbert in GroßKomm-Aktiengesetz, Vor §§ 118–147, Rn. 100.

beispielsweise bei Unklarheit über die Zugangsberechtigung eines vermeintlichen Aktionärs dem Hauptversammlungsleiter zu raten sein, Einlass zu gewähren, um nicht eine Anfechtung zu begründen.[115] Eine Delegation der Überprüfung der Teilnahmevoraussetzungen und Teilnahmeberechtigungen an die Hauptversammlung selbst ist nicht möglich, da ansonsten die Hauptversammlung durch eigenen Mehrheitsbeschluss über die Voraussetzungen der Teilnahme bestimmen könnte.[116]

Weitere Aufgaben des Hauptversammlungsleiters im Stadium der Eröffnung der Hauptversammlung sind die Begrüßung der Aktionäre, der Organmitglieder, der Gäste und des Notars sowie die Entschuldigung der abwesenden Verwaltungsmitglieder.[117] Ebenfalls auf diesen Zeitpunkt fällt die Auswahl von eventuellen Hilfspersonen des Leiters.[118] Sind all diese Punkte abgeschlossen, leitet der Hauptversammlungsleiter zur Abarbeitung der Tagesordnung über.

b) Erledigung der Tagesordnung

Dabei hat der Hauptversammlungsleiter insbesondere zu gewährleisten, dass alle angekündigten Punkte aufgerufen werden, den Aktionären die Gelegenheit zur Diskussion und zur Ausübung des Fragerechts gegeben wird und so eine sachlich erschöpfende Verhandlung über die einzelnen Tagesordnungspunkte möglich ist.[119] Anschließend ist dafür zu sorgen, dass alle Abstimmungsanträge zu den jeweiligen Tagesordnungspunkten zur Abstimmung gebracht, diese Abstimmungen ordnungsgemäß durchgeführt werden und eine Feststellung des Abstimmungsergebnisses erfolgt.[120] Grundsätzlich ist bei der Abhandlung der Tagesordnungspunkte die in der Einberufung angegebene Reihenfolge einzuhalten. Es steht dem Hauptversammlungsleiter aber frei, aus Zweckmäßigkeitserwägungen davon abzuweichen.[121]

aa) Aussprache

Im Rahmen der Aussprache zu den einzelnen Tagesordnungspunkten kann jeder Aktionär von seinem Rederecht Gebrauch machen, indem er sich zu dem jeweils diskutierten Tagesordnungspunkt äußert. Ob die Aussprache im Wege einer Generaldebatte über alle Tagesordnungspunkte gemeinsam oder durch Einzeldebatten zu jedem einzelnen Tagesordnungspunkt erfolgt, liegt im Ermessen des

115 Mülbert in GroßKomm-Aktiengesetz, Vor §§ 118–147, Rn. 100; Heidel in Heidel-AktG und KapMarktR, Vor §§ 129–132 AktG, Rn. 23.
116 Heidel in Heidel-AktG und KapMarktR, Vor §§ 129–132 AktG, Rn. 23.
117 Fischer/Pickert in Arbhdb. HV, § 9, Rn. 38; Butzke in Obermüller/Werner/Winden, Die Hv der AG, S. 127.
118 Mülbert in GroßKomm-Aktiengesetz, Vor §§ 118–143 AktG, Rn. 104.
119 Mülbert in GroßKomm-Aktiengesetz, Vor §§ 118–143 AktG, Rn. 107.
120 Mülbert in GroßKomm-Aktiengesetz, Vor §§ 118–143 AktG, Rn. 107.
121 OLG Frankurt a.M., AG 2011, S. 36 (41); Koch in Hüffer-AktG, Anh. zu § 129, Rn. 22.

Hauptversammlungsleiters.[122] Auch ein Mittelweg ist zulässig.[123] Bei der Entscheidung über die Art der Debatte sollte sich der Hauptversammlungsleiter von der Frage leiten lassen, wie die vorhandene Zeit sinnvoll auf die anstehenden Tagesordnungspunkte verteilt werden kann.[124]

Im Zusammenhang mit der Zeiteinteilung hat der Hauptversammlungsleiter die Förmlichkeiten der zu erwartenden Wortmeldungen festzulegen und das Wort zu erteilen, wobei er nicht zwingend an die Reihenfolge der Meldungen gebunden ist.[125] Vielmehr muss nach dem Grundsatz der Verhandlungsökonomie und keinesfalls willkürlich entschieden werden, in welcher Reihenfolge die Redebeiträge abzuarbeiten sind.[126]

Die Absetzung und Vertagung von Tagesordnungspunkten fällt nicht in den Kompetenzbereich des Hauptversammlungsleiters[127] – die Unterbrechung der Hauptversammlung für Pausen oder wegen unvorhergesehener Störungen hingegen schon.[128]

Nach erfolgter Aussprache und Beantwortung der gestellten Fragen durch den Vorstand schließt der Hauptversammlungsleiter die Debatte, wenn keine weiteren Wortbeiträge angemeldet oder noch Antworten zu ergänzen sind.[129]

bb) Die Beschlussfassung durch Abstimmung

Anschließend wird zur Abstimmung übergeleitet, wobei der Hauptversammlungsleiter Art und Form der Abstimmung festlegt.[130] Im Hinblick auf die Form gilt dies aber nur dann, wenn die Satzung keine Anordnung entsprechend § 134 Abs. 4 AktG enthält.[131] Für die Art der Ermittlung des Abstimmungsergebnisses kommen im Regelfall die Additions- oder die Subtraktionsmethode in Betracht.[132]

(1) Teilnehmerverzeichnis

Spätestens zum Zeitpunkt der ersten Abstimmung muss gemäß § 129 Abs. 4 S. 1 AktG das Teilnehmerverzeichnis der Hauptversammlung fertiggestellt sein und zur

122 Kubis in MüKo-AktG, § 119, Rn. 138; Ek, Praxisleitfaden für die HV, Rn. 265.
123 Kubis in MüKo-AktG, § 119, Rn. 138; Ek, Praxisleitfaden für die HV, Rn. 265.
124 Kubis in MüKo-AktG, § 119, Rn. 138.
125 Wicke in Spindler/Stilz-AktG, Anh. zu § 119, Rn. 8.
126 Butzke, Die HV der AG, Kap. D, Rn. 29.
127 Kubis in MüKo-AktG, § 119, Rn. 141; Steiner, HV der AG, § 7, Rn. 4.
128 Kubis in MüKo-AktG, § 119, Rn. 140.
129 Butzke, Die HV der AG, Kap. D, Rn. 38.
130 Kubis in MüKo-AktG, § 119, Rn. 156 f.; Max, AG 1991, S. 77 (87).
131 Kubis in MüKo-AktG, § 119, Rn. 156.
132 Kubis in MüKo-AktG, § 119, Rn. 157; Max, AG 1991, S. 77 (87 f.).

Einsicht ausliegen.[133] Ob der Hauptversammlungsleiter[134] oder der Vorstand der Aktiengesellschaft[135] für die Erstellung dieses Teilnehmerverzeichnisses zuständig ist, ist umstritten. Die besseren Argumente sprechen allerdings für die Zuständigkeit des Vorstandes. Nur diesem ist es bereits im Vorfeld der Hauptversammlung möglich, mit Hilfe von Anmeldungen und Hinterlegungsbescheinigungen die entsprechenden organisatorischen Vorarbeiten durchzuführen und während der Hauptversammlung eine fortwährende Aktualisierung des Verzeichnisses zu gewährleisten.[136] In jedem Fall ist der Hauptversammlungsleiter aber dafür verantwortlich, die generelle Führung eines Teilnehmerverzeichnisses und die im Zusammenhang damit getroffenen Maßnahmen des Vorstandes im Rahmen seiner Möglichkeiten zu kontrollieren.[137]

(2) Das Abstimmungsprozedere

Abgestimmt wird über die Beschlussvorschläge zu den Tagesordnungspunkten. Diese Beschlussvorschläge werden als Anträge zum betreffenden Tagesordnungspunkt formuliert. Zur Abstimmung kommen in den meisten Fällen die Vorschläge der Verwaltung und die von den Aktionären im Vorfeld oder in der Hauptversammlung gestellten (Gegen-)Anträge.

Der Hauptversammlungsleiter hat dafür Sorge zu tragen, dass allen Beteiligten nach Schluss der Debatte Gelegenheit gegeben wird, die geplanten Anträge zu stellen.[138] Weiter muss der Hauptversammlungsleiter für alle Aktionäre deutlich machen, welchen Inhalt ein gestellter Antrag hat. Hierfür wird in der Regel die Bezugnahme auf bereits im Vorfeld der Hauptversammlung eingereichte Anträge ausreichen.[139] Ein Anspruch auf Verlesung dieser bereits eingereichten Anträge besteht nicht.[140] Im Falle von ad-hoc in der Versammlung entworfenen Anträgen kann und muss es hingegen zur Verlesung kommen.[141]

---

133 Semler in MünchHdb GesR-AG, § 36, Rn. 29 f.

134 So Kubis in MüKo-AktG, § 119, Rn. 136; wohl auch Semler in MünchHdb GesR-AG, § 36, Rn. 30.

135 So Ziemons in Schmidt/Lutter-AktG, § 129, Rn. 15; Wicke in Spindler/Stilz-AktG, § 129, Rn. 20; Reger in Heidelbg. Komm.-AktG, § 129, Rn. 17; Noack/Zetzsche in KK-AktG, Band 3.2, § 129, Rn. 81.

136 So auch Wicke in Spindler/Stilz-AktG, § 129, Rn. 20; Noack/Zetzsche in KK-AktG, Band 3.2, § 129, Rn. 81.

137 Koch in Hüffer-AktG, § 129, Rn. 7; Wicke in Spindler/Stilz-AktG, § 129, Rn. 21.

138 Mülbert in GroßKomm-Aktiengesetz, Vor §§ 118–143 AktG, Rn. 112.

139 Mülbert in GroßKomm-Aktiengesetz, Vor §§ 118–147, Rn. 112; Wicke, NZG 2007, S. 771 (772).

140 Mülbert in GroßKomm-Aktiengesetz, Vor §§ 118–147, Rn. 112; Fischer/Pickert in Arbhdb. HV, § 9, Rn. 96; eingehend dazu Steiner, HV der AG, S. 86 f.

141 Mülbert in GroßKomm-Aktiengesetz, Vor §§ 118–143 AktG, Rn. 112; Göhmann in Henn-Hdb. des AktienR, Kapitel 9, Rn. 178.

Wenn alle Anträge zu den jeweiligen Tagesordnungspunkten vorliegen, bestimmt der Hauptversammlungsleiter die Reihenfolge der Abstimmung. Dabei hat er durch sinnvolle Organisation überflüssige Abstimmungsgänge wegen sich überschneidender Anträge zu vermeiden.[142] Offenkundig gesetzeswidrige oder missbräuchliche Anträge muss der Versammlungsleiter nicht zur Abstimmung stellen.[143] Führt ein solcher Antrag absehbar zur Nichtigkeit des Beschlusses, ist der Hauptversammlungsleiter sogar dazu verpflichtet, nicht über den Antrag abstimmen zu lassen.[144]

Wie sich aus dem Umkehrschluss des § 137 AktG ergibt, ist der Hauptversammlungsleiter – außer für den in § 137 AktG geregelten Fall des aktionären Wahlvorschlags betreffend einen Aufsichtsratsposten – für die Festlegung der Abstimmungsreihenfolge der Anträge verantwortlich.[145] Allerdings sind Verfahrensanträge vor Sachanträgen zu berücksichtigen.[146]

(3) Die Abstimmung

Das eigentliche Zur-Abstimmung-Stellen der vorgebrachten und zulässigen Beschlussanträge stellt die Einleitung des formalen Abstimmungsprozederes dar.[147] Der Hauptversammlungsleiter hat dabei verschiedene Möglichkeiten, diesen Vorgang möglichst effizient zu gestalten.[148]

Im Rahmen der Abstimmung hat der Leiter darauf zu achten, dass jeder stimmberechtigte Aktionär Gelegenheit zur Stimmabgabe erhält und dass keine offensichtlichen Umstände vorliegen, welche an der Korrektheit des gefundenen Abstimmungsergebnisses zweifeln lassen.[149] Zur Durchführung der Abstimmung und Auszählung[150] kann sich der Hauptversammlungsleiter der Hilfe von zuvor bestimmten Personen bedienen.[151] Er hat weiter darauf hinzuwirken, dass ein Stimmrechtsvertreter seine Stimmabgaben wenn möglich auf einer oder mehreren Sammel-Stimmkarten bündelt und nicht für alle vertretenen Stimmen einzelne Stimmkarten ausfüllt und abgibt.[152]

---

142 Koch in Hüffer-AktG, Anh. zu § 129, Rn. 23.

143 Kubis in MüKo-AktG, § 119, Rn. 151; Wicke, NZG 2007, S. 771 (772).

144 Kubis in MüKo-AktG, § 119, Rn. 151; Drinhausen in Hölters-AktG, Anh. zu § 129, Rn. 8.

145 LG Hamburg, AG 1996, S. 233; Kubis in MüKo-AktG, § 119, Rn. 153; Mülbert in GroßKomm-Aktiengesetz, Vor §§ 118–143 AktG, Rn. 115.

146 Kubis in MüKo-AktG, § 119, Rn. 152; Mülbert in GroßKomm-Aktiengesetz, Vor §§ 118–143 AktG, Rn. 115 ff.

147 Mülbert in GroßKomm-Aktiengesetz, Vor §§ 118–147, Rn. 121.

148 Näher dazu Mülbert in GroßKomm-Aktiengesetz, Vor §§ 118–147, Rn. 121.

149 Butzke, Die HV der AG, Kap. D, Rn. 48.

150 Hierzu genauer Fischer/Pickert in Arbhdb. HV, § 9, Rn. 250 ff.

151 Vgl. nur Stützle/Walgenbach, ZHR 1991, S. 516 (535). Zum Gehilfen eingehender Kocher/Feigen, NZG 2015, S. 620.

152 Diesen Fall beschreibt Besse, GWR 2014, S. 54 (55).

Ein besonders hohes Maß an Aufmerksamkeit des Hauptversammlungsleiters verlangt in diesem Stadium der Versammlung die Berücksichtigung von Stimmverboten – etwa in den Fällen des § 136 AktG.[153] Wegen der besonders fordernden und komplexen Situation der Hauptversammlung ist die Pflicht zu einer derartigen Kontrolle aber nur auf die offensichtlichen Fälle zu beschränken.[154]

(4) Feststellung der Beschlussfassung

Abgeschlossen wird die Phase der Abstimmung durch die in § 130 Abs. 2 S. 1 AktG mittelbar vorgeschriebene Feststellung der Beschlussfassung durch den Hauptversammlungsleiter. Dabei bedarf es der Wiedergabe des Auszählungsergebnisses und der ausdrücklichen Ansage, ob der Antrag angenommen oder abgelehnt wurde.[155] Durch Letzteres wird das Beschlussergebnis verbindlich festgestellt und der Beschluss wirksam.[156]

(5) Wiederaufgreifen von Tagesordnungspunkten

Ob nach Beschlussfassung und Verkündung noch das Recht des Hauptversammlungsleiters besteht, den bereits abgeschlossenen Tagesordnungspunkt erneut aufzurufen und zu behandeln, ist umstritten. Die h. M. gestattet dieses Vorgehen grundsätzlich, differenziert aber bezüglich der Zulässigkeit und deren Voraussetzungen nach dem Stadium der Versammlung, der Wichtigkeit der neu vorzubringenden Aspekte und der Art des Tagesordnungspunktes.[157] Andere lehnen eine Befugnis des Hauptversammlungsleiters zum Wiederaufgreifen grundsätzlich ab.[158]

c) Beendigung der Hauptversammlung

Sind alle Tagesordnungspunkte inklusive der entsprechenden Aussprachen, Abstimmungen und Beschlussfassungen erledigt oder gibt es sonstige Gründe für das Ende der Hauptversammlung,[159] schließt der Hauptversammlungsleiter diese.[160] Der Hauptversammlungsschluss muss ausdrücklich und für alle hörbar erklärt werden. Denn jeder Aktionär muss Gewissheit darüber haben, dass die Versammlung

153 Kubis in MüKo-AktG, § 119, Rn. 159. Dazu ausführlich Drinhausen/Marsch-Barner, AG 2014, S. 757 (760 ff.).

154 Kubis in MüKo-AktG, § 119, Rn. 159; Wicke in Spindler/Stilz-AktG, § 119, Rn. 8.

155 Koch in Hüffer-AktG, § 130, Rn. 22.

156 Statt aller Kubis in MüKo-AktG, § 119, Rn. 158; Max, AG 1991, S. 77 (90).

157 Kubis in MüKo-AktG, § 119, Rn. 139; Mülbert in GroßKomm-Aktiengesetz, Vor §§ 118–147, Rn. 126 ff.; Drinhausen in Hölters-AktG, Anh. zu § 129, Rn. 11.

158 Wicke in Spindler/Stilz-AktG, Anh. zu § 119, Rn. 8; Steiner, HV der AG, § 7, Rn. 5.

159 Vgl. dazu Kubis in MüKo-AktG, § 119, Rn. 160.

160 Mülbert in GroßKomm-Aktiengesetz, Vor §§ 118–147, Rn. 133; Max, AG 1991, S. 77 (93); Fischer/Pickert Arbhdb. HV, § 9, Rn. 382.

beendet ist und keine weiteren Beschlüsse mehr anstehen.[161] Nach Schluss der Hauptversammlung kommt die Wiederaufnahme eines Tagesordnungspunktes in keinem Fall in Betracht.[162]

2. Ordnungsaufgaben

Dem Hauptversammlungsleiter obliegt es neben der Leitung der Hauptversammlung auch, für deren ordnungsgemäßen Ablauf zu sorgen. Hierfür hat er die notwendigen (Ordnungs-)Maßnahmen zu treffen. Das Ordnungsrecht begründet sich in der Verantwortung für die sachgemäße Durchführung der Hauptversammlung.[163] Der Bundesgerichtshof umschreibt dies auf eingängige Weise damit, dass der Hauptversammlungsleiter alle Rechte habe, die er für die sachgemäße Durchführung beziehungsweise den ordnungsgemäßen Ablauf der Hauptversammlung brauche.[164] Aus eben diesem Grund sind die Ordnungsmaßnahmen auch gegenüber den Aktionären gerechtfertigt. Die Aktionäre sind zur Befolgung der getroffenen Maßnahmen aufgrund ihrer Mitgliedschaft direkt verpflichtet.[165] Diese Pflicht ist Ausfluss und Konsequenz des Teilnahmerechts.[166] Im Gegenzug hat sich der Hauptversammlungsleiter bei Erfüllung seiner Aufgabe wiederum an die zuvor bereits beschriebenen Grundsätze zu halten, wobei in diesem Zusammenhang insbesondere Gleichbehandlung und Verhältnismäßigkeit von Bedeutung sind.[167]

Ebenfalls Resultat der Verantwortung für eine sachgemäße Durchführung der Hauptversammlung ist die Befugnis des Hauptversammlungsleiters zur Ausübung des Hausrechts in den Versammlungsräumen.[168] Gegenüber den Aktionären selbst spielt dies aber wegen der eben beschriebenen direkten Pflicht zur Befolgung der Anordnung aufgrund der Mitgliedschaft keine Rolle. Rechtfertigende Wirkung entfaltet das Hausrecht folglich nur für Anordnungen gegenüber Nicht-Aktionären.[169]

161 Mülbert in GroßKomm-Aktiengesetz, Vor §§ 118–147, Rn. 133; Butzke, Die HV der AG, Kap. D, Rn. 50.

162 Kubis in MüKo-AktG, § 119, Rn. 139.

163 Vgl. nur Wicke in Spindler/Stilz-AktG, Anh. zu § 119, Rn. 5; Kubis in MüKo-AktG, § 119, Rn. 121 m.w.N.

164 BGHZ 44, 245 (248) = NJW 1966, S. 43 (44).

165 Martens, Leitfaden HV, S. 69; Mülbert in GroßKomm-Aktiengesetz, Vor §§ 118 – 147, Rn. 151; Steiner, HV der AG, § 10, Rn. 14.

166 Mülbert in GroßKomm-Aktiengesetz, Vor §§ 118–147, Rn. 151.

167 Ziemons in Schmidt/Lutter-AktG, § 129, Rn. 57; Herrler in Grigoleit-AktG, § 129, Rn. 31; allgemeiner auch Kubis in MüKo-AktG, § 119, Rn. 122.

168 Butzke, Die HV der AG, Kap. D, Rn. 20; Wicke, NZG 2007, S. 771 (774); dies voraussetzend auch Wicke in Spindler/Stilz-AktG, Anh. zu § 119, Rn. 15; Kubis in MüKo-AktG, § 119, Rn. 121, 175 und Martens, Leitfaden HV, S. 69. Aufgrund eines ungenauen Verständnisses ablehnend Siepelt, AG 1995, S. 254 (259 f.).

169 Ebenso Martens, WM 1981, S. 1010 (1011), Fn. 9; Kubis in MüKo-AktG, § 119, Rn. 121.

a) *Kontrollen am Einlass*

Zu Beginn der Hauptversammlung fällt bereits die Durchführung von Personen- und Gepäckkontrollen in den Zuständigkeitsbereich des Hauptversammlungsleiters. Er ist dafür verantwortlich, der Situation angepasste Kontrollen zu organisieren und durchführen zu lassen.[170] Überspannt der Leiter diese Machtbefugnis etwa durch überzogene Einlasskontrollen, droht wegen der mittelbaren Beschränkung des Teilnahmerechts der Aktionäre eine erfolgreiche Anfechtung sämtlicher auf der Versammlung gefasster Beschlüsse.[171] Eine solche überzogene Einlasskontrolle soll beispielsweise bei Taschenkontrollen jedes einzelnen Aktionärs vorliegen, wenn nicht zuvor ein Röntgengerät eingesetzt oder die Möglichkeit eingeräumt wird, persönliche Gegenstände vor der Durchsuchung außerhalb zu deponieren.[172]

b) *Beschränkung der Redezeit*

Der äußere Rahmen der Hauptversammlung ist zeitlich begrenzt. Die Hauptversammlung darf im Regelfall die Dauer von zwölf Stunden nicht überschreiten.[173] Abweichende Stimmen wollen sogar nur zehn Stunden zulassen.[174] Der Deutsche Corporate Governance Kodex (DCGK) sieht in Nr. 2.2.4 als Orientierungshilfe für den Hauptversammlungsleiter sogar eine Beendigung der ordentlichen Hauptversammlung nach vier bis sechs Stunden vor. Weiter ist die Versammlung zwingend bis 24 Uhr des Tages, für den sie einberufen wurde, zu beenden.[175]

Trotz dieser starren zeitlichen Grenzen hat der Hauptversammlungsleiter dafür zu sorgen, dass alle Tagesordnungspunkte abgearbeitet werden. Es liegt folglich in der Natur der Sache, dass bei einem in dieser Art begrenzten Zeitumfang und einer potenziellen Vielzahl von Tagesordnungspunkten nicht jeder Aktionär so lange zur Sache sprechen kann, wie er es möglicherweise wünscht und plant.[176] Die Abhandlung aller Tagesordnungspunkte in der vorgegebenen Zeit wäre sonst gefährdet und in den meisten Fälle unmöglich. Aus diesem Grund ist es heute unstreitig, dass der Hauptversammlungsleiter die Debatte durch eine Beschränkung der Redezeit der Aktionäre eingrenzen darf.[177] Diese Möglichkeit kann gemäß § 131 Abs. 2 S. 2 AktG in der Geschäftsordnung oder Satzung verankert sein. Aus

---

170 Martens, Leitfaden HV, S. 42 f.; Kubis in MüKo-AktG, § 119, Rn. 132.
171 Vgl. OLG Frankfurt a.M., NZG 2007, S. 310 (311); Kubis in MüKo-AktG, § 119, Rn. 132.
172 Vgl. Sachverhalt OLG Frankfurt a.M, NZG 2007, S. 310 (311).
173 Wicke in Spindler/Stilz-AktG, Anh. zu § 119, Rn. 9 m.w.N.
174 Quack, AG 1985, S. 145 (147).
175 Mülbert in GroßKomm-Aktiengesetz, Vor §§ 118–147 AktG, Rn. 131; Trouet, NJW 1986, S. 1302 (1306); differenzierend Butzke, Die HV der AG, Kap. D, Rn. 57; vgl. dazu auch Kubis in MüKo-AktG, § 121, Rn. 35 ff.; Happ/Freitag, AG 1998, S. 493.
176 Dies war früher offensichtlich kein Problem, vgl. Passow, Die AG, S. 481 ff.
177 Vgl. statt aller nur OLG Stuttgart, AG 1995, S. 234; Kubis in MüKo-AktG, § 119, Rn. 161.

dieser gesetzlich vorgesehenen Möglichkeit folgt aber nicht, dass eine Redezeitbeschränkung nur in einem solchen Fall zulässig ist.[178] Vielmehr ist die Redezeitbeschränkung originäres und unverrückbares Recht des Hauptversammlungsleiters und kann auch nicht durch Beschluss der Hauptversammlung entzogen werden.[179] Allerdings handelt es sich bei der Beschränkung des Rederechts um einen Eingriff in das Teilnahmerecht der Aktionäre, weswegen zur Rechtfertigung bestimmte Voraussetzungen für ein solches Vorgehen erfüllt sein müssen.[180]

Eine Beschränkung der Redezeit kann auf verschiedene Arten vorgenommen werden. Denkbar ist zunächst eine generelle Redezeitbeschränkung im Sinne eines zeitlichen Redelimits gegenüber allen Aktionären. Unterfälle dieser Kategorie sind der Schluss der Rednerliste und das Beenden der Debatte. Ebenfalls in Betracht kommt die individuelle Beschränkung des Rederechts einzelner Aktionäre beziehungsweise mehrerer einzelner Aktionäre. Innerhalb dieser zwei Kategorien kann die Beschränkung der Redezeit jeweils durch verschiedene Maßnahmen des Hauptversammlungsleiters erfolgen. Diese müssen aber aufgrund der Beachtlichkeit des Grundsatzes der Verhältnismäßigkeit abgestuft nach ihrer Eingriffsintensität eingesetzt werden.

aa) Generelle Beschränkungen

Nachfolgende Maßnahmen bewirken die Beschränkung des Rederechts aller Aktionäre.

(1) Beschränkung der Redezeit aller nachfolgenden Redner

Die generelle Beschränkung der Redezeit erfolgt in der Praxis durch Festlegung einer maximalen Redezeit für jeden noch folgenden Redner. Ein solches Vorgehen ist verfassungsrechtlich zulässig, wenn es zur ordnungsgemäßen Versammlungsdurchführung erfolgt.[181] Dieses Kriterium ist dann erfüllt, wenn absehbar ist, dass aufgrund der Vielzahl von erwarteten oder angemeldeten Redebeiträgen die zwingenden zeitlichen Grenzen der Hauptversammlung überschritten würden.[182] Wann diese Absehbarkeit eintritt, ist schwierig zu bestimmen. Daher muss dem Hauptversammlungsleiter ein gewisser Ermessensspielraum gewährt werden. Das Kriterium ist in jedem Fall dann erfüllt, wenn aufgrund der Vielzahl der Redneranmeldungen

---

178 BGHZ 184, 239 (252 Rn. 29) = NJW 2010, S. 1604 (1607), Rz. 29; Spindler, NZG 2005, S. 825 (826); Drinhausen in Hölters-AktG, § 131, Rn. 28. Eingehend zu dieser Frage Kubis in MüKo-AktG, § 119, Rn. 162.

179 Kubis in MüKo-AktG, § 119, Rn. 162; Koch in Hüffer-AktG, Anh. zu § 129, Rn. 26 m.w.N.

180 Kubis in MüKo-AktG, § 119, Rn. 161.

181 BVerfG, NJW 2000, S. 349 (351).

182 Quack, AG 1985, S. 145 (146); Schaaf, ZIP 1997, S. 1324 (1326 f.); Mülbert in Groß-Komm-Aktiengesetz, Vor §§ 118–147 AktG, Rn. 152.

bereits kurz nach Start der Debatte bei etwa gleicher Redezeit aller angemeldeten Redner ein Überschreiten der zeitlichen Grenzen unumgänglich wäre.[183]

Die Wahrscheinlichkeit der Überschreitung der zeitlichen Grenzen ist immer entsprechend der aktuell gegebenen Situation zu bewerten und neu zu beurteilen. Daher muss der Hauptversammlungsleiter konstant die Gegebenheiten der Hauptversammlung im Blick behalten und gegebenenfalls seine vorherige Prognose zum Zeitmanagement anpassen.[184] Nicht mit dieser Pflicht zur laufenden Überprüfung vereinbar ist eine generell-präventive Festlegung der Redezeit im Vorfeld der Hauptversammlung.[185] Ebenfalls unzulässig, weil nicht dem Ziel des ordnungsgemäßen Versammlungsablaufs entsprechend, ist die Beschränkung der Redezeit aufgrund des Wunsches der Verwaltung oder des Hauptversammlungsleiters nach einer zügigen Durchführung der Hauptversammlung.[186]

Der Hauptversammlungsleiter muss die einmal angeordnete Redezeitverkürzung gegenüber allen nachfolgenden Rednern anwenden. Insofern wird er durch den Gleichbehandlungsgrundsatz gebunden. Dies schließt aber nicht aus, dass es zu einer weiteren Verkürzung der Redezeit während der Debatte kommt, soweit ein damit korrespondierender sachlicher Grund – etwa die Meldung von weiteren Rednern – vorliegt.[187] Die damit einhergehende Ungleichbehandlung der Aktionäre ist gerechtfertigt. Denn über die sukzessive Beschränkung der Redezeit wird eine präventive und damit ohne entsprechende Notwendigkeit in größerem Umfang in die Mitgliedschaftsrechte eingreifende Anordnung vermieden.[188] Dies entspricht dem Grundsatz der Verhältnismäßigkeit.[189] Zudem ist ein solches sukzessives Vorgehen zumeist auch sachgerecht, da die Beiträge im Laufe der Diskussion erfahrungsgemäß kürzer werden.[190] Ebenfalls denkbar ist es aber auch, dass die verbleibende Zeit durch nur kurze Wortbeiträge oder den Rückzug von Wortmeldungen zunimmt und daher Redezeitbeschränkungen aufzuheben sind.[191]

Praktisch dürfte eine anfängliche Beschränkung auf fünfzehn Minuten pro Redner als zulässiger Anfang angesehen werden.[192] Weitere Verkürzungen auf zehn

183 Kubis in MüKo-AktG, § 119, Rn. 165; Mülbert in GroßKomm-Aktiengesetz, Vor §§ 118–147 AktG, Rn. 153.
184 Kubis in MüKo-AktG, § 119, Rn. 167.
185 Kubis in MüKo-AktG, § 119, Rn. 165; in diese Richtung wohl auch BGHZ 184, 239 (249 f. Rn. 22) = NJW 2010, S. 1604 (1607), Rz. 22; Wachter, DB 2010, S. 829 (835).
186 Wachter, DB 2010, S. 829 (835); Kubis in MüKo-AktG, § 119, Rn. 165.
187 Koch in Hüffer-AktG, Anh. zu § 129, Rn. 28; Kubis in MüKo-AktG, § 119, Rn. 165; Mülbert in GroßKomm-Aktiengesetz, Vor §§ 118–147 AktG, Rn. 153.
188 Kubis in MüKo-AktG, § 119, Rn. 165.
189 So auch Martens, Leitfaden HV, S. 62.
190 Butzke, Die HV der AG, Kap. D, Rn. 60.
191 Kubis in MüKo-AktG, § 119, Rn. 167.
192 Koch in Hüffer-AktG, Anh. zu § 129, Rn. 29; Wicke in Spindler/Stilz-AktG, Anh. zu § 119, Rn. 11.

und fünf Minuten sind je nach Ablauf der Versammlung ebenfalls nicht zu beanstanden.[193]

(2) Schluss der Rednerliste oder Debatte

Führt auch eine maximale Beschränkung der Redezeit zu keinem rechtzeitigen Ende der Hauptversammlung, ist der Hauptversammlungsleiter befugt, die Rednerliste zu schließen. In einem solchen Fall werden keine neuen Wortbeiträge mehr in die Liste der angemeldeten Redner aufgenommen.[194]

Sollte auch dies ein rechtzeitiges Ende nicht herbeiführen, bleibt dem Hauptversammlungsleiter als Ultima Ratio der Schluss der Debatte, also die Abweisung bereits angemeldeter Wortbeiträge.[195] Der Debattenschluss muss aufgrund des erheblichen Eingriffspotenzials zuvor angedroht werden und kommt nur dann in Betracht, wenn die verbleibende Zeit am in der Einberufung angegebenen Tag nur noch für die sofortige Beschlussfassung ausreicht.[196] Die Kompetenz sowohl den Schluss der Rednerliste als auch den Schluss der Debatte festzulegen, hat nach heute nahezu einhelliger Meinung allein der Hauptversammlungsleiter, weswegen diesbezügliche Entscheidungen nicht durch einen Beschluss der Hauptversammlung überstimmt werden können.[197]

bb) Individuelle Beschränkungen

Ebenfalls als Ordnungsmaßnahme kommen individuelle Redezeitbeschränkungen in Betracht, für die gleichfalls der Hauptversammlungsleiter zuständig ist.[198] Ob eine vorherige Befragung der Hauptversammlung und damit eine Delegation der Befugnis auf die Hauptversammlung zulässig ist, ist umstritten.[199]

---

193 OLG Frankfurt a.M., NZG 2010, S. 1066 (1067); Grüner, NZG 2000, S. 770 (774); Kubis in MüKo-AktG, § 119, Rn. 166 m.w.N.

194 Semler in MünchHdb GesR-AG, § 36, Rn. 49; Stützle/Walgenbach, ZHR 1991, S. 516 (540 f.); Martens, Leitfaden HV, S. 66 ff.; Mülbert in GroßKomm-Aktiengesetz, Vor §§ 118–147, Rn. 156.

195 Max, AG 1991, S. 77 (92); Martens, Leitfaden HV, S. 68; Wicke, NZG 2007, S. 771 (773); Koch in Hüffer-AktG, Anh. zu § 129, Rn. 30.

196 Kubis in MüKo-AktG, § 119, Rn. 169.

197 Vgl. dazu m.w.N. Stützle/Walgenbach, ZHR 1991, S. 516 (540 f.); Martens, Leitfaden HV, S. 68 f.; ebenso Koch in Hüffer-AktG, Anh. zu § 129, Rn. 30; anders noch Quack, AG 1985, S. 77 (92).

198 BGHZ 44, 245 (251) = NJW 1966, S. 43 (45); früher umstritten vgl. dazu nur die Zusammenstellung bei Siepelt, Rederecht des Aktionärs in HV, S. 115 ff.

199 Dafür Martens, WM 1981, S. 1010 (1012 f.); Quack, AG 1985, S. 71 (92 f.) dagegen aber Mülbert in GroßKomm-Aktiengesetz, Vor §§ 118–147, Rn. 159; Koch in Hüffer-AktG, Anh. zu § 129, Rn. 31. Offenlassend BGHZ 44, 245 (249 f.) = NJW 1966, S. 43 (44).

(1) Grundsatz

Verhaltensweisen eines einzelnen Aktionärs, die eine individuelle Redezeitbeschränkung zur Folge haben können, sind insbesondere Überschreitungen der festgelegten Redezeit, ständige Wiederholungen, abseitige oder langatmige Ausführungen und Beleidigungen.[200]

Auch für die individuellen Beschränkungen gilt, dass zu deren Rechtfertigung die individuell-wirkende Maßnahme sachlich zur Erledigung der anstehenden Tagesordnungspunkte erforderlich sein muss.[201] Sie dient damit auch den Rechten der anderen anwesenden Aktionäre.[202]

(2) Einzelfälle

Welche Einzelmaßnahmen im konkreten Fall getroffen werden dürfen, bestimmt sich unter Beachtung des Verhältnismäßigkeitsgrundsatzes nach der Art des Verhaltens des Aktionärs im Einzelfall.[203] Ebenso müssen die Aktionäre für gleiches Verhalten gleich sanktioniert werden.[204]

Bei Redebeiträgen, welche fernab von dem gerade aktuell diskutierten Tagesordnungspunkt liegen, muss der Hauptversammlungsleiter sofort auf eine Rückbesinnung drängen und kann hierfür eine kurze Frist setzen.[205] Hat dies keinen Erfolg, kann das Wort entzogen werden.[206]

Bei Langatmigkeit oder Wiederholungen kann eine Beschränkung der Redezeit erst nach Ermahnung durch den Hauptversammlungsleiter erfolgen.[207] Als weitere Möglichkeit ist auch in solchen Fällen der Wortentzug zulässig.[208]

Ein Ordnungsruf und bei weiterer Missachtung der Wortentzug sind auch bei einer Überschreitung der allgemein festgelegten Redezeit durch einen einzelnen Redner das probate Mittel.[209] Der Wortentzug stellt bei all diesen Vorgängen grundsätzlich nur die Vollzugsmaßnahme zur Missachtung einer vorausgegangenen individuellen Ordnungsmaßnahme dar.[210]

---

200 Vgl. Mülbert in GroßKomm-Aktiengesetz, Vor §§ 118–147, Rn. 159; Kubis in MüKo-AktG, § 119, Rn. 170.

201 BGHZ 44, 245 (251) = NJW 1966, S. 43 (45); Koch in Hüffer-AktG, Anh. zu § 129, Rn. 32.

202 BVerfG v. 20.9.1999, Az.: 1 BvR 636/95 in NJW 2000, S. 349 (351).

203 Koch in Hüffer-AktG, Anh. zu § 129, Rn. 32.

204 BGHZ 44, 245 (255) = NJW 1966, S. 43 (45); Ziemons in Schmidt/Lutter-AktG, § 129, Rn. 64.

205 Kubis in MüKo-AktG, § 119, Rn. 170; Wicke in Spindler/Stilz-AktG, Anh. zu § 119, Rn. 13.

206 Kubis in MüKo-AktG, § 119, Rn. 170; Drinhausen in Hölters-AktG, Anh. zu § 129, Rn. 17; Mülbert in GroßKomm-Aktiengesetz, Vor §§ 118–147 AktG, Rn. 159.

207 Wicke in Spindler/Stilz-AktG, Anh. zu § 119, Rn. 13.

208 Siehe Fn. 206.

209 Semler in MünchHdb GesR-AG, § 36, Rn. 51.

210 Siepelt, Rederecht des Aktionärs in HV, S. 118.

cc) Beschränkung des Auskunftsrechts

Bei den vorstehenden Ausführungen ist zu berücksichtigen, dass die bisher besprochenen individuellen Ordnungsmaßnahmen allein das Rederecht als Teil des Teilnahmerechts der Aktionäre betreffen. Im Gegensatz dazu muss das Frage- und Auskunftsrecht der Aktionäre im Sinne des § 131 Abs. 1 AktG von den angesprochenen individuellen Ordnungsmaßnahmen weitestgehend unberührt bleiben. Daraus folgt, dass Fragen der Aktionäre unabhängig von möglicherweise generell oder individuell beschränkenden Anordnungen des Hauptversammlungsleiters berücksichtigt und beantwortet werden müssen. Beispielsweise dürfen Fragen der Aktionäre auch bei angeordneter Redezeitbeschränkung in unbegrenztem Ausmaß gestellt werden. Es erfolgt auch keine Anrechnung der für die Frage aufgewendeten Zeit auf die zur Verfügung stehende Redezeit.[211] Das Fragerecht ist wesentliche Notwendigkeit für eine ausreichende Informationsgrundlage des einzelnen Aktionärs[212] – quasi Aktionärsgrundrecht[213] – und muss daher weitgehend unbeschränkt bleiben.

Eine Ausnahme von dieser grundsätzlichen Unbeschränkbarkeit wird bei dessen missbräuchlicher Nutzung gemacht, etwa bei Umgehung der Redezeitbeschränkung durch geschickte Formulierung der Fragen.[214] In einem solchen Fall sind die Ordnungsmaßnahmen des Hauptversammlungsleiters wie beschrieben anwendbar.

Der eben dargestellte weitgehende Schutz des aktionären Fragerechts gilt, trotz der in § 131 Abs. 2 S. 2 AktG ausdrücklich vorgesehenen Einschränkungsmöglichkeit, auch weiterhin.[215] Jedenfalls ohne entsprechende Regelungen in der Satzung oder der Geschäftsordnung muss der Bestand des im Grundsatz unbeschränkten Fragerechts gewährleistet bleiben.[216] Nur in absoluten Ausnahmefällen und nur subsidiär zu den möglichen Einschränkungen des Rederechts ist ein Eingriff in das Rederecht daher zulässig.[217] Ein Beispiel für eine zulässige Fragerechtsbeschränkung ist der Debattenschluss. Dieser nimmt aufgrund des damit eintretenden Endes der Debatte auch jede Möglichkeit für Fragen an die Verwaltung. Dieser erhebliche Eingriff ist wegen dessen Ultima-Ratio-Charakters aber nicht zu beanstanden.[218]

---

211 OLG Stuttgart, AG 1995, S. 234 (235).

212 Vgl. nur Kubis in MüKo-AktG, § 131, Rn. 1; Bohnet in Münch. AnwHdb AktR, § 27, Rn. 93.

213 Heidel in Heidel-AktG und KapMarktR, Vor §§ 129–132, Rn. 60 m.w.N.; detailliert dazu Schmidt, GesR, § 21 III.

214 Mülbert in GroßKomm-Aktiengesetz, Vor §§ 118–147, Rn. 160. Dazu ausführlich Siepelt, Rederecht des Aktionärs in HV, S. 133 ff.

215 Dazu Semler MünchHdb GesR-AG, § 36, Rn. 48. Kubis in MüKo-AktG, § 119, Rn. 171.

216 LG Frankfurt a.M., AG 2007, S. 48 (49); Kubis in MüKo-AktG, § 119, Rn. 171.

217 Kubis in MüKo-AktG, § 119, Rn. 171; Ziemons in Schmidt/Lutter-AktG, § 129, Rn. 61; Herrler in Grigoleit-AktG, § 129, Rn. 33; Martens, AG 2004, S. 238 (242).

218 So auch *Max* in AG 1991, S. 71 (91); *Stützle/Walgenbach* in ZHR 1991, S. 516 (541); *Martens*, Leitfaden HV, S. 68. Ohne entsprechende Ermächtigung durch eine

c) *Sonstige individuelle Maßnahmen gegen Aktionäre*

Über die Beschränkung des Rede- und Auskunftsrechts hinaus bleiben dem Hauptversammlungsleiter noch weitere Optionen, eine ordnungsgemäße und effektive Hauptversammlung zu gewährleisten. In Betracht kommen Weisungen und Anordnungen gegenüber störenden Aktionären, welche auf eine Beendigung und ein Unterlassen des störenden Verhaltens abzielen.

d) *Der Saalverweis gegen einen Aktionär*

Führen solche Weisungen und Anordnungen gegenüber einzelnen Aktionären nicht zum gewünschten Erfolg, bleibt dem Hauptversammlungsleiter als letzte Maßnahme der Saalverweis des die Hauptversammlung beeinträchtigenden Aktionärs. Ein solches Vorgehen kommt in unterschiedlichen Situationen in Betracht.

aa) Saalverweis gegen den (weiter-)redenden Aktionär

Hat der ausgesprochene und vollzogene Wortentzug keinen ausreichenden Erfolg im Hinblick auf die Gewährleistung einer ordentlichen und sachgerechten Durchführung der Versammlung, bleibt dem Hauptversammlungsleiter als Ultima Ratio der Saalverweis dieses weiterredenden Aktionärs.[219] Dies ist beispielsweise der Fall, wenn der Aktionär trotz entgegenstehender Anweisung weiterredet. Die Befugnis hierzu begründet sich ebenfalls in der Zuständigkeit des Hauptversammlungsleiters für die sachgemäße Abarbeitung der Tagesordnungspunkte.[220] Der Saalverweis stellt auch die eingriffsintensivste Maßnahme des Hauptversammlungsleiters das Rederecht betreffend dar, da dem Aktionär die Möglichkeit zur Rede für die gesamte Dauer des Saalverweises genommen wird.

bb) Saalverweis bei sonstigen Störungen

Auch von Aktionären, die nicht als Redner agieren, sind Störaktionen und damit Behinderungen des sachgemäßen Ablaufs der Hauptversammlung denkbar. Beispielhaft zu nennen sind hier Sprechchöre oder Zwischenrufe.[221] Auch in solchen Fällen ist der Leiter befugt, gegen die Störer vorzugehen, um die sachgemäße Durchführung der Hauptversammlung zu gewährleisten.[222] Dabei ist er wegen des Teilnahmerechts der störenden Aktionäre an die Grundsätze der Verhältnismäßigkeit

---

Satzung sieht Butzke, Die HV der AG, Kap. D, Rn. 64 die Schranken für eine derartige Beschränkung des Fragerechts aber als sehr hoch an.

219 BGHZ 44, 245 (255) = NJW 1966, S. 43 (46).

220 BGHZ 44, 245 (255) = NJW 1966, S. 43 (46); Siepelt, Rederecht des Aktionärs in HV, S. 122.

221 Beispiele bei Kubis in MüKo-AktG, § 119, Rn. 174; Wicke in Spindler/Stilz-AktG, Anh. zu § 119, Rn. 13.

222 Kubis in MüKo-AktG, § 119, Rn. 174; Wicke in Spindler/Stilz-AktG, Anh. zu § 119, Rn. 15.

gebunden.[223] Nach Aufforderung zum Unterlassen der Störungen und Androhung von weiteren Konsequenzen kommt auch in solchen Fällen ein Saalverweis in Betracht.[224]

cc) Durchsetzung des Saalverweises

Verlässt der durch weitere Reden oder auf sonstige Weise störende Aktionär nach Ausspruch des Saalverweises die Versammlungsstätte nicht, kann der Saalverweis unter Einsatz von Zwangsmitteln durchgesetzt werden.[225] Der betreffende Aktionär begeht einen Hausfriedensbruch nach § 123 StGB, dem gegebenenfalls unter Zuhilfenahme von Ordnungspersonal mit Notwehr gemäß § 32 StGB begegnet werden kann.[226]

e) Sonstige Ordnungsmaßnahmen

aa) Störung durch Gesellschaftsfremde

Auch gegenüber allen anderen auf der Hauptversammlung anwesenden Personen – also auch solchen, die keine Aktionäre sind – hat der Hauptversammlungsleiter das Recht, Ordnungsmaßnahmen anzuordnen und durchzusetzen. Dieses Recht fußt auf dem bereits erwähnten Hausrecht des Hauptversammlungsleiters und unterliegt aufgrund der fehlenden Aktionärsstellung der Betroffenen nicht den strengen Anforderungen im Hinblick auf Gleichbehandlung und Verhältnismäßigkeit.[227] Daher erfolgt beispielsweise der Saalverweis solcher Personen durch Entzug des zuvor vom Hauptversammlungsleiter erteilten Rechts zur Teilnahme.[228] Die Androhung der Maßnahme oder der ausdrückliche Widerruf der zuvor erteilten Teilnahmeerlaubnis vor Ausspruch des Saalverweises ist dabei nicht notwendig.[229]

bb) Störung durch äußere Einflüsse

Auch im Fall von Störungen der Hauptversammlung durch Einflüsse von außen hat der Hauptversammlungsleiter sein Ordnungsrecht zu nutzen.[230] So ist es

---

223 Koch in Hüffer-AktG, Anh. zu § 129, Rn. 32; Butzke, Die HV der AG, Kap. D, Rn. 74.

224 So vorgehend die Schilderungen bei Butzke, Die HV der AG, Kap. D, Rn. 74. Allgemein auch Kubis in MüKo-AktG, § 119, Rn. 174.

225 Mülbert in GroßKomm-Aktiengesetz, Vor §§ 118–147 AktG, Rn. 164; Wicke in Spindler/Stilz-AktG, Anh. zu § 119, Rn. 15.

226 Mülbert in GroßKomm-Aktiengesetz, Vor §§ 118–147 AktG, Rn. 164; Butzke, Die HV der AG, Kap. D, Rn. 73.

227 Wicke in Spindler/Stilz-AktG, Anh. zu § 119, Rn. 15; Mülbert in GroßKomm-Aktiengesetz, Vor §§ 118–147 AktG, Rn. 170.

228 Butzke, Die HV der AG, Kap. D, Rn. 76; Mülbert in GroßKomm-Aktiengesetz, Vor §§ 118–147 AktG, Rn. 170.

229 Kubis in MüKo-AktG, § 119, Rn. 175.

230 Butzke, Die HV der AG, Kap. D, Rn. 77.

beispielsweise denkbar, dass die Hauptversammlung durch Bombenwarnung, Feueralarm oder Zuführung von belästigenden Stoffen in ihrem ordnungsgemäßen Ablauf gestört wird.[231] In solchen Fällen muss der Hauptversammlungsleiter je nach Art der Beeinträchtigung für einen möglichst reibungslosen Ablauf der Hauptversammlung sorgen – im Idealfall durch bereits im Vorfeld durchdachte und vorbereitete Maßnahmen.[232]

V. Pflichten

Die Pflichten des Hauptversammlungsleiters im Laufe der Hauptversammlung ergeben sich unmittelbar aus seinen Aufgaben. Er muss die Hauptversammlung ordnungsgemäß und sachgerecht abwickeln. Hat der Hauptversammlungsleiter einmal die Position des Leiters eingenommen, muss er seinem Amt entsprechend agieren. Da es sich bei der Hauptversammlungsleitung um eine höchstpersönliche Pflicht der dieses Amt übernehmenden Person handelt, kommt eine Stellvertretung nicht in Betracht, was allerdings nicht ausschließt, dass der Hauptversammlungsleiter durch Hilfspersonen unterstützt werden kann.[233]

231 Butzke, Die HV der AG, Kap. D, Rn. 77.
232 Butzke, Die HV der AG, Kap. D, Rn. 77.
233 Kubis in MüKo-AktG, § 119, Rn. 127.

D. Folgen des Handelns des Hauptversammlungsleiters

Nachdem die Aufgaben und Befugnisse und damit die Bandbreite des Handelns des Hauptversammlungsleiters erläutert wurde, ist nun auf die Folgen dieses Handelns einzugehen. Abschließend werden Beispiele aus der Praxis dargestellt, anhand derer sich die weitreichenden Auswirkungen des Handelns eines Hauptversammlungsleiters für die Gesellschaft in der Praxis zeigen.

I. Rechtliche und tatsächliche Folgen

Zu klären ist, welche Folgen in rechtlicher und tatsächlicher Hinsicht das beschriebene Handeln des Hauptversammlungsleiters im Zuge der Hauptversammlung mit sich bringt.

1. Ergebnis der Hauptversammlung

Der Hauptversammlungsleiter hat die Aufgabe, die Hauptversammlung so zu leiten, dass diese ordnungsgemäß und effektiv abläuft. Aber was ist der eigentliche Sinn und Zweck der so geleiteten Hauptversammlung? Was bleibt am Ende an rechtlicher Relevanz von der Hauptversammlung und damit auch von dem Tun des Leiters übrig?

a) Beschlüsse als Ergebnis und Folge der Hauptversammlung

Kern und Zweck einer jeden Hauptversammlung sind die Beschlüsse. Sie stellen eine direkte Artikulation des Aktionärswillens dar[234] und verpflichten die Verwaltung.[235] Alle vorhergehenden Maßnahmen und Vorgänge im Zusammenhang mit der Hauptversammlung dienen alleine der Fassung dieser Beschlüsse zu den angekündigten Tagesordnungspunkten.[236] Im Grundsatz ist die Hauptversammlung damit beschlussorientiert.[237] Aufgrund dieser grundsätzlichen Orientierung ist es auch umstritten, ob – außerhalb der gesetzlich vorgesehenen Fälle der §§ 92 Abs. 1 un d 175 Abs. 1 S. 1 AktG – eine Hauptversammlung ohne geplante Beschlussfassung überhaupt einberufen werden darf.[238]

234 Vgl. nur Mülbert in GroßKomm-Aktiengesetz, Vor §§ 118–147, Rn. 30 ff.
235 Statt aller Mayrhofer in Wachter-AktG, § 119, Rn. 15.
236 Kubis in MüKo-AktG, § 119, Rn. 7; Herrler in Grigoleit-AktG, § 119, Rn. 2.
237 Spindler in Schmidt/Lutter-AktG, § 119, Rn. 5; Kubis in MüKo-AktG, § 119, Rn. 3; Drinhausen in Hölters-AktG, § 119, Rn. 3.
238 Zur beschlusslosen Hauptversammlung allgemein und zu den verschiedenen Argumenten für und gegen die Zulässigkeit einer Einberufung vgl. Kubis in MüKo-AktG, § 119, Rn. 5 f.

b) Einfluss des Hauptversammlungsleiters auf die Beschlüsse

Diese grundsätzliche Ausrichtung der Hauptversammlung auf die dort zu fassenden Beschlüsse spiegelt sich auch im Handeln des Hauptversammlungsleiters wider. Aufgrund der Beschlussorientierung ist es seine grundsätzliche Aufgabe, eine ordnungsgemäße und effektive Hauptversammlung zum Zweck einer reibungslosen Beschlussfassung zu den vorgesehenen Tagesordnungspunkten zu ermöglichen. Sowohl Leitungs- als auch Ordnungsmaßnahmen des Hauptversammlungsleiters erfolgen zu diesem Zweck. Gleiches gilt für die Aktionen im Vorfeld der Versammlung.

Aber das Verhältnis des Hauptversammlungsleiters zu den gefassten Beschlüssen erschöpft sich nicht in dieser Unterstützerfunktion. Vielmehr muss berücksichtigt werden, dass das gesamte Handeln des Hauptversammlungsleiters letztlich zumindest teilweise auch zwingende Voraussetzung für die Beschlussfassung ist. Diese Verbindung zeigt sich bereits in der gesetzlich vorgeschriebenen Feststellung der Beschlussfassung durch eben den Hauptversammlungsleiter in § 130 Abs. 2 S. 1 AktG. Aber auch sonst wäre ohne das ordnende Eingreifen des Hauptversammlungsleiters eine Beschlussfassung oft gar nicht möglich. Immerhin bedarf es einer Instanz, welche dafür sorgt, dass sich die Vielzahl der Aktionärs- und Verwaltungsinteressen in der Beschlussfassung widerspiegelt und gebündelt wird.

Damit ist im Ergebnis festzuhalten, dass sämtliche Maßnahmen des Hauptversammlungsleiters auf die Ermöglichung einer Beschlussfassung abzielen, für diese aber auch zwingend notwendig sind.

c) Rechtliche Relevanz der Hauptversammlungsleitung

Diese Ausrichtung des Hauptversammlungsleiterhandelns auf die zu fassenden Beschlüsse bestätigt sich auch bei Untersuchung der rechtlichen Relevanz der in der Hauptversammlung stattfindenden Vorgänge. Denn über die Hauptversammlung hinaus ergeben sich aus dem Handeln des Hauptversammlungsleiters keine direkten tatsächlichen Folgen mit Außenwirkung. Die rechtliche Wirkung des Handelns des Hauptversammlungsleiters erschöpft sich in der Ermöglichung und Absicherung einer beschlussfähigen Hauptversammlung. Weder werden aufgrund des Handeln des Hauptversammlungsleiters Maßnahmen der Verwaltung mit Außenwirkung vorgenommen noch für die Gesellschaft relevante Vorgänge in Gang gesetzt. Außenwirkung entfalten vielmehr die unter Mitarbeit des Hauptversammlungsleiters gefassten Beschlüsse. Denn sie enthalten die Artikulation des Aktionärswillens, auf dessen Grundlage die Verwaltung zu außenwirksamen Maßnahmen angehalten wird. Auf diesem Weg ergeben sich aus den Hauptversammlungsbeschlüssen Folgen für die Existenz und den Bestand der juristischen Person im Allgemeinen. Aufgrund der Beschlüsse werden Maßnahmen mit Relevanz angestoßen, umgesetzt und weitergeführt.

Der Hauptversammlungsleiter trägt einen entscheidenden Teil zur Entstehung der Beschlüsse bei und ermöglicht so die vermittelte Außenwirkung. Das Handeln des Hauptversammlungsleiters geht zwar in den Hauptversammlungsbeschlüssen auf, findet aber auch seinen Niederschlag in diesen. In diesem Befund bestätigt sich erneut die Beschlussorientierung der Hauptversammlung.

d) Zwischenergebnis: Beschlüsse als mittelbare Folge des Hauptversammlungsleiterhandelns

Aus allem Vorstehenden lässt sich folgern, dass die zu den Tagesordnungspunkten gefassten Beschlüsse das Ergebnis der abgehaltenen Hauptversammlung und damit auch das Ergebnis der Arbeit des Hauptversammlungsleiters sind. Die Beschlussorientierung der Hauptversammlung wirkt sich damit auch auf das Hauptversammlungsleiterhandeln aus. Im Einklang mit dieser Erkenntnis können die gefassten Beschlüsse als mittelbare rechtliche Folgen des Handelns des Hauptversammlungsleiters qualifiziert werden. Die Beschlüsse bedürfen der Mitwirkung des Hauptversammlungsleiters und nehmen sein Handeln in sich auf. Sie sind damit die rechtlich-relevante Essenz des Hauptversammlungsleiterhandelns.

2. Bestandsabhängigkeit der Beschlüsse

In dieser Erkenntnis ist das Verhältnis des Hauptversammlungsleiterhandelns zu den Beschlüssen aber noch nicht erschöpft. Vielmehr ergibt sich aus dieser Verknüpfung zwischen Beschluss und dem Handeln des Hauptversammlungsleiters auch, dass der Bestand der Beschlüsse nach erfolgter Beschlussfassung unmittelbar von den vorherigen Handlungen des Hauptversammlungsleiters abhängig ist. Diese Abhängigkeit zeigt sich im Rahmen einer gerichtlichen Beschlussanfechtung. Denn das rechtswidrige Handeln des Hauptversammlungsleiters kann im Ergebnis zur gerichtlichen Nichtigkeitserklärung der gefassten Beschlüsse führen. Dieses Abhängigkeitsverhältnis zwischen dem Handeln des Hauptversammlungsleiters und dem Bestand der Beschlüsse soll im Folgenden näher erläutert und begründet werden.

a) Gerichtliche Überprüfung von Hauptversammlungsbeschlüssen

Die gefassten Hauptversammlungsbeschlüsse unterliegen einer Bestandskontrolle durch die Gerichte nach den §§ 241 ff. AktG. Besondere Relevanz dabei hat die Anfechtungsmöglichkeit von Beschlüssen gemäß § 243 AktG. Ist eine solche Anfechtung begründet, wird der Beschluss gemäß §§ 241 Abs. 1, Nr. 5; 248 AktG durch das angerufene Gericht für nichtig erklärt. Als Voraussetzung für eine erfolgreiche Beschlussanfechtung ist in § 243 Abs. 1 AktG die Verletzung von Gesetz oder Satzung als Anfechtungsgrund vorgeschrieben. Eine solche Verletzung kann sowohl in einem Verfahrensfehler als auch in einem Inhaltsfehler liegen.[239]

Im Hinblick auf das hier relevante Hauptversammlungsleiterhandeln ist allein die Kategorie der Verfahrensfehler von Bedeutung. Denn der Hauptversammlungsleiter beeinflusst das Verfahren der Hauptversammlung in erheblichem Maße. Auf

239 Englisch in Hölters-AktG, § 243, Rn. 15.

den Inhalt der Hauptversammlungsbeschlüsse hat der Hauptversammlungsleiter hingegen keinen Einfluss.

b) *Fehler des Hauptversammlungsleiters als Verfahrensfehler im Anfechtungsprozess*

Verletzt der Hauptversammlungsleiter im Rahmen seines Handelns in der Hauptversammlung ohne Rechtfertigung die durch Gesetz oder durch Satzung eingeräumten Rechte der Aktionäre, stellt dies einen für die Beschlussanfechtung potenziell relevanten Verfahrensfehler bei der Durchführung der Versammlung dar.[240] Denn Verfahrensfehler liegen dann vor, wenn Gesetz oder Satzung beim Zustandekommen des Beschlusses verletzt wurden.[241] „Zustandekommen" ist in diesem Zusammenhang weit zu verstehen und umfasst die gesamte Vorbereitung der Beschlussfassung und damit das gesamte Prozedere der Hauptversammlung.[242] Dabei können die Fehler in jedem Stadium der Hauptversammlung auftreten.[243] Insbesondere zählen auch Fehler im Rahmen der Durchführung der Hauptversammlung zu den Verfahrensfehlern.[244] Weicht der Hauptversammlungsleiter bei seiner Leitungstätigkeit vom gesetzlich Zulässigen ab, stellt dies einen Fehler bei der Durchführung und damit beim Zustandekommen des Beschlusses dar. In einem solchen Fall liegt dann ein Verfahrensfehler aufgrund des Fehlverhaltens des Hauptversammlungsleiters vor.

Mit den vorstehenden Ausführungen ist aber nur die grundsätzliche Möglichkeit von Verfahrensfehlern aufgrund des Hauptversammlungsleiterhandelns erkannt. Welches Handeln im Rahmen des Zustandekommens der Beschlüsse konkret geeignet ist, Gesetz oder Satzung zu verletzen, bestimmt sich nach den Umständen des jeweiligen Einzelfalls.[245] In Betracht kommen beispielsweise die Verletzung von Teilnahme-, Rede- oder Auskunftsrechten ohne Rechtfertigung, etwa bei einem Eingreifen ohne Anlass oder unter Nichtbeachtung des Verhältnismäßigkeits- oder Gleichbehandlungsgrundsatzes.[246] Allgemein lässt sich sagen: Wenn eine Handlung des Hauptversammlungsleiters gegen die bekannten Grundprinzipen verstößt, stellt dies einen ungerechtfertigten Eingriff in die gesetzlich garantierten Aktionärsrechte dar. Da sich die Aktionärsrechte aus dem Gesetz herleiten liegt in einem nicht gerechtfertigten Eingriff in gesetzliche Aktionärsrechte zugleich auch ein Verstoß gegen das Gesetz selber.

---

240 Vgl. Englisch in Hölters-AktG, § 243, Rn. 22; Koch in Hüffer-AktG, § 243, Rn. 11; Würthwein in Spindler/Stilz-AktG, § 243, Rn. 116.

241 Vgl. nur Würthwein in Spindler/Stilz-AktG, § 243, Rn. 90.

242 Koch in Hüffer-AktG, § 243, Rn. 11.

243 Würthwein in Spindler/Stilz-AktG, § 243, Rn. 91.

244 Statt aller K. Schmidt in GroßKomm-Aktiengesetz, § 243, Rn. 21.

245 Vgl. Beispiele bei K. Schmidt in GroßKomm-Aktiengesetz, § 243, Rn. 30.

246 Hüffer in MüKo-AktG, § 243, Rn. 36; Englisch in Hölters-AktG, § 243, Rn. 22; Würthwein in Spindler/Stilz-AktG, § 243, Rn. 117; Wagner/Epe in Wachter-AktG, § 243, Rn. 14; Koch in Hüffer-AktG, § 243, Rn. 16.

Als weiterer möglicher Verfahrensfehler kommen Fehler bei der Feststellung des Abstimmungsergebnisses in Betracht.[247] Hier sind beispielhaft insbesondere der unberechtigte Ausschluss eines Bevollmächtigten, die fehlerhafte Behandlung von Stimmen/Stimmverboten oder das Verkennen einer Beschlussmehrheit zu nennen.[248]

Allein das Vorliegen eines Verfahrensfehlers reicht aber für eine erfolgreiche gerichtliche Beschlussanfechtung noch nicht aus. Vielmehr bedarf es zusätzlich einer bestimmten Art von Verknüpfung zwischen dem Verfahrensfehler und dem Ergebnis der Beschlussfassung, welche sich in einer Auswirkung des Fehlers auf das Beschlussergebnis zeigt.[249]

Wie diese Art der Verknüpfung zwischen Verfahrensfehler und Beschlussergebnis konkret ausgestaltet sein muss, wird nicht einheitlich beurteilt. Je nach unterstützter Meinung,[250] ist diese Auswirkung entweder in einer irgendwie gearteten Kausalität[251] oder einer besonderen Art der Relevanz[252] zu qualifizieren. Gemein haben diese Ansichten, dass nach einer gewissen Bedeutung des Verfahrensfehlers für die gefassten Beschlüsse zu fragen ist, damit nicht jede Rechtsverletzung eine erfolgreichen Anfechtung mit sich bringt.[253] Es darf sich folglich nicht um einen nur unwesentlichen Verstoß mit geringer Eingriffsintensität handeln.[254] Bei der durch das fehlerhafte Handeln des Hauptversammlungsleiters meist gegebenen Beeinträchtigung des Teilnahmerechts der Aktionäre soll eine solche Verknüpfung von Verfahrensfehler und Beschlussergebnis im Regelfall zu bejahen sein,[255] konkret bleibt aber auch dies jeweils eine Frage des Einzelfalls.[256]

c) Zwischenergebnis

Als Ergebnis zeigt sich, dass im Rahmen der gerichtlichen Überprüfung von angefochtenen Hauptversammlungsbeschlüssen die einzelnen Leitungs- und Ordnungsmaßnahmen des Hauptversammlungsleiters – quasi mittelbar – einer

247 Vgl. dazu Schwab in Schmidt/Lutter-AktG, § 243, Rn. 10; weitere Beispiele finden sich bei Brox, DB 1965, S, 731 ff. und dazu ergänzend bei Obermüller, DB 1965, S. 883 f. sowie Brox, DB 1965, S. 1203 f. In neuerer Zeit auch bei Theusinger/Schilha, BB 2015, S. 131 (134).

248 Vgl. die Nachweise bei Fn. 247.

249 Ehmann in Grigoleit-AktG, § 243, Rn. 8; Koch in Hüffer-AktG, § 243, Rn. 12; näher dazu K. Schmidt in GroßKomm-Aktiengesetz, § 243, Rn. 22 ff.

250 Vgl. zu diesem Streit die Ausführungen bei Hüffer in MüKo-AktG, § 243, Rn. 27 ff.

251 So etwa Stützle/Walgenbach, ZHR 1991, S. 516 (544); Brox, DB 1965, S. 731 (734); vgl. auch BGHZ 36, 121 (139 f.) = NJW 1962, S. 104 (108).

252 Beispielsweise Kubis in MüKo-AktG, § 119, Rn. 178; grundlegend auch Zöller in KK-AktG, Band 2, 1. Aufl., § 243, Rn. 81 ff.

253 Vgl. Hüffer in MüKo-AktG, § 243, Rn. 27.

254 Marsch-Barner, FS Brambring 2011, S. 267 (280).

255 Hüffer in MüKo-AktG, § 243, Rn. 36.

256 Zu den einzelnen Rechtsverletzungen vgl. Kubis in MüKo-AktG, § 119, Rn. 178 ff.

Rechtmäßigkeitsprüfung unterzogen werden.[257] Denn Fehler in der Hauptversammlungsleitung sind im Regelfall als Verfahrensfehler im Sinne des § 243 Abs. 1 AktG zu werten. Als solche können sie in letzter Konsequenz zur Nichtigkeitserklärung des jeweiligen Beschlusses oder gar aller folgenden Beschlüsse führen.

3. Tatsächliche Auswirkungen der nachträglichen Bestandsabhängigkeit

Nachdem nun die Bestandsabhängigkeit der gefassten Beschlüsse vom Handeln des Hauptversammlungsleiters aufgezeigt ist, soll im Folgenden erläutert werden, welche tatsächlichen und wirtschaftlichen Auswirkungen diese Bestandsabhängigkeit mit sich bringt. Denn die mögliche Nichtigkeit des angefochtenen Beschlusses aufgrund eines Fehlverhaltens des Hauptversammlungsleiters ist nur die rechtliche Folge. Anfechtbarkeit und eventuelle Nichtigkeit der Beschlüsse haben aber auch reale beziehungsweise wirtschaftliche Folgen.

Diese tatsächlichen Folgen unterscheiden sich danach, ob die von der Fehlerhaftigkeit des Verhaltens betroffenen Beschlüsse bereits eine abschließende gerichtliche Beurteilung im Hinblick auf ihre Nichtigkeit erfahren haben oder nicht.

a) Auswirkungen des schwebenden Anfechtungsverfahrens

Sind Anhaltspunkte für ein rechtswidriges Handeln des Hauptversammlungsleiters erkennbar und ist eine noch nicht entschiedene Anfechtungsklage anhängig, hat dieser Schwebezustand bereits erhebliche wirtschaftliche Folgen für die Gesellschaft. Denn der Vorstand hat bei einer rechtshängigen Klage mit Erfolgsaussicht die Pflicht, den in Frage stehenden Beschluss nicht umzusetzen.[258]

Auch das Registergericht hat nach pflichtgemäßen Ermessen die Möglichkeit, die Eintragung des angefochtenen eintragungsbedürftigen Beschlusses im Handelsregister nach §§ 21 Abs. 1, 381 FamFG bis zur endgültigen Entscheidung des angerufenen Gerichts auszusetzen.[259] Von dieser Möglichkeit wird im Regelfall dann Gebrauch gemacht, wenn die Anfechtungsklage nicht offensichtlich unzulässig oder unschlüssig ist beziehungsweise die Erfolgsaussichten nicht zuverlässig beurteilt werden können.[260] Die Aussetzung kann darüber hinaus gemäß § 381 S. 1 FamFG sogar bereits vor Anhängigkeit einer Anfechtungsklage angeordnet werden.[261]

Durch die skizzierten gesetzlichen Aussetzungsmöglichkeiten des Handelsregisters besteht die Gefahr einer faktischen Registersperre für eintragungsbedürftige Beschlüsse, welche bis zur endgültigen Entscheidung über die Anfechtungsklage

257 Butzke, Die HV der AG, Kap. D, Rn. 91; Kubis in MüKo-AktG, § 119, Rn. 177.
258 Vgl. Hüffer in MüKo-AktG, § 243, Rn. 132; Schmidt in GroßKomm-Aktiengesetz, § 243, Rn. 71.
259 Sternal in Keidel-FamFG, § 21, Rn. 21; Hüffer in MüKo-AktG, § 243, Rn. 135.
260 Koch in Hüffer-AktG, § 243, Rn. 53.
261 Burschel in BeckOK-FamFG, § 21, Rn. 4.

wirkt.[262] Diese Sperre besteht, obwohl noch keine abschließende Beurteilung der Rechtswidrigkeitsvorwürfe erfolgt ist. Eine zwingende Registersperre mit gleicher Wirkung tritt sogar ein, wenn die gesetzlich vorgesehenen Negativerklärungen im Sinne der §§ 319 Abs. 5, 320 Abs. 1 S. 3, 327e Abs. 2 AktG und § 16 Abs. 2 UmwG wegen einer rechtshängigen Klage nicht zeitgleich mit der Anmeldung abgegeben werden können. Diese Folge ergibt sich direkt aus der jeweiligen Norm.

In allen vorgenannten Konstellationen kommt es also – wenn überhaupt – allenfalls zu einer erheblich verspäteten Handelsregistereintragung der fraglichen Beschlüsse. Zuvor muss das gesamte Verfahren der Beschlussanfechtung überstanden werden. Besteht aber ein enger zeitlicher Rahmen für die durch Beschluss intendierten Maßnahmen, kann die durch das Anfechtungsverfahren erzeugte Verzögerung bereits das gesamte Vorhaben vereiteln oder zumindest erheblich erschweren. Dadurch sind im Endeffekt erhebliche wirtschaftliche Folgen durch ungenutzte Synergieeffekte oder obsolet gewordene Vorhaben zu befürchten.[263] Zudem entstehen erhebliche Kosten durch die notwendigen gerichtlichen und außergerichtlichen Verfahrensschritte. Eine gewisse Erleichterung kann für nicht ganz so eilige Sachverhalte das weiter unten besprochene Freigabeverfahren bringen.

b) Auswirkungen bei bereits entschiedenem Anfechtungsverfahren

Hat das angerufene Gericht bereits über die Anfechtungsklage entschieden, hängt die Frage der tatsächlichen Folgen des Hauptversammlungsleiterhandelns von der gerichtlichen Beurteilung im Rahmen der Beschlussanfechtung ab.

aa) Auswirkungen bei rechtmäßigem Handeln

Handelte der Hauptversammlungsleiter rechtmäßig und ist dies gerichtlich bestätigt, bewirkt sein Handeln letztlich das mit dem gefassten Beschluss Bezweckte. In der Praxis können dies zum Beispiel Kapitalmaßnahmen oder Änderungen der Satzung sein. In einem solchen Fall beschränkt sich die unmittelbare Wirkung des Hauptversammlungsleiterhandelns auf die erfolgreiche Fassung des Beschlusses. Aus der Leitung der Hauptversammlung resultiert kein Verfahrensfehler. Der Beschluss wiederum ist dann Grundlage für eine tatsächliche Umsetzung der beschlossenen Maßnahme. Unabhängig davon besteht natürlich auch bei einwandfreiem Verhalten des Hauptversammlungsleiters für die Aktionäre die Möglichkeit, gegen den Beschluss aufgrund anderer Verfahrens- oder Inhaltsfehler vorzugehen.

bb) Auswirkungen bei rechtswidrigen Handeln

Kommt es zu einer erfolgreichen Anfechtung aufgrund rechtswidrigen Handelns des Hauptversammlungsleiters, hat dies weitreichende Folgen für die Gesellschaft. Denn in einem solchen Fall erklärt das angerufene Gericht den Beschluss beziehungsweise

262 Hüffer in MüKo-AktG, § 243, Rn. 135.
263 Vgl. Wilsing/v. der Linden, ZIP 2009, S. 641 (648).

alle Beschlüsse, die von der rechtswidrigen Maßnahme des Hauptversammlungsleiters betroffen sind,[264] gemäß § 241 Abs. 1 Nr. 5 und § 248 AktG für nichtig. Der Beschluss verliert durch die gerichtliche Nichtigkeitserklärung seine mit der Beschlussfassung intendierte Rechtswirkung.[265] Der Vorstand darf ihn nicht ausführen und das Registergericht nicht eintragen.[266] Bereits durchgeführte und umgesetzte Beschlüsse bedürfen im Regelfall der Rückabwicklung.[267] Die beschlossene Kapitalmaßnahme (vgl. dazu etwa §§ 182, 192, 222 AktG) wird nicht umgesetzt beziehungsweise rückabgewickelt. Der satzungsändernde Beschluss nach § 179 AktG wird nicht eingetragen und entfaltet aus diesem Grund gemäß § 181 Abs. 3 AktG keine Wirkung. Auch ein Beschluss, mit dem der Vorstand gemäß § 83 Abs. 2 AktG angewiesen wird, bestimmte unternehmerische Maßnahmen vorzunehmen, darf von diesem bei erfolgreicher Anfechtung nicht mehr in die Tat umgesetzt werden.

Die mit dem Beschluss bezweckte unternehmerische Maßnahme kann folglich nicht verwirklicht werden. Dies kann ganz erhebliche monetäre Folgen für die Gesellschaft mit sich bringen. Zu denken ist beispielsweise an einen Beschluss betreffend eine Kapitalmaßnahme zwecks einer anstehenden Fusion oder Übernahme. Scheitert die Kapitalmaßnahme, weil beispielsweise der gemäß § 182 AktG gefasste Beschluss nach Anfechtung für nichtig erklärt wurde, kann auch die Übernahme oder Fusion nicht erfolgen. Damit einher geht die Gefahr, dass ein lukratives Geschäft verloren geht oder eventuelle Synergieeffekte nicht genutzt werden können.

Aber auch wenn es in dem gerichtlich für nichtig erklärten Beschluss nur um die Regelung gesellschaftsinterner Sachverhalte geht, können erhebliche Folgekosten aus der gerichtlichen Entscheidung resultieren. Muss zum Beispiel eine intendierte Satzungsänderung erneut beschlossen werden, bedarf es hierfür einer weiteren Versammlung der Aktionäre. Zu dieser sind wieder alle Aktionäre entsprechend den Vorgaben der §§ 121 ff. AktG zu laden. Allein die Kosten für Organisation und Veranstaltung einer solchen, wiederholenden Hauptversammlung können bei einer großen Publikumsgesellschaft erheblich sein. Mittelbar führen solche missglückten Beschlussversuche zudem zu Vertrauensverlusten auf Gläubiger- und Aktionärsseite.[268]

Weitere monetäre Folgen der Anfechtung sind die Gerichtskosten und außergerichtlichen Kosten des Anfechtungsverfahrens. Die Gesellschaft hat im Fall der erfolgreichen Anfechtung sowohl die eigenen Kosten des Verfahrens als auch die Kosten des Klägers zu tragen.

---

264 Zur Verbindung von rechtswidriger Maßnahme und Beschlussergebnis vgl. die Ausführungen oben D.I.2.b).

265 Hüffer in MüKo-AktG, § 248, Rn. 12.

266 Vgl. Koch in Hüffer-AktG, § 243, Rn. 54; Würthwein in Spindler/Stilz-AktG, § 241, Rn. 29.

267 Dazu ausführlich Hüffer in MüKo-AktG, § 248, Rn. 17 ff.

268 Wilsing/v. der Linden, ZIP 2009, S. 641 (648).

c) *Auswirkungen rechtswidrigen Verhaltens bei nicht erfolgter Anfechtung*

Aber nicht erst mit Anhängigkeit eines Anfechtungsverfahrens beziehungsweise mit der dazugehörigen Entscheidung hat das Handeln des Hauptversammlungsleiters auch Auswirkungen zugunsten oder zulasten der Gesellschaft.

Dies zeigt der Fall, in dem der Hauptversammlungsleiter im Rahmen seiner Leitungs- und Ordnungsmacht zwar rechtswidrig handelt, der Beschluss aber nicht rechtzeitig angefochten wird. In einem solchen Fall wird der Beschluss nach Ablauf der vierwöchigen Frist des § 246 Abs. 1 AktG grundsätzlich unanfechtbar und erlangt dadurch endgültige Wirksamkeit.[269] Er ist grundsätzlich vom Vorstand umzusetzen.[270]

Diese gesetzlich angeordnete Wirksamkeit des rechtswidrigen, aber unangefochtenen Beschlusses führt aber nicht in allen Fällen auch zur tatsächlichen Umsetzbarkeit der mit dem Beschluss intendierten Maßnahme. Denn muss der Beschluss in das Handelsregister eingetragen werden, hat der Registerrichter nach h. M. ein eigenes Prüfungsrecht im Hinblick auf die Rechtmäßigkeit des Beschlusses und zwar auch dann, wenn die Anfechtungsfrist des § 246 Abs. 1 AktG bereits abgelaufen ist.[271]

Aufgrund dieses eigenen Prüfungsrechts des Handelsregisterrichters ist es denkbar, dass eine Maßnahme trotz fehlender Anfechtung nicht umgesetzt werden kann, weil der Handelsregisterrichter die Rechtswidrigkeit der Maßnahme erkennt und entsprechend handelt. Damit ergeben sich auf tatsächlicher Ebene in dieser Konstellation Folgen, wie sie auch bei einer erfolgreichen Anfechtung eintreten, allerdings ohne dass es einer solchen tatsächlich bedarf. Diese Gefahr besteht bei allen im Handelsregister eintragungsbedürftigen Beschlussinhalten.

d) *Einfluss des Freigabeverfahrens*

Im Zusammenhang mit den tatsächlichen Folgen des Handelns des Hauptversammlungsleiters für die Gesellschaft muss auch auf das bereits angesprochene Freigabeverfahren hingewiesen werden, welches in § 246a AktG statuiert ist.[272] Dieses kommt bei Beschlüssen in Betracht, die Kapitalmaßnahmen oder Unternehmensverträge betreffen. Das Freigabeverfahren kann die eben beschriebenen tatsächlichen Auswirkungen des Handelns des Hauptversammlungsleiters beeinflussen und umgestalten.

---

269 Vgl. nur Würthwein in Spindler/Stilz-AktG, § 241, Rn. 35.

270 Vgl. nur Würthwein in Spindler/Stilz-AktG, § 241, Rn. 98.

271 So die ganz h.M., vgl. zum Meinungsstand m.w.N. Hüffer in MüKo-AktG, § 243, Rn. 138 f.; Würthwein in Spindler/Stilz-AktG, § 241, Rn. 114; eingehend zu dieser Frage Lutter, NJW 1969, S. 1873 ff.; anders wohl Roth in Koller/Morck/Roth, HGB, § 8, Rn. 32d.

272 Parallelregelung dazu in § 319 Abs. 6 AktG und § 16 Abs. 3 UmwG.

aa) *Grundsätze bezüglich des Freigabeverfahrens*

Im Grundsatz schafft das erfolgreiche Freigabeverfahren vor dem zuständigen Oberlandesgericht zum einen die für das Registergericht zwingende (§ 246a Abs. 3 S. 5 AktG) Anordnung, einen in den Anwendungsbereich der Norm fallenden Beschluss trotz Anhängigkeit eines Anfechtungsverfahrens einzutragen.[273] Zum anderen bewirkt es, dass bei erfolgreicher Anfechtung gegen den bereits eingetragenen Beschluss dessen Umsetzung nicht infolge der Nichtigkeit unterbrochen und alle bisherigen Maßnahmen rückabgewickelt werden müssen (§ 246a Abs. 4 S. 2 AktG).[274] Voraussetzung ist aber, dass eine Klage gegen den fraglichen Beschluss anhängig beziehungsweise rechtshängig ist.[275]

bb) *Auswirkung des Freigabeverfahrens auf die tatsächlichen Folgen des Hauptversammlungsleiterhandelns*

Das Freigabeverfahren eröffnet der Gesellschaft die Möglichkeit, den intendierten Beschluss trotz der anhängigen Anfechtungsklage eintragen zu lassen und zudem den Bestand des eingetragenen Beschlusses bei einer letztendlich erfolgreichen Anfechtung zu sichern. Dadurch wird praktisch die bestehende faktische Registersperre ausgehebelt, die bei einer anhängigen Anfechtungsklage gegeben ist.[276] Der Hauptversammlungsbeschluss kann bei erfolgreichem Freigabeverfahren trotz bestehender Anfechtungsklage ins Handelsregister eingetragen und die intendierte Maßnahme durchgeführt werden.[277]

Im Fall einer durch das Gericht für rechtswidrig erklärten Maßnahme des Hauptversammlungsleiters kann das Freigabeverfahren insofern relevant sein, als es den Bestand des bereits eingetragenen Beschlusses über § 246a Abs. 4 S. 2 AktG schützt. Denn ist der Beschluss vor der endgültigen Entscheidung im Anfechtungsprozess im Handelsregister eingetragen, kann durch eine positive Entscheidung im Freigabeverfahren verhindert werden, dass die auf dem Beschluss fußenden Maßnahmen infolge eines erfolgreichen Anfechtungsbegehrs rückabgewickelt werden müssen.[278] Das Freigabeverfahren ist dementsprechend nach h. M. auch nicht ausgeschlossen, weil der angefochtene Beschluss bereits ohne besonderes Zutun der Verwaltung ins Handelsregister eingetragen wurde.[279]

---

273 Vgl. nur Schwab in Schmidt/Lutter-AktG, § 246a, Rn. 40; Hüffer in MüKo-AktG, § 243, Rn. 15.

274 Hüffer in MüKo-AktG, § 246a, Rn. 16; Schwab in Schmidt/Lutter-AktG, § 246a, Rn. 42.

275 Vgl. zu dieser Frage Stohlmeier, NZG 2010, S. 1011 (1012).

276 Koch in Hüffer-AktG, § 246a, Rn. 11; Dörr in Spindler/Stilz-AktG, § 246a, Rn. 36.

277 Schwab in Schmidt/Lutter-AktG, § 246a, Rn. 44; Dörr in Spindler/Stilz-AktG, § 246a, Rn. 38.

278 Koch in Hüffer-AktG, § 246a, Rn. 4; Englisch in Hölters-AktG, § 246a, Rn. 11.

279 Vgl. nur m.w.N. Koch in Hüffer-AktG, § 246a, Rn. 4 und Dörr in Spindler/Stilz-AktG, § 246a, Rn. 8; a.A. aber Schütz, NZG 2005, S. 5 (9).

e) *Zwischenergebnis*

Es bleibt festzuhalten, dass sich das Verhalten des Hauptversammlungsleiters insofern tatsächlich auf die Gesellschaft auswirken kann, als angefochtene Beschlüsse weder eingetragen noch durchgeführt werden können oder dürfen. Diese Wirkung tritt nicht erst mit einer erfolgreichen Anfechtung ein, sondern ist bereits während des laufenden Anfechtungsverfahrens gegeben und kann darüber hinaus auch gegeben sein, wenn gar keine Anfechtungsklage anhängig ist. Das gesetzlich vorgesehene Freigabeverfahren kann allerdings sowohl die Eintragung und damit auch die Umsetzung der mit dem Beschluss intendierten Maßnahmen ermöglichen als auch vor einer eventuellen Rückabwicklung der Umsetzungsmaßnahmen schützen.

4. Ausnahmesituation der fehlenden Beschlussfassung

Die vorstehenden Überlegungen zu den Beschlüssen als mittelbare Folgen des Hauptversammlungsleiterhandelns und deren Bestandsabhängigkeit entfalten allerdings nur dann Relevanz, wenn es überhaupt zu einer Beschlussfassung in der Hauptversammlung kommt. Demgegenüber sind auch Fälle denkbar, in denen der Hauptversammlungsleiter die Hauptversammlung beispielsweise wegen Zweifeln an der ordnungsgemäßen Einberufung gar nicht erst eröffnet. Ebenfalls in diese Kategorie fallen Situationen, in denen der Hauptversammlungsleiter wegen Bedenken gegen das von einem Dritten organisierte Prozedere der Hauptversammlung diese zwar eröffnet, sich dann aber einer Durchführung verweigert. In solchen Fällen kommt es gar nicht zu Beschlüssen, die das Leitungshandeln in sich aufnehmen können. Dennoch kann die Nicht-Eröffnung/Nicht-Durchführung der Hauptversammlung weitreichende Folgen für die Gesellschaft haben, etwa weil die Hauptversammlung wiederholt werden muss.

In einem solchen Ausnahmefall kann direkt und unabhängig von einer Beschlussanfechtung gegen den Hauptversammlungsleiter entsprechend der späteren Überlegungen zur Haftung vorgegangen werden. Im Rahmen dieser Untersuchungen wird explizit auf eine solche Sonderkonstellation eingegangen. Grundsätzlich unterscheiden sich jene Fälle von den bereits besprochenen Konstellationen darin, dass es auf einen Zusammenhang mit den gefassten Beschlüssen naturgemäß nicht ankommen kann.

5. Sonstiges Vorgehen gegen rechtswidrige Maßnahmen des Hauptversammlungsleiters

Wie bereits erläutert, begründen allein die Hauptversammlungsbeschlüsse, nicht aber die einzelnen Maßnahmen des Hauptversammlungsleiters unmittelbare Rechtsfolgen für die Gesellschaft nach innen und außen. Aus diesem Grund ist eine gerichtliche Überprüfung des Handelns des Hauptversammlungsleiters allein bei der Anfechtung der gefassten Beschlüsse und damit nur mittelbar im Anfechtungsverfahren möglich. Einer eigenständigen gerichtlichen Überprüfung – etwa im

Wege der Feststellungsklage – unterliegen die einzelnen Leitungs- und Ordnungsmaßnahmen des Hauptversammlungsleiters hingegen nach absolut h. M. nicht.[280] Diese Ansicht verdient Zustimmung, da sie sich – wie noch zu zeigen ist – aus den allgemeinen Prinzipien zur Feststellungsklage herleitet. Aufgrund dieser Tatsache ist es auch unerheblich, dass grundsätzlich Rechtsschutz gegen Maßnahmen des Vorstandes und des Aufsichtsrates über die Feststellungsklage möglich ist, etwa bei Eingriff in die Kompetenzen der Hauptversammlung.[281]

In einem Fall, in dem bereits eine auf Fehler des Hauptversammlungsleiters gestützte Beschlussanfechtung erhoben ist, folgt die Unzulässigkeit bereits aus dem Gedanken des fehlenden Rechtsschutzbedürfnisses.[282] Gleiches gilt aber auch, wenn es an einer erhobenen Beschlussanfechtung fehlt. Denn die einzelnen Maßnahmen des Hauptversammlungsleiter – etwa der Saalverweis – wirken nur für die Dauer der Versammlung und entfalten daher nach Abschluss der Hauptversammlung keine Rechtswirkung mehr.[283] Folglich fehlt es auch dann am Rechtsschutzbedürfnis.[284] Zudem steht in einem solchen Fall mit der Beschlussanfechtung eine effektivere Rechtsschutzmöglichkeit zur Verfügung, da auf diesem Wege auch die Nichtigkeit des vom Fehler betroffenen Beschlusses erreicht werden kann.[285]

Anders soll die Situation nur dann einzuschätzen sein, wenn aufgrund besonderer Umstände eine Wiederholungsgefahr besteht.[286] Dazu ist zu sagen, dass solche Fällen wegen der Subsidiarität der Feststellungsklage nur dann überhaupt in Betracht kommen, wenn dem Fehler des Hauptversammlungsleiters keine Beschlüsse folgen oder der Fehler keinen Einfluss auf die gefassten Beschlüsse hatte – etwa wegen fehlender Relevanz. Denn nur dann kommt die wegen des weitreichenderen Rechtsschutzes vorrangige Anfechtungsklage nicht in Betracht. Für die dann noch übrigen Fälle wird zudem nur selten die Feststellung der Rechtswidrigkeit des Hauptversammlungsleiterhandelns der effektivste Rechtsschutz für den einzelnen Aktionär sein. Für diese Tatsache beispielhaft ist der einem eigentlich teilnahmeberechtigten Aktionär nicht gewährte Zugang zu einer Hauptversammlung zu nennen. In einem solchen Fall ist es sinnvoller und rechtsschutzintensiver, weil weitgehender, vor der nächsten Hauptversammlung gerichtlich feststellen zu lassen, dass

---

280 BGHZ 184, 239 (246 Rn. 16) = NJW 2010, S. 1604 (1606), Rz. 16; Mülbert in GroßKomm-Aktiengesetz, Vor §§ 118–147, Rn. 171; Kubis in MüKo-AktG, § 119, Rn. 177; Semler in MünchHdb GesR-AG, § 36, Rn. 54; Butzke, Die HV der AG, Kap. D, Rn. 90; differenzierend Stützle/Walgenbach, ZHR 1991, S. 516 (543).

281 Vgl. BGHZ 83, 122 = NJW 1982, S. 1703.

282 Vgl. BGHZ 44, 245 (250) = NJW 1966, S. 43 (44); Marsch-Barner, FS Brambring 2011, S. 267 (271); Heidel in Heidel-AktG und KapMarktR, Vor §§ 129–132, Rn. 68.

283 Vgl. BGHZ 44, 245 (250) = NJW 1966, S. 43 (44); Marsch-Barner, FS Brambring 2011, S. 267 (271); Stützle/Walgenbach, ZHR 1991, S. 516 (543).

284 A.A. offenbar Heidel in Heidel-AktG und KapMarktR, Vor §§ 129–132, Rn. 68.

285 In diese Richtung auch Mülbert in GroßKomm-Aktiengesetz, Vor §§ 118–147, Rn. 171.

286 So auch Marsch-Barner, FS Brambring 2011, S. 267 (271).

ein Teilnahmerecht gegenüber der Gesellschaft besteht, anstatt die Feststellung der Rechtswidrigkeit des damals verneinten Einlasses zu begehren. Auch für den Fall eines Saalverweises ist es aufgrund der kaum vorhersagbaren Konstellationen in der folgenden Hauptversammlung kaum vorstellbar, dass bereits nach der potenziell rechtswidrigen Maßnahme in der vergangenen Hauptversammlung eine Wiederholungsgefahr für die nächste anzunehmen ist. Der dynamische und ständig variierende Verlauf einer Hauptversammlung verhindert die Entstehung von identischen Gegebenheiten weitgehend. So ist es kaum zu begründen, dass eine Entscheidungssituation des Hauptversammlungsleiters in der nächsten Hauptversammlung unter identischen Umständen in gleicher Weise zu entscheiden sein wird und dann auch möglicherweise identisch getroffen werden wird. Eine tatsächliche und reelle Wiederholungsgefahr des rechtswidrigen Verhaltens des Hauptversammlungsleiters wird damit nahezu immer ausscheiden.

Einer eigenständigen gerichtlichen Beurteilung können aber Handlungen des Hauptversammlungsleiters unterliegen, die weit über das zur Leitung der Versammlung Notwendige hinaus gehen und damit nicht mehr als Leitungs- oder Ordnungsmaßnahmen zu qualifizieren sind.[287] Beispielhaft sind in diesem Zusammenhang Beleidigungen einzelner Aktionäre seitens des Hauptversammlungsleiters zu nennen, welche einer gesonderten gerichtlichen Verfolgung unterliegen können.[288] In solchen Situationen kann auch Feststellungsinteresse bestehen.[289] Diese Fälle betreffen allerdings die Gesellschaft nicht unmittelbar und sollen daher hier nicht weiter untersucht werden.

II. Beispiele aus der Rechtsprechung

Zur abschließenden Verdeutlichung der Auswirkungen des Handelns eines Hauptversammlungsleiters auf die Gesellschaft sollen die zuvor erläuterten rechtlichen und tatsächlichen Folgen anhand von Beispielen aus der gerichtlichen Praxis dargestellt werden.

Dabei handelt es sich um Sachverhalte, bei denen eine Anfechtung des gefassten Beschlusses auf eine vermeintlich rechtswidrige Maßnahme des Hauptversammlungsleiters gestützt wurde. Gleichzeitig sind dies Verfahren, in denen bei einer erfolgreichen Beschlussanfechtung eine Haftung des Hauptversammlungsleiters in Betracht käme.

287 Kubis in MüKo-AktG, § 119, Rn. 177.

288 Butzke, Die HV der AG, Kap. D, Rn. 90 mit Fn. 168; Kubis in MüKo-AktG, § 119, Rn. 177.

289 Marsch-Barner, FS Brambring 2011, S. 267 (271). Daran zweifelnd Stützle/Walgenbach, ZHR 1991, S. 516 (543).

1. Beispiel 1

Die – soweit ersichtlich – erste Grundsatzentscheidung des BGH zur Frage der Aufgaben und Befugnisse des Hauptversammlungsleiters erging im Jahre 1965 und ist bis heute aufgrund der grundlegenden gerichtlichen Ausführungen eine wichtige Quelle zur Beantwortung von Rechtsfragen im Zusammenhang mit der Hauptversammlungsleitung.[290]

a) *Sachverhalt*

Dieser Entscheidung lag folgender Sachverhalt zugrunde.

Nach weitschweifiger Rede eines Aktionärs mit einer Länge von ca. 25 bis 30 Minuten inklusive mehrfacher Wiederholungen beschloss die Hauptversammlung auf Antrag eines Aktionärs einstimmig, die restliche Redezeit des betreffenden Aktionärs und späteren Klägers auf drei Minuten zu beschränken. Daraufhin stellte der Kläger Fragen an den Vorstand und begann anschließend erneut mit einer Rede, die verbale Angriffe gegen den Vorstand enthielt. Umgehend wurde er von einem Aktionär durch Zuruf auf den Ablauf seiner Redezeit hingewiesen. Infolgedessen wurde der zurufende Aktionär vom Kläger beschimpft. Es entstand Unruhe im Saal. Daraufhin erklärte der Versammlungsleiter, dass der Kläger wegen der Beleidigungen des anderen Aktionärs von der Versammlung ausgeschlossen werden sollte und stellte dies zur Abstimmung. Diese endete einstimmig zugunsten eines Ausschlusses, der auch umgehend umgesetzt wurde. Im weiteren Verlauf der Versammlung wurde die Tagesordnung abgearbeitet und es wurden mehrere Beschlüsse gefasst.

Der Kläger griff die Beschlüsse der Hauptversammlung zur Verkürzung seiner Redezeit und zum Ausschluss seiner Person mit Nichtigkeits- und Anfechtungsklage an. Gleiches erfolgte bezüglich der in seiner Abwesenheit gefassten Sachbeschlüsse.

b) *Entscheidung*

Zunächst erteilte der BGH der Anfechtung der Beschlüsse zur Redezeitbeschränkung und zum Ausschluss in der Hinsicht eine Absage, dass diese nicht der Nichtigkeits- und Anfechtungsklage unterlägen. Denn beide Maßnahmen seien originär im Zuständigkeitsbereich des Hauptversammlungsleiters angesiedelt. Daher seien die gefassten Beschlüssen keine Beschlüsse im eigentlichen Sinne, sondern vielmehr eine unverbindliche Meinungsbefragung zu der/den intendierten Maßnahmen zwecks Versicherung des Wohlwollens der Hauptversammlung. Einem Rechtsmittel unterläge eine solche Meinungsforschung durch den Hauptversammlungsleiter nicht.

Die sich in diesem Zusammenhang stellende Frage, ob der Hauptversammlungsleiter die eigenen Leitungskompetenzen auf die Hauptversammlung auslagern könne, ließ der BGH unbeantwortet. Die Vorinstanz hatte dazu vertreten, dass dies

290 BGHZ 44, 245 = NJW 1966, S. 43.

grundsätzlich möglich sei, solche Beschlüsse der Hauptversammlung aber dennoch nicht eigenständig anfechtbar seien.[291]

Im weiteren Verlauf ging der BGH dann auf die Anfechtung der Sachbeschlüsse ein und wies die diesbezügliche Klage wegen der Rechtmäßigkeit des Handelns des Hauptversammlungsleiters ab. Hierbei statuierte der BGH den Grundsatz von der sachgerechten Durchführung der Hauptversammlung als oberstem Zweck und umfassender Rechtfertigung für das die Aktionärsrechte tangierende Hauptversammlungsleiterhandeln.

c) *Analyse*

Die eigentlichen inhaltlichen Aussagen dieser Grundsatzentscheidung, die bereits bei den Aufgaben und Befugnissen des Hauptversammlungsleiters wiedergegeben wurden, sollen hier nicht noch einmal diskutiert werden. Bemerkenswert an der Entscheidung ist aber die Aussage zur Folge des Handelns des Hauptversammlungsleiters. Denn der BGH lehnt die Anfechtung der Hauptversammlungsbeschlüsse, die individuellen Maßnahmen gegen den klagenden Aktionär betreffen, als unzulässig ab und wendet sich dann der Überprüfung der nachfolgend gefassten Sachbeschlüsse zu. Erst im Rahmen dieser Erörterungen wird die Rechtmäßigkeit der durch den Hauptversammlungsleiter angeordneten und von der Hauptversammlung bestätigten Maßnahmen untersucht. Durch dieses Vorgehen macht das Gericht deutlich, dass Leitungsmaßnahmen keiner separaten Überprüfung unterliegen, und zwar auch dann nicht, wenn sie durch Hauptversammlungsbeschluss vorgegeben oder bestätigt werden. Eine diesbezügliche Überprüfung erfolgt vielmehr allein im Rahmen der Kontrolle der angefochtenen Sachbeschlüsse.

2. Beispiel 2

Ein weiterer Beispielfall, der im Jahre 1984 vor dem LG Frankfurt a. M.[292] zur Entscheidung anstand, hatte einen politischen Hintergrund.

a) *Sachverhalt*

Mitglieder der Fraktion der Grünen im Stadtparlament hatten sich durch Aktienkäufe Zugang zur Hauptversammlung einer großen Aktiengesellschaft verschafft. Sie kündigten bereits im Vorfeld der Hauptversammlung Gegenanträge an. Es sollte beantragt und beschlossen werden, die Entlastung für die Gesellschaftsorgane zu verweigern und die Dividende nicht auszuschütten, sondern vielmehr für den Umweltschutz zu investieren.

---

291 BGHZ 44, 245 (249) = NJW 1966, S. 43 (44); so früher auch schon vertreten von Horrwitz, Recht der GV der AGs, S. 77.

292 LG Frankfurt a.M, ZIP 1984, S. 321.

Auf der Hauptversammlung erfolgten schon bei Eröffnung der Aussprache eine Vielzahl von Wortmeldungen, so dass der Hauptversammlungsleiter anmahnte, die Redebeiträge in angemessener Weise zu konzentrieren. Die gleiche Aufforderung wiederholte er im Laufe der Diskussion mit einem Hinweis auf das Fragerecht, welches den Schwerpunkt der Wortbeiträge bilden sollte.

Nach neun Diskussionsbeiträgen kam der politisch aktive Aktionär und Kläger zu Wort. Dieser sprach einige Zeit (etwa 25 Minuten) über verschiedene Themen und wurde dann vom Hauptversammlungsleiter ermahnt, nun zu seinen Fragen zu kommen. Eine längere Inanspruchnahme der Redezeit könne ihm nicht erlaubt werden. Gegen diese Anweisung protestierte der Kläger, woraufhin er weitere fünf Minuten Redezeit erhielt. Nach Ablauf dieser zusätzlichen Zeit wurde der Kläger erneut vom Hauptversammlungsleiter aufgefordert Fragen zu stellen oder das Rednerpult zu verlassen. Der Kläger pochte hingegen auf sein – nach seiner Ansicht uneinschränkbares – Rederecht und sein Recht, die noch zu stellenden Fragen mit Einleitungen einzukleiden. Nach einem längeren Disput wurde der Kläger schließlich vom inzwischen abgeschalteten Mikrofon entfernt und der Polizei übergeben. Zusätzlich wurde dem Kläger die Teilnahme für den weiteren Verlauf der Hauptversammlung untersagt und Hausverbot für die Räumlichkeiten der Hauptversammlung erteilt.

Dennoch begehrte er erneut Einlass, der nicht gewährt wurde. Daraufhin sprach der Kläger mit seinem Bruder, der ebenfalls seit Eröffnung an der Hauptversammlung teilnahm. Dieser ergriff kurze Zeit später das Wort gegenüber den Mitgliedern und stellte im Namen seines Bruders bis zu 20 Einzelfragen. Zusätzlich sprach er zu einem weiteren Themenbereich mit der Anmerkung, diese Ausführungen seien von seinem Bruder – dem Kläger – übernommen.

Im Folgenden wurde über sechs Tagesordnungspunkte abgestimmt, die alle mit überwältigender Mehrheit entsprechend den Vorschlägen der Verwaltung gefasst wurden.

Diese gefassten Beschlüsse wurden vom Kläger mit der Begründung angefochten, die Entziehung des Rederechts, die Entfernung vom Rednerpult und die Anordnung eines Teilnahme- und Hausverbotes seien schwerwiegende Gesetzesverletzungen, die zur Anfechtung berechtigten und eine Nichtigkeitserklärung unumgänglich machten.

b) Entscheidung

Hier war über verschiedene Maßnahmen des Hauptversammlungsleiters zu befinden. Zunächst war die Rechtmäßigkeit der individuellen Redezeitbeschränkung durch Unterbrechung des Aktionärs nach ca. 25 Minuten beziehungsweise dann nach nochmaligen fünf Minuten Rede zu beurteilen.

Zweite zu überprüfende Maßnahme war die Entfernung vom Rednerpult. Dritte anfechtungsrelevante Maßnahme war die Anordnung eines Teilnahme- und Hausverbotes. Alle Maßnahmen hatten unterschiedliche Eingriffsintensitäten, so dass an die Rechtmäßigkeit der Anordnung unterschiedliche Kriterien gestellt werden mussten.

Zur Rechtmäßigkeit der Redezeitbeschränkung führte das Gericht zunächst allgemein aus, dass der Hauptversammlungsleiter das Recht habe, die Redezeit der Aktionäre zu verkürzen, um eine sachgemäße Durchführung der Hauptversammlung zu gewährleisten. Zu diesem Zweck sei die Beschränkung auch hier geschehen. Der Hauptversammlungsleiter habe in Anbetracht der Vielzahl von Wortmeldungen auch gegenüber dem Kläger das Recht gehabt, die Redezeit durch Unterbrechung nach ca. 25 und dann nochmal nach weiteren fünf Minuten zu beschränken. Insoweit finden sich in der Entscheidung keine überraschenden Aussagen.

Allerdings setzt sich das Gericht in den Entscheidungsgründen auch ausdrücklich mit der Frage auseinander, ob nicht die Redezeitbeschränkung des Hauptversammlungsleiters bereits dadurch rechtswidrig sein könnte, dass zuvor keine generelle Redezeitbegrenzung durch den Hauptversammlungsleiter angeordnet wurde, sondern dieser vielmehr nur allgemein eine Konzentration der Fragen angemahnt hatte. Ausdrücklich weist das Gericht insofern auf eine mögliche Verletzung des Gleichbehandlungsgrundsatzes hin. Zurecht entschied das Gericht aber, dass es zulässig sei, die Aktionäre zunächst um kurze Redebeiträge nur zu bitten und, wenn sich Einzelne nicht an diesen Appell halten, eine Redezeitbeschränkung anzuordnen. Die sonstigen Redner hätten sich an die Hinweise des Hauptversammlungsleiters gehalten, weswegen auch nur im Hinblick auf ihn eine beschränkende Anordnung notwendig gewesen sei.

Zu den sonstigen Ordnungsmaßnahmen führte das Gericht aus, dass diese zur Wiederherstellung von Ruhe und Ordnung auf der Hauptversammlung notwendig gewesen seien. Sie hätten erst aufgrund des renitenten Verhaltens des Aktionärs eingesetzt werden müssen und seien daher gerechtfertigt.

Ergänzend zu diesen Ausführungen führte das Gericht gegen den Erfolg der Anfechtung an, dass auch bei unterstellter Rechtswidrigkeit des Hauptversammlungsleiterhandelns keine begründete Anfechtungsklage vorläge. Denn es fehle an einer Ursächlichkeit der Rechtsverletzung für die Beschlussfassung. Die übrigen Aktionäre hätten durch den Kläger und später durch dessen Bruder ausreichend Gelegenheit gehabt, sich von den Argumenten des Klägers überzeugen zu lassen, und hätten dennoch mit überragender Mehrheit gegen die von ihm unterstützten Beschlussvorschläge gestimmt. Nach Ansicht des Gerichts sei es daher ausgeschlossen, „daß sich an dem Abstimmungsergebnis irgendetwas geändert hätte, wenn dem Kläger das Wort nicht entzogen worden wäre und er selbst mit abgestimmt hätte".[293] Es könne kein Zweifel bestehen, „daß das Ergebnis der Abstimmung durch die Maßnahmen des Hauptversammlungsleiters nicht beeinflusst worden ist".[294]

---

293 LG Frankfurt a.M., ZIP 1984, S. 321 (325).
294 LG Frankfurt a.M., ZIP 1984, S. 321 (325).

c) *Analyse*

Diese Entscheidung des LG Frankfurt a. M. bringt in der Frage der Rechte des Hauptversammlungsleiters keine neuen Erkenntnisse. Sie bestätigt vielmehr die Linie des BGH aus dessen Grundsatzentscheidung in den 1960er Jahren und erweitert diese um die Möglichkeit einer sofortigen individuellen Redezeitbeschränkung ohne vorhergehende Anordnung einer generellen und für alle nachfolgenden Redner geltenden Redezeitbegrenzung.

Dennoch ist sie geeignet, den Umfang und die Handlungsmacht des Hauptversammlungsleiters aufzuzeigen, da hier ein vielfältiges Arsenal der Ordnungsmaßnahmen des Hauptversammlungsleiters zum Einsatz kommt und deren Einsatz vom Gericht auch gebilligt wird.

Zudem zeigt sich an den Ausführungen des Gerichts zur Frage der Ursächlichkeit anschaulich das Prüfungsschema einer gerichtlichen Beschlussanfechtung. Neben der Rechtsverletzung bedarf es eben auch noch einer Verknüpfung zwischen Verfahrensfehler und dem Ergebnis der Beschlussfassung. Diese ist zwar bei Verletzung des Teilnahmerechts im Regelfall gegeben, doch zeigt der hier vorliegende Einzelfall anschaulich eine Ausnahme von dieser Regel. Die Aktionäre waren über alle Ansichten des Klägers durch seine Ausführungen und die des für ihn sprechenden Bruders informiert und konnten so seine Gedanken und Auffassungen in ihre Abstimmungsentscheidung einbeziehen – und das trotz Beeinträchtigung seines Teilnahmerechts. An einer damals von der Rechtsprechung noch geforderten Kausalität fehlte es also.

3. Beispiel 3

Als letzte hier vorzustellende Entscheidung soll ein Urteil des LG München I aus dem Jahre 1999 dienen.[295]

Die folgende Entscheidung ist ein Lehrbeispiel, um zu veranschaulichen, wie eine missglückte Verhandlungsleitung zum Scheitern von elementaren Strukturprojekten der Gesellschaft führen kann.[296]

a) *Sachverhalt*

Eine Aktiengesellschaft plante die Umwandlung in eine Kommanditgesellschaft. Auf der hierzu einberufenen Hauptversammlung kam es zu längeren und ausschweifenden Diskussionen über den Sinn und Zweck der Umwandlung. Gegen 15 Uhr setzte der Hauptversammlungsleiter den Debattenschluss auf 21 Uhr fest. Eine allgemeine Redezeitbeschränkung erfolgte aber nicht. Vielmehr kam ein Aktionär, der um 20 Uhr das Wort erhielt, noch auf eine Redezeit von ca. 30 Minuten. Erst nach dieser Zeit wurde er vom Hauptversammlungsleiter unterbrochen, obwohl noch mindestens fünf weitere Redner angemeldet waren. Dieser Vorgang wiederholte

295 LG München I, AG 2000, S. 139.
296 So Bachmann, EWiR § 131 AktG 1/2000, S. 157.

sich beim folgenden Redner, der von 20.30 Uhr bis zum Debattenende ungehindert sprach, obwohl noch vier Redner angemeldet waren. Erst um 21 Uhr unterbrach der Hauptversammlungsleiter den Aktionär und erklärte die Aussprache mit Hinweis auf das zuvor angeordnete Debattenende für beendet. Das Begehr der noch auf der Rednerliste stehenden Aktionäre Fragen stellen zu dürfen, lehnte der Hauptversammlungsleiter mit Hinweis auf das Debattenende ab.

In der anschließenden Abstimmung wurde der Beschlussantrag betreffend die Strukturmaßnahme mit der erforderlichen Mehrheit angenommen. Gegen diesen Beschluss wendete sich die Anfechtungsklage.

b) *Entscheidung*

Das Gericht gab der Anfechtung in vollem Umfang statt.

Der Hauptversammlungsleiter habe das Rede- und Fragerecht der Aktionäre dadurch beschnitten, dass er nicht schon bereits bei Anordnung des Debattenendes um ca. 15 Uhr die verbleibende Redezeit gerecht auf alle angemeldeten Aktionäre verteilt habe. Vielmehr habe er einzelnen Rednern breiten Raum für ihre Ausführungen gegeben und anderen noch nicht einmal Zeit für Fragen gelassen. Spätestens als der Hauptversammlungsleiter um 20.30 Uhr bemerkte, dass für die verbleibende halbe Stunde noch vier weitere Redner auf der Rednerliste eingetragen waren, hätte er die Zeit durch eine generelle Redezeitbeschränkung gerecht aufteilen müssen. Durch sein davon abweichendes Verhalten habe er das Rede- und Fragerecht der übrigen Aktionäre verletzt.

Im Hinblick auf eine Verknüpfung von Rechtsverletzung und Beschlussfassung führte das Gericht aus, dass bei einem solch schwerwiegenden Verstoß gegen die elementaren Rechte der Aktionäre die Aufhebung sämtlicher nachfolgender angefochtener Beschlüsse angebracht sei. Daher könne es auch nicht auf die potenzielle Relevanz der beabsichtigten Fragen der nicht mehr zu Wort gekommenen Aktionäre ankommen.

Aufgrund der Nichtigkeit des Beschlusses zur Umwandlung konnte dieser zunächst nicht in die Tat umgesetzt werden.

c) *Analyse*

Diese Entscheidung zeigt in anschaulicher Manier, wie durch eine unzureichende, fehlerhafte und rechtswidrige Versammlungsleitung erhebliche tatsächliche Folgen für die Gesellschaft eintreten können. Die eigens zur Umsetzung der Strukturmaßnahme einberufene Hauptversammlung war aufgrund der Nichtigkeit der Beschlüsse ohne Bedeutung. Sie musste vermutlich unter großem Aufwand wiederholt werden, soweit dies nach Ablauf des vollständigen gerichtlichen Verfahrens überhaupt noch sinnvoll war. Jedenfalls konnte die Maßnahme zunächst nicht umgesetzt und eventuell damit bezweckte wirtschaftliche Chancen nicht genutzt werden.[297]

---

297 Vgl. dazu auch die nachfolgenden Ausführungen zu den Folgen.

Anhand dieses Beispiels wird zudem deutlich, wie sehr die Bestandskraft wirtschaftlich relevanter Beschlüsse vom Handeln des Hauptversammlungsleiters abhängig ist. Denn das Gericht nahm bei dem hier vorliegenden Eingriff in die Aktionärsrechte unproblematisch und quasi als Reflex auch die Nichtigkeit des Beschlusses an, ohne nach einer wie auch immer gearteten Verknüpfung zwischen Rechtsverletzung und Beschlussentscheidung zu forschen.[298] Dies resultierte aus der aus dem Eingriff resultierenden Beeinträchtigung des elementaren aktionären Rederechts.

Daraus muss als Konsequenz für die Praxis der Schluss gezogen werden, dass im Grundsatz jedes in unberechtigter Weise in die erheblichen Rechte der Aktionäre eingreifende Verhalten des Hauptversammlungsleiters zur Anfechtbarkeit der gefassten Beschlüsse mit all den damit einhergehenden tatsächlichen Konsequenzen für die Gesellschaft führt. Dies gilt jedenfalls für Verletzungen des Rechts auf Teilnahme– etwa durch die Verweigerung des Einlasses.[299] Übertriebene Einlasskontrollen sollen einen Verfahrensfehler darstellen, „dessen Relevanz für die Beschlussfassung stets zu bejahen ist, so dass der Beschluss gemäß § 243 Abs. 1 AktG anfechtbar ist“[300].

Gleiches gilt für Verletzungen des Rederechts, wobei es nicht auf die zum Zeitpunkt des Eingriffs prognostizierte Wirkung der Rede auf die Aktionäre ankommen kann.[301] Verletzungen des Auskunftsrechts führen bei Vorliegen der in § 243 Abs. 4 AktG kodifizierten Relevanz und den Anforderungen an die Erforderlichkeit des § 131 Abs. 1 AktG[302] ebenfalls regelmäßig zur Anfechtbarkeit.[303] Nicht ohne weiteres ausreichend ist hingegen die alleinige Beeinträchtigung des Stimmrechts, bei der es allein auf die Kausalität für das Abstimmungsergebnis ankommt.[304]

---

298 Vgl. LG München I, AG 2000, S. 139.

299 Kubis in MüKo-AktG, § 119, Rn. 179; OLG Frankfurt a.M., NZG 2007, S. 310.

300 OLG Frankfurt a.M., NZG 2007, S. 310 (312).

301 Kubis in MüKo-AktG, § 119, Rn. 181.

302 Vgl. dazu BGHZ 180, 9 (28 ff.) = NZG 2009, S. 342 (347).

303 Kubis in MüKo-AktG, § 119, Rn. 180; vgl. auch BGHZ 160, 385 (392 f.) = NJW 2005, S. 828 (829 f.).

304 Kubis in MüKo-AktG, § 119, Rn. 182.

E. Organhaftung

In den vorherigen Kapiteln wurden die Grundlagen zum Verständnis des Hauptversammlungsleiterhandelns und seiner Konsequenzen gelegt. Im Folgenden soll es um die Haftung des Versammlungsleiters gehen, wobei sich das vorliegende Kapitel mit dem möglichen Regress nach den Regelungen zur Organhaftung beschäftigt.

Die zentrale Norm der Organhaftung in der Aktiengesellschaft ist § 93 Abs. 2 AktG, der die Haftung der Vorstandsmitglieder und über den Verweis in § 116 AktG auch die Haftung der Aufsichtsratsmitglieder gegenüber der Gesellschaft anordnet. Im Rahmen der folgenden Ausführungen soll eine direkte oder analoge Anwendbarkeit dieser Normen für Fälle des Fehlverhaltens eines Hauptversammlungsleiters geprüft werden.

I. Direkte Anwendung

Voraussetzungen für die Haftung nach § 93 Abs. 2 AktG sind eine Pflichtverletzung, ein Verschulden und ein kausal auf der Pflichtverletzung beruhender Schaden. Die Pflichtverletzung muss zudem von einer Person vorgenommen werden, welche vom persönlichen Anwendungsbereich der organschaftlichen Haftungsnormen als Anspruchsgegner umfasst ist.

1. Anspruchsgegner

Bei der in Anspruch genommenen Person muss es sich um einen tauglichen Anspruchsgegner im Sinne des § 93 Abs. 2 AktG beziehungsweise § 116 AktG handeln.

a) Organmitgliedern als Haftungsadressaten

Nach dem Wortlaut des § 93 Abs. 2 AktG unterliegen allein Vorstandsmitglieder der Haftungsanordnung dieser Norm. Durch § 116 AktG wird der Kreis der möglichen Anspruchsgegner auch auf Mitglieder des Aufsichtsrates der geschädigten Gesellschaft ausgeweitet.

Grundlage der Organhaftung ist dementsprechend nach h. M. auch nicht die Verletzung eines bestehenden Vertragsverhältnisses,[305] sondern vielmehr die Stellung

305 So aber Baums, Der Geschäftsleitervertrag, S. 211 ff.

als Organ selbst.[306] Die Haftung ergibt sich allein aus dem Gesetz, setzt aber das Amt des Organwalters tatbestandlich voraus.[307]

Die Konsequenz für den Hauptversammlungsleiter ist, dass eine direkte Anwendung der Haftungsnormen §§ 93 und 116 AktG nur für solche Personen in Betracht kommt, die neben der Tätigkeit als Hauptversammlungsleiter auch Vorstands- oder Aufsichtsratsmitglied der potenziell geschädigten Gesellschaft sind. Da die Tätigkeit als Vorstand aber die Hauptversammlungsleitung ausschließt (siehe oben B.III.1.a)), kommen im Ergebnis nur Aufsichtsratsmitglieder, die als Hauptversammlungsleiter eingesetzt werden, als mögliche (direkte) Haftungsadressaten der aktienrechtlichen Sonderhaftungsnormen in Betracht.

In den meisten Satzungen der Aktiengesellschaften in Deutschland ist vorgesehen, dass ein Aufsichtsratsmitglied den Hauptversammlungsvorsitz übernimmt (siehe oben B.IV.1). Bei fehlender entsprechender Satzungsregelung ist es zudem wahrscheinlich, dass ein Aufsichtsratsmitglied von der Hauptversammlung zum Leiter gewählt wird. Daher kommt einer direkten Anwendbarkeit der Organhaftungsnormen auf den Hauptversammlungsleiter, trotz der vorstehenden personellen Einschränkungen, in der Praxis eine erhebliche Relevanz zu.

In allen sonstigen Fällen ohne Aufsichtsratstätigkeit des betreffenden Hauptversammlungsleiters kommt von Anfang an im Hinblick auf die Organhaftung nach den angesprochenen Regelungen des Aktiengesetzes nur eine analoge Anwendung in Betracht.

b) Hauptversammlungsleitung als organhaftungsbegründende Tätigkeit

Die §§ 93, 116 AktG sehen eine Haftung nur für solche Handlungen vor, die Vorstands- oder Aufsichtsratsmitglieder in eben dieser Eigenschaft vorgenommen haben. Damit stellt sich die Frage, ob die Handlungen, die ein Aufsichtsratsmitglied in seiner Position als Leiter der Hauptversammlung vornimmt, auch den Tatbestand der Organhaftung erfüllen können und damit auch von §§ 93, 116 AktG erfasst sind.

Dieses Frage wird in der bislang sehr spärlich vorhandenen Literatur unterschiedlich beantwortet. Eine Ansicht will das betroffene Organmitglied auch für ein Handeln als Hauptversammlungsleiter nach den Regeln der Organhaftung in Anspruch nehmen.[308] Begründet wird dies damit, dass die Hauptversammlungsleitung

---

306 Spindler MüKo-AktG, § 93, Rn. 11; Hopt in GroßKomm-Aktiengesetz, § 93 a.F., Rn. 20; Koch in Hüffer-AktG, § 93, Rn. 36; Mestmäcker, Verwaltung, Konzerngewalt und Recht der Aktionäre, S. 211 f.

307 Spindler in MüKo-AktG, § 93, Rn. 11; Koch in Hüffer-AktG, § 93, Rn. 36; Hopt in GroßKomm-Aktiengesetz, § 93 a.F., Rn. 20; Mestmäcker, Verwaltung, Konzerngewalt und Recht der Aktionäre, S. 212; so schon Lehmann, Das Recht der Aktiengesellschaften, Band 2, S. 263 ff.

308 Mutter, AG 2013, S. R161; Rose, NZG 2007, S. 241 (245); In diese Richtung auch Schröer in MüKo-AktG, § 136, Rn. 57; Rieckers in Spindler/Stilz-AktG, § 136, Rn. 43; Koch in Hüffer-AktG, § 136, Rn. 24.

Teil der Tätigkeit des betreffenden Aufsichtsrats sei und daher auch für dieses Verhalten die §§ 93, 116 AktG einschlägig seien.[309]

Eine andere Meinung trennt strikt zwischen dem Amt des Hauptversammlungsleiters und dem des Aufsichtsratsmitglieds. Für die Vertreter dieser Ansicht wird die Tätigkeit als Hauptversammlungsleiter nicht von der Organhaftung umfasst, auch wenn sie von einem Aufsichtsratsmitglied ausgeübt wird.[310] Dieser Ansicht hat sich auch die bislang einzige bekannte gerichtliche Entscheidung zu diesem Thema angeschlossen.[311]

aa) Trennung von Hauptversammlungsleitung und Aufsichtsratstätigkeit

Wie bereits aus dieser kurzen Vorstellung der divergierenden Ansichten deutlich wird, geht es im Kern um die Frage, ob streng zwischen der Stellung als Aufsichtsratsmitglied und der als Hauptversammlungsleiter getrennt werden muss, auch wenn beide Ämter von ein und derselben Person ausgeübt werden. Wäre eine solche strenge Trennung der beiden Ämter trotz Personenidentität angezeigt, könnte auch im haftungsrechtlichen Sinne die Organhaftung für letztgenannte Tätigkeit kaum einschlägig sein.

Argumentiert man hingegen, dass die Tätigkeit als Aufsichtsratsmitglied auch die Hauptversammlungsleitung umfasst, muss konsequenterweise die Organhaftung auch in Bezug auf ein diesbezüglich haftungsbegründendes Handeln einschlägig sein. Denn dann ist die Hauptversammlungsleitertätigkeit Teil der Organtätigkeit.

(1) Grundsatz

Zur Beantwortung der aufgeworfenen Frage muss nach dem Wesen der beiden Tätigkeiten – also der Organtätigkeit auf der einen und der Tätigkeit als Hauptversammlungsleiter auf der anderen Seite – geforscht werden, um hierdurch eine mögliche Verzahnung der Aufgabenkreise zu erkennen.[312]

Der Aufsichtsrat ist entscheidendes Kontrollorgan der Aktiengesellschaft und als solches befugt und verpflichtet, die Entscheidungen des Vorstandes zu prüfen (vgl. § 111 Abs. 1 AktG). Die Aufgaben des Aufsichtsrates umfassen weiter die Bestellung des Vorstandes (§ 84 AktG), die Festlegung von dessen Vergütung (§ 87 AktG) und in einigen Fällen auch die Vertretung der Gesellschaft nach außen (vgl. § 112 S. 1 AktG). Der Aufsichtsrat ist dauerhaftes Organ der Gesellschaft und die Mitglieder werden von der Hauptversammlung gewählt (§ 101 AktG).

309 Mutter, AG 2013, S. R161.

310 So v. der Linden, NZG 2013, S. 208 (209 f.); Marsch-Barner, FS Brambring 2011, S. 267 (281 f.); Drinhausen/Marsch-Barner, AG 2014, S. 757 (767); Bachmann, EWiR § 131 AktG 1/2000, S. 157 (158); v. der Linden, EWiR 2014, S. 551 (552); Schürnbrand, NZG 2014, S. 1211 (1213); Wardenbach, GWR 2014, S. 503; Theusinger/Schilha, BB 2015, S. 131 (136 f.). Ebenfalls ablehnend aber mit anderer Begründung Heidel in Heidel-AktG und KapMarktR, Vor §§ 129–132, Rn. 71.

311 LG Ravensburg, ZIP 2014, S. 1632 (1633).

312 So vorgehend auch v. der Linden, NZG 2013, S. 208 (209 f.).

Der Leiter der Hauptversammlung kann hingegen auf verschiedene Arten bestimmt werden. Infrage kommen insofern die dargestellten Wege: Die Wahl durch die Hauptversammlung, die Bestimmung beziehungsweise die Bestimmbarkeit durch die Satzung oder die Benennung durch ein angerufenes Gericht (vgl. oben B.III.1.). Der Hauptversammlungsleiter ist nur eine temporäre, notwendige Erscheinung im Gefüge der Gesellschaft und wird im Regelfall einmal im Jahr aktiv. Seine Machtbefugnisse beschränken sich auf die bereits dargestellten Aufgaben und Rechte der sachgerechten Versammlungsleitung und haben nur im Rahmen oder im Zusammenhang mit der Hauptversammlung Relevanz.

Bereits diese kurze Darstellung der typischen Wesensmerkmale beider Aufgabenstellungen zeigt erhebliche Unterschiede beider Ämter. Auf der einen Seite der auf Dauer angelegte Kontrollposten des Aufsichtsratsmitglieds mit dafür weitreichenden Befugnissen, der in bestimmten Situationen auch die Gesellschaft selbst repräsentiert und für diese entscheidet. Auf der anderen Seite der nur zu einem bestimmten Anlass auftretende Organisator der Hauptversammlung mit Befugnissen zur Ordnung und Leitung eben dieser. Eine direkte Verbundenheit oder ein Gleichlauf und damit eine Einheitlichkeit beider Aufgaben ist auf den ersten Blick nicht erkennbar.

Dies wird zudem durch die Tatsache bestätigt, dass das Amt des Hauptversammlungsleiters nicht zwingend von einem Aufsichtsratsmitglied ausgeübt werden muss. Eine Verschränkung beider Ämter ist damit nicht zwingende Voraussetzung für die Ausübung der Leitung. Das Handeln als Aufsichtsratsmitglied ist folglich im Grundsatz scharf von dem Handeln der gleichen Person als Hauptversammlungsleiter zu trennen. Allein die in einigen Fällen gegebene personelle Identität vereint diese Aufgabenbereiche in einer Hand. Funktional sind sie aber separat zu interpretieren. Diese Trennung muss sich auch auf den Bereich der Haftung auswirken, so dass zunächst nicht von einer Anwendung der Organhaftung auf die Leitungsmaßnahmen ausgegangen werden kann.

(2) Satzungsregelung als Bindeglied

Als verbindendes Element zwischen Hauptversammlungsleitung und Aufsichtsratstätigkeit wurde die teilweise vorhandene personelle Identität identifiziert. Damit stellt sich weiter die Frage, wodurch es überhaupt möglich wird, dass ein Aufsichtsratsmitglied auch die Tätigkeit des Hauptversammlungsleiters übernimmt. Wie kommt es trotz der grundsätzlichen Ämtertrennung zu der Aufgabenkonzentration in einer Hand?

Die Suche nach dem verbindenden Element endet bei den Satzungsregelungen, welche die Übernahme des Versammlungsvorsitzes durch den Vorsitzenden des Aufsichtsrates oder ein sonstiges Aufsichtsratsmitglied vorsehen (vgl. dazu oben B.IV.1.). Eine solche Satzungsregelungen bewirkt im Zusammenspiel mit der Annahme des Amtes die Verschränkung beider Aufgaben.

bb) Hauptversammlungsleitung als Organaufgabe aufgrund entsprechender Satzungsanordnung

Kann nun aber eine solche Satzungsregelung bewirken, dass die Hauptversammlungsleitertätigkeit zur Tätigkeit des Aufsichtsrates wird – und zwar als weitere Organaufgabe und nicht als hinzutretende anderweitige Aufgabe? Kann sie dazu führen, dass der Aufgabenkreis des Aufsichtsratsmitglieds auch die Hauptversammlungsleitung umfasst, so dass es im Ergebnis auch zu einer organschaftlichen Haftung für Versäumnisse im Rahmen dieser Aufgabenerfüllung kommen muss? Hierfür müsste durch die entsprechende Satzungsnormierung eine Verschränkung der beiden Aufgabenbereiche in der Art bewerkstelligt werden, dass der Kanon der Organaufgaben des Aufsichtsratsmitglieds um die Tätigkeit als Leiter der Hauptversammlung erweitert wird. Die Leitungstätigkeit müsste dann wie jede andere Tätigkeit „des Aufsichtsratsmitglieds" verstanden werden.

Eine solche Verknüpfung der beiden Aufgabenbereiche durch die entsprechende Satzungsanordnung wird von der ganz h. M. abgelehnt.[313] Stattdessen wird im Hinblick auf die Hauptversammlungsleitung, von einer hinzutretenden und zusätzlichen Aufgabe des bestimmten Aufsichtsratsmitglieds gesprochen.[314] Allerdings finden sich – soweit ersichtlich – für die weithin proklamierte Behauptung der strikten Trennung der Ämter trotz verbindender Satzungsanordnung kaum detaillierte Begründungen.

Die fehlende dogmatische Herleitung dieser vermeintlich notwendigen Trennung der Ämter führt in der Praxis zu teilweise kaum begründbaren Aussagen, wie eine aktuelle Entscheidung des OLG Köln zeigt.[315] In dieser hatte das Gericht die Vorbereitung des Leitfadens als Pflicht des in der Satzung als Hauptversammlungsleiter bestimmten Aufsichtsratsmitglied eingeordnet und noch weitergehend die gesamte Vorbereitung der Hauptversammlung als Amtspflicht des betreffenden Aufsichtsratsmitglied qualifiziert. Dennoch und ohne nähere Begründung wurde im nächsten Satz der Entscheidungsgründe von der zwingenden Ämtertrennung gesprochen, die auch hier zu berücksichtigen sei. Wie dies aber mit den vorherigen Aussagen vereinbar sein soll, lässt das Gericht offen.

Es ist im Folgenden zu untersuchen, ob die Trennung aus dem Wortlaut, der Dogmatik oder dem Telos des Gesetzes begründet werden kann.

---

313 OLG München, BeckRS 2008, 07260; OLG Köln, NZG 2013, S. 548 (551); LG Ravensburg, ZIP 2014, S. 1632 (1633); Ziemons in Schmidt/Lutter-AktG, § 129, Rn. 38; Koch in Hüffer-AktG, § 129, Rn. 18; Kubis in MüKo-AktG, § 119, Rn. 184; Wicke in Spindler/Stilz-AktG, Anh. zu § 119, Rn. 2; v. der Linden, NZG 2013, S. 208 (210); v. der Linden, EWiR 2014, S. 551 (552); Schürnbrand, NZG 2014, S. 1211 (1213); Drinhausen/Marsch-Barner, AG 2014, S. 757 (767); Wardenbach, GWR 2014, S. 503.

314 Siehe Fn. 313.

315 OLG Köln, NZG 2013, S. 548 (551).

(1) Wortlaut der Satzungsanordnungen als Anhaltspunkt für Aufgabenverknüpfung

Ein Blick auf die tatsächlichen Verhältnisse und den Wortlaut der entsprechenden Satzungsregelungen offenbart bereits eine erste Tendenz für die Beurteilung der aufgeworfenen Frage.

Meist ist die Tätigkeit des Hauptversammlungsleiters an die Position des Aufsichtsratsvorsitzenden gebunden. Die Satzung weist in diesem Zusammenhang die Leitungstätigkeit abstrakt „dem Aufsichtsratsvorsitzenden" zu, das heißt, es wird ausdrücklich Bezug auf das Amt und nicht die dahinterstehende Person genommen. Eine Verwendung des Klarnamens des Aufsichtsratsvorsitzenden kommt hingegen im Allgemeinen nicht vor.[316] Dieses Vorgehen resultiert aus der berechtigten Erwartung, mit einer solchen abstrakten und damit zukunftssicheren Regelung im Normalfall einen erfahrenen und mit dem Unternehmen besonders vertrauten Geschäftsmann zu akquirieren, ohne dessen Persönlichkeit bei Schaffung der Satzungsregelung zu kennen.[317]

Bereits hierdurch wird aber deutlich, dass die entsprechenden Satzungsregelungen eine Verbindung der Hauptversammlungsleitertätigkeit mit der Position des Aufsichtsratsvorsitzenden bezwecken will. Es wird eben gerade nicht eine einzelne Person persönlich und konkret zum Hauptversammlungsleiter bestimmt, sondern abstrakt die Person, die das Amt des Aufsichtsratsvorsitzenden im Moment der Hauptversammlung bekleidet. Konsequenz daraus ist dann auch, dass bei einem Wechsel des Aufsichtsratsvorsitzes die Aufgabe des Hauptversammlungsleiters ebenfalls in die Hände einer anderen Person fällt. Die Hauptversammlungsleitertätigkeit haftet daher faktisch der Tätigkeit als Aufsichtsratsmitglied an. Anders gesprochen, sie wird zum für jeden erkennbaren Teil des Aufgabenkanons des Aufsichtsratsvorsitzenden, unabhängig von der jeweils dahinterstehenden Person.[318] In gleicher Weise verhält es sich im Fall einer Aufgabenzuweisung an ein anderes Mitglied des Aufsichtsrates, zum Beispiel den stellvertretenden Vorsitzenden des Aufsichtsrates. Damit ist ein erster Fingerzeig in die Richtung einer Aufgabenerweiterung aufgrund der entsprechenden Satzungsregelung gegeben.

(2) Zulässigkeit der Kompetenzerweiterung durch Satzung

Dogmatische Voraussetzung für eine Erweiterung des Aufgabenkanons des Aufsichtsratsmitglieds um die Hauptversammlungsleitung wäre aber, dass im Grundsatz durch die Satzung überhaupt der Kreis der Aufgaben des Aufsichtsrates erweitert werden kann. Denn nur wenn dies grundsätzlich möglich ist, kann eine Erweiterung

---

316 Vgl. die Zusammenstellung bei Bayer/Hoffmann, AG 2012, S. R339 ff.

317 Wilsing/v. der Linden, ZIP 2009, S. 641 (649).

318 So argumentiert auch Heidel für den Befund, dass sich der D&O-Versicherungsschutz des Aufsichtsrats auch auf die Leitungstätigkeit bezieht in Heidel-AktG und KapMarktR, Vor 129–132, Rn. 74. Zu einem anderen Ergebnis kommt er aber bei der Haftung.

auch im Hinblick auf die Leitung der Hauptversammlung zulässig sein. Eine Erweiterungsmöglichkeit des Aufgabenbereichs des Aufsichtsrates wird allerdings einhellig verneint.[319]

(a) Sinn und Zweck des Verbotes der Kompetenzerweiterung

Letztlich begründet sich diese Ansicht in der Satzungsstrenge der Aktiengesellschaft, die in § 23 Abs. 5 AktG eine gesetzliche Ausprägung gefunden hat.[320] Die durch Gesetz abschließend geregelte Kompetenzverteilung zwischen den Organen der Aktiengesellschaft soll nicht durch eventuelle Satzungsregelungen aufgeweicht und verändert werden, um die komplizierte Kompetenzbalance zwischen Vorstand, Aufsichtsrat, Hauptversammlung und letztlich auch einzelnem Aktionär nicht durch einseitige Diktion der Satzung umgehen zu können.[321] Jeder neue Aktionär soll sich darauf verlassen können, dass bei der aktienausgebenden Gesellschaft die ausdifferenzierten und gesetzlich fixierten Regelungen betreffend die Kompetenzverteilung zur Anwendung kommen. Ansonsten müsste jeder potenzielle Aktionär vor dem Kauf von Aktien die Satzung nach einer zu seinen Lasten vom gesetzlichen Normalfall abweichende Kompetenzverteilung absuchen. Dies stünde im Ergebnis der gesetzlich intendierten Fungibilität der Aktie entgegen.[322]

Damit ist der Sinn und Zweck des Verbotes der Aufgabenerweiterung durch Satzung identifiziert. Daraus folgt aber auch, dass für das Verbot dort kein Anlass besteht, wo keine schützenswerte Kompetenzverteilung vom Gesetz vorgegeben ist, beziehungsweise wo durch die fragliche Aufgabenerweiterung nicht in die bestehenden Kompetenzen eingegriffen wird. Denn dann ist der Schutzzweck des Vertrauens in eben eine solche Kompetenzverteilung nicht einschlägig.

(b) Erweiterung im Hinblick auf Hauptversammlungsleitung zulässig

Betrachtet man nun die Materie der Hauptversammlungsleitung, ist nicht ersichtlich, dass durch die hier infrage stehende satzungsmäßige Zuordnung der Hauptversammlungsleitung in den Aufgabenkanon eines Aufsichtsratsmitglieds eine Verschiebung innerhalb der bestehenden und gesetzlich vorgegebenen Organkompetenzen erfolgt. Es sind keinerlei Anordnungen oder Vorgaben bezüglich der Leitungskompetenz ersichtlich. Die Leitung der Hauptversammlung ist keinem Organ von Gesetzes wegen zugeteilt, folglich kann es durch Zuweisung an ein Aufsichtsratsmitglied auch nicht

---

319 Spindler in Spindler/Stilz-AktG, § 111, Rn. 5; Hopt/Roth in GroßKomm-Aktiengesetz, § 111, Rn. 40; Habersack in MüKo-AktG, § 111, Rn. 16; Mertens/Cahn in KK-AktG, Band 2.2, § 111, Rn. 9 ff.

320 Vgl. dazu nur Arnold in KK-AktG, Band 1, § 23, Rn. 129.

321 Vgl. dazu Pentz in MüKo-AktG, § 23, Rn. 156; Wiesner in MünchHdb GesR-AG, § 6, Rn. 10; Koch in Hüffer-AktG, § 23, Rn. 36; Göckler in Beck Hdb. AG, § 21, Rn. 15; Spindler in Spindler/Stilz-AktG, § 111, Rn. 5.

322 Vgl. dazu Pentz in MüKo-AktG, § 23, Rn. 150; ausführlich dazu Arnold in KK-AktG, Band 1, § 23, Rn. 130 ff.

zu einer Kompetenzverschiebung kommen. Der Grundsatz der Satzungsstrenge hat folglich in diesem Zusammenhang keine Relevanz. Für die Bestimmung des Hauptversammlungsleiters erlaubt es das Gesetz gemäß § 23 Abs. 5 S. 2 AktG hingegen ausdrücklich, dass die Satzung über einen solchen ungeregelten Sachgegenstand eine Anordnung trifft.[323] Die Satzung kann die Person des Hauptversammlungsleiters selbst direkt festlegen oder zumindest die Kompetenz zur Bestimmung an ein frei wählbares Organ der Gesellschaft delegieren.[324]

Nun könnte argumentiert werden, dass zwar nicht die Hauptversammlungsleitung an sich einer gesetzlichen Kompetenzzuweisung unterliegt, wohl aber die Kompetenz zur Besetzung dieses Amtes. Es könnte insofern daran gedacht werden, diese Bestimmungskompetenz der Hauptversammlung zuzuordnen, da diese – wie gezeigt – das Recht und die Pflicht hat, im Fall von fehlenden Satzungsbestimmungen den Hauptversammlungsleiter zu wählen (s. o. B.III.1.d)). Diese unstreitige Tatsache darf aber nicht darüber hinwegtäuschen, dass es sich bei diesem Bestimmungsrecht um eine reine Auffangkompetenz handelt, die sich aus dem Selbstorganisationsrecht der Hauptversammlung ableitet.[325] Aufgrund dieses Umstandes kann nicht von einer originären Kompetenz der Hauptversammlung als Organ ausgegangen werden. Vielmehr bestehen auch zu der Frage der Bestimmungskompetenz bezüglich des Hauptversammlungsleiters im Gesetz oder sonstigem Regelwerk keine ausdrücklichen Anordnungen.

Entsprechend der eben aufgezeigten Schlussfolgerungen zur Frage der Kompetenz zur Hauptversammlungsleitung muss daher auch in Bezug auf die Kompetenz zur Bestimmung des Hauptversammlungsleiters festgestellt werden, dass eine Zuweisung in den Aufgabenkanon eines Aufsichtsratsmitglieds im Hinblick auf die Satzungsstrenge unproblematisch ist.

(c) Zwischenergebnis

Ergebnis dieser Überlegungen ist, dass keine bestehende Organkompetenz ersichtlich ist, in die durch eine satzungsmäßige Zuweisung der Hauptversammlungsleitung in den Aufgabenbereich eines Aufsichtsrates eingegriffen werden könnte. Weder die Hauptversammlung noch ein anderes Organ der Aktiengesellschaft hat die originäre Kompetenz zur Hauptversammlungsleitung, und auch die Kompetenz, den Leiter der Hauptversammlung zu bestimmen, liegt nicht von Gesetzes wegen in der Hand eines der für die Aktiengesellschaft gesetzlich vorgeschriebenen Organe.

Es steht fest, dass der Grundsatz der unzulässigen Übertragung von weiteren Aufgaben auf die Aufsichtsratsmitglieder für den Fall der Leitung einer Hauptversammlung nicht relevant sein kann. Der Schutzzweck des Verbotes ist nicht einschlägig. Folglich kann ein solches Verbot der Kompetenzerweiterung durch

323 So auch Reinicke, Rechtsstellung des Vors. der HV, S. 105 ff.; vgl. auch Wilsing/v. der Linden, ZIP 2009, S. 641 (642).
324 So auch Reinicke, Rechtsstellung des Vors. der HV, S. 144 ff.
325 Kubis in MüKo-AktG, § 119, Rn. 111.

Satzung nicht für eine getrennte Betrachtung der Aufsichtsratstätigkeit auf der einen und der Hauptversammlungsleitertätigkeit auf der anderen Seite herangezogen werden. Damit ist der Weg für eine Erweiterung des Aufgabenkanons des Aufsichtsrats im Hinblick auf die Hauptversammlungsleitung eröffnet. Es bestehen keine durchgreifenden Bedenken gegen die Interpretation der entsprechenden Satzungsanordnung als Erweiterung des Aufgabenkreises des Aufsichtsrats.

(3) Tatsächliche Betrachtungen bezüglich Aufgabenerweiterung

Auch in tatsächlicher Hinsicht bestehen keine Bedenken gegen die Aufhebung der strikten Trennung der Aufgabenbereiche. Eine künstliche Aufspaltung der beiden Teilbereiche bringt keinerlei Vorteile für die Gesellschaft, die Aktionäre oder das betroffene Aufsichtsratsmitglied.

Bestätigt wird dieses Ergebnis auch durch einen Blick auf die schützenswerten Belange von in die Gesellschaft eintretenden Aktionären. Wie oben bereits ausführlich dargestellt, ist es heute bei deutschen Aktiengesellschaften weithin die Regel, dass dem Aufsichtsratsvorsitzenden oder einem anderen Aufsichtsratsmitglied die Hauptversammlungsleitertätigkeit per Satzung zugewiesen wird (vgl. oben B.IV.1). Es handelt sich dabei nahezu um einen Marktstandard. Bislang sind dadurch noch keine Nachteile für die Aktionäre aufgetreten, ohne dass es auf eine strikte Trennung der Aufgabenbereiche ankommt.

Weiter ist es auch den meisten Aktionären und sonstigen juristischen Laien nur schwer zu vermitteln, warum ein und dieselbe Person einmal als Aufsichtsratsmitglied und einmal als Hauptversammlungsleiter fungieren soll. Schließlich werden beide Tätigkeiten von der identischen Person ausgeübt.

(4) Zwischenergebnis

Weitere Argumente gegen die Verknüpfung von Hauptversammlungsleitung und Aufsichtsratstätigkeit in dem Sinne einer Aufgabenerweiterung für das betreffende Aufsichtsratsmitglied sind nicht ersichtlich. Es besteht daher aus rechtlicher und tatsächlicher Sicht keine Veranlassung, an der strikten Ämtertrennung trotz Personalunion und verbindender Satzungsbestimmung festzuhalten und die Satzungsbestimmung als verbindendes Element und Aufgabenerweiterungsnorm zu ignorieren. Vielmehr kann die Trennung nur soweit reichen, wie keine verknüpfende Satzungsregelung Gegenteiliges anordnet. Eine entsprechende Satzungsregelung bewirkt eine derartige Verknüpfung, dass die Hauptversammlungsleitung zur weiteren Aufgabe eines Aufsichtsratsmitglieds als Organ wird.[326] Daraus folgt, dass die Satzungsanordnung, welche dem Aufsichtsratsmitglied die Kompetenz im Hinblick auf die Hauptversammlungsleitung zuweist, als eine Erweiterung des Aufgabenkanons des betreffenden Aufsichtsratsmitglieds zu qualifizieren ist.

---

326 In diese Richtung offensichtlich auch Wicke in Spindler/Stilz-AktG, Anh. zu § 119, Rn. 2.

cc) *Konsequenz der These von der Aufgabenerweiterung für die Haftung*

Folgt man dieser Argumentation, ergibt sich daraus auch eine mögliche Haftung des Aufsichtsrats nach organschaftlichen Normen für Fehler, die dieser als Hauptversammlungsleiter zu verantworten hat. Durch die entsprechende Satzungsregelung wird die Hauptversammlungsleitung zur Aufgabe des jeweiligen Aufsichtsratsmitglieds und gehört hierdurch zu dessen Organaufgabe. Folglich muss auch für Fehler bei der Erfüllung dieser Aufgabe die Organhaftung eingreifen. Die organschaftliche Haftung ist also für die häufigen Fälle der Übernahme der Hauptversammlungsleitung durch ein Aufsichtsratsmitglied aufgrund entsprechender Satzungsanordnung anwendbar.

c) *Zwischenergebnis*

Damit steht als Ergebnis fest, dass ein Hauptversammlungsleiter, der gleichzeitig auch Aufsichtsratsmitglied der Gesellschaft ist und die Aufgabe der Hauptversammlungsleitung aufgrund einer Satzungsanordnung übernommen hat, tauglicher Anspruchsgegner für die Organhaftung nach den §§ 93 Abs. 2 und 116 AktG ist.

2. Pflichtverletzung

Als weitere Voraussetzung für eine Haftung normiert § 93 Abs. 2 AktG das Vorliegen einer Pflichtverletzung. Konkret muss der in Anspruch genommene Haftungsadressat eine ihm obliegende Pflicht nicht erfüllt haben. Für die Beantwortung der Frage, ob eine Pflichtverletzung vorliegt, muss zunächst der Pflichtenkanon der in Anspruch genommenen Person identifiziert werden.

Im Falle des § 93 Abs. 2 AktG können sich die Pflichten aus Gesetz, Satzung, Geschäftsordnung oder Anstellungsvertrag ergeben.[327] Gleiches gilt auch für die Haftung der Aufsichtsratsmitglieder gemäß §§ 116, 93 Abs. 2 AktG.[328]

a) *Konkretisierung der Pflichten des Hauptversammlungsleiters*

Zunächst normiert das Gesetz einige Pflichten des Hauptversammlungsleiters ausdrücklich. Als praxisrelevantes Beispiel ist die in § 130 Abs. 2 AktG vorausgesetzte Feststellung der Beschlussergebnisse zu nennen. Auch die Satzung kann Pflichten des Hauptversammlungsleiters statuieren. Denn im hier relevanten Fall ist die Satzung der Grund dafür, dass das jeweilige Aufsichtsratsmitglied die Leitung der Hauptversammlung übernimmt. Folglich liegt es nahe, dass sich aus dieser Satzungsregelung auch Pflichten über die Art und Weise der Ausübung dieses Amtes herleiten lassen.

Es stellt sich damit die Frage, welche Pflichten durch eine solche Satzungsnormierung begründet werden. Der Wortlaut der Satzungsregelung betrifft im Normalfall nur die Übernahme des Amtes durch eine bestimmte Person. Zu klären

327 Vgl. nur Spindler in MüKo-AktG, § 93, Rn. 145.
328 Statt aller Hopt/Roth in GroßKomm-Aktiengesetz, § 116, Rn. 281.

ist aber auch der Aussagegehalt der Regelung bezüglich des „Ob" und des „Wie" der Hauptversammlungsleitung also einmal, ob der Hauptversammlungsleiter die Pflicht zur Amtsausübung hat und zum anderen, wie die Hauptversammlungsleitung zu erfolgen hat.

aa) Pflicht zur Übernahme

Zunächst wäre denkbar, dass durch die Satzungsregelung eine Pflicht zur Übernahme des Amtes begründet wird. Im Hinblick auf diesen Punkt wurde bereits in einem vorherigen Kapitel geklärt, dass ein Zwang zur Ausübung der Hauptversammlungsleitung nicht besteht. Daher kommt eine Verpflichtung zur Annahme des Amtes nicht in Betracht.

Dies wird auch durch einen Blick auf die herkömmlichen Satzungsregelungen bestätigt, in denen häufig bereits eine Ersatzperson für den Fall bestimmt ist, dass der eigentliche Hauptversammlungsleiter das Amt nicht antritt. Die entsprechenden Satzungsanordnungen gehen folglich bereits selbst nicht von einer zwingenden Übernahme des Amtes durch den eigentlich Vorgesehenen aus.

Hat das Aufsichtsratsmitglied aber das Amt angenommen, besteht die Pflicht, das Amt auszuüben, und zwar so lange, bis der Hauptversammlungsleiter freiwillig das Amt aufgibt oder durch Abwahl noch während der laufenden Versammlung ausscheidet,. Spätestens mit der förmlichen Beendigung der Hauptversammlung endet das Amt des Hauptversammlungsleiters. Es besteht folglich die Pflicht zur Ausübung bei erfolgter Übernahme. Pflichtbegründend wirkt die kompetenzzuweisende Satzungsregelung im Zusammenspiel mit der Erklärung zur Übernahme des Amtes.

bb) Pflicht zur sachgerechten und rechtmäßigen Leitung

Das Zusammenspiel von Satzungsbestimmung und Erklärung der Amtsübernahme führt auch zur zweiten Pflicht des Hauptversammlungsleiters. Dies ist die Pflicht zur sachgerechten und rechtmäßigen Ausübung des übernommenen Amtes und betrifft folglich das „Wie" der Leitung.

Erklärt sich der Hauptversammlungsleiter entsprechend der Satzungsregelung bereit, die Hauptversammlung zu leiten, verspricht er dadurch gleichzeitig, die Versammlung im Einklang mit Recht und Gesetz zu führen und zu organisieren. Die Pflicht ergibt sich bereits aus dem Legalitätsgebot, welches jedes Organ einer Gesellschaft verpflichtet,[329] und lässt sich darüber hinaus aus der Satzungsregelung betreffend die Übernahme des Amtes herauslesen. Denn ordnet die Satzung an, dass ein Aufsichtsratsmitglied die Leitung der Hauptversammlung zu übernehmen hat, ist damit naturgemäß auch gemeint, dass er sie in ordnungsgemäßer Weise und im Einklang mit den anwendbaren rechtlichen Vorgaben auszuführen hat. Tut er dies nicht, handelt er pflichtwidrig.

---

329 Vgl. dazu nur Spindler in MüKo-AktG, § 93, Rn. 73 f.; Hölters in Hölters-AktG, § 93, Rn. 54 ff.

Welche Maßnahmen der Hauptversammlungsleiter im Einklang mit Recht und Gesetz vornehmen darf, hängt von der jeweiligen Situation und damit von den Umständen des Einzelfalls ab. Die möglichen Maßnahmen und deren Voraussetzungen wurden bereits zuvor dargestellt. Handelt der Hauptversammlungsleiter unter Berücksichtigung der seine Befugnisse beschränkenden Grundsätze – Neutralität, Gleichbehandlung und Verhältnismäßigkeit – zum Zweck einer ordnungsgemäßen Durchführung der Hauptversammlung, ist sein Handeln trotz Eingriffen in das Teilnahmerecht der Aktionäre rechtmäßig und damit seine Pflicht erfüllt.[330] Verletzt er hingegen die Grundsätze, ist sein Verhalten als rechtswidrig einzustufen, da er in unberechtigter Weise in die gesetzlich verbrieften Aktionärsrechte eingreift. Dies stellt dann als Verstoß gegen die Pflicht zur rechtmäßigen Hauptversammlungsleitung auch eine Pflichtverletzung dar.

Daraus folgt: Wenn ein Verhalten des Hauptversammlungsleiters aufgrund des unberechtigten Eingriffs in Aktionärsrechte rechtswidrig ist, ist es auch – quasi als Reflex – als pflichtwidrig zu bewerten. Durch diese Reflexwirkung wird eine Verletzung der das Leiterhandeln beschränkenden Prinzipien auch für die Beantwortung der Frage entscheidend, ob eine Pflichtverletzung im Rahmen des Haftungsrechts vorliegt. Ist eine Rechtswidrigkeit im Verhalten gegenüber den Aktionären gegeben, folgt daraus auch eine Pflichtverletzung, die wiederum im Ergebnis als Verfahrensfehler eine Beschlussanfechtung bedingt und damit letztlich zu finanziellen Einbußen für die Gesellschaft führen kann.

b) Auswirkung des Ermessens des Hauptversammlungsleiters auf die gerichtliche Überprüfung

Bei der Frage, ob ein Verhalten des Hauptversammlungsleiters im Einzelfall als pflichtwidrig anzusehen ist, muss berücksichtigt werden, dass der Leiter seine vielfältigen Handlungsmöglichkeiten nach eigenem Ermessen einsetzen kann.[331] Wie und in welchem Umfang der Hauptversammlungsleiter in der konkreten Situation von den ihm zur Verfügung stehenden Mitteln Gebrauch macht, unterliegt grundsätzlich seiner eigenen Einschätzung je nach Situation und den vorgegebenen Umständen. Dieser Spielraum besteht bei allen Entscheidungen, bei denen mindestens zwei alternative Handlungsmöglichkeiten zulässig sind. Begrenzt wird dieses Ermessen allein durch die bereits bekannten Grundsätze der Verhältnismäßigkeit, der Gleichbehandlung und der Neutralität.[332] Der Hauptversammlungsleiter kann zwischen den

330 Auch Mülbert in GroßKomm-Aktiengesetz, Vor §§ 118–147, Rn. 95 spricht im Zusammenhang mit den Grundsätzen der Versammlungsleitung von Pflichten des Hauptversammlungsleiters.

331 Wicke in Spindler/Stilz-AktG, Anh. zu § 119, Rn. 5; Marsch-Barner in Hdb. börsennotierte AG, § 33, Rn. 29a; Marsch-Barner, FS Brambring 2011, S. 267 (281 f.); v. der Linden, NZG 2013, S. 208 (210 f.).

332 Wicke in Spindler/Stilz-AktG, Anh. zu § 119, Rn. 5; in diese Richtung auch Heidel in Heidel-AktG und KapMarktR, Vor §§ 129–132, Rn. 49.

Maßnahmen, die im Einklang mit den genannten Grundsätzen stehen, frei wählen.[333] Folglich beschränkt sich eine Prüfung der möglichen Pflichtverletzung im Regelfall auf eine Verletzung dieser drei Grundsätze durch das fragliche Verhalten,[334] soweit ein Ermessensspielraum bei der Entscheidung gegeben ist. Diese Art der gerichtlichen Überprüfung ist mit der verwaltungsgerichtlichen Ermessenskontrolle vergleichbar.

Durch diesen Prüfungsumfang wird gewährleistet, dass der weite Ermessensspielraum des Hauptversammlungsleiters auch bei der Frage, ob eine Rechtswidrigkeit und damit eine Pflichtverletzung vorliegt, Beachtung findet. Das Gericht darf das Ermessen des Hauptversammlungsleiters dabei nicht durch eigenes Ermessen ersetzen, sondern hat allein zu beurteilen, ob sich die damals getroffene Maßnahme nach den zum damaligen Zeitpunkt zur Verfügung stehenden Umständen in den Grenzen der das Ermessen des Hauptversammlungsleiters einschränkenden Grundprinzipien bewegte.[335] Nur wenn dies nicht der Fall ist, handelt der Hauptversammlungsleiter tatsächlich rechtswidrig und verletzt damit eine Pflicht.

Angesichts dieses reduzierten gerichtlichen Kontrollmaßstabs muss ein nur eingeschränktes Haftungsrisiko für Hauptversammlungsleiter festgestellt werden. Immerhin überprüft das Gericht sein Handeln nur eingeschränkt und hat seinen Handlungsspielraum zu beachten. Allerdings gilt dieser, im Haftungsprozess reduzierte gerichtliche Kontrollumfang in identischem Maße auch in einem Verfahren zwecks Beschlussanfechtung aufgrund eines potenziellen Verfahrensfehlers des Hauptversammlungsleiters.[336] Auch dann überprüfen die Gerichte das Handeln des Hauptversammlungsleiters in der fraglichen Situation nur auf Verletzung der bekannten begrenzenden Prinzipien und respektieren dadurch den weiten Ermessensspielraum des Hauptversammlungsleiters.[337] Insofern ergibt sich durch die eingeschränkte Prüfungskompetenz des Gerichts im Rahmen des Haftungsprozesses keine den Hauptversammlungsleiter besonders privilegierende Situation. Vielmehr wird hierdurch ein Gleichlauf der gerichtlich zu überprüfenden Parameter erreicht.

c) *Bedeutung der Business Judgement Rule für den Hauptversammlungsleiter*

Nicht zu verwechseln ist dieses weite Ermessen des Hauptversammlungsleiters beim Einsatz seiner Leitungs- und Ordnungsmittel mit der so genannten Business Judgement Rule, wie sie in § 93 Abs. 1 S. 2 AktG statuiert ist. Diese entfaltet im

---

333 Ek, Praxisleitfaden für die HV, Rn. 251; Drinhausen/Marsch-Barner, AG 2014, S. 757 (767); in diese Richtung auch Wicke in Spindler/Stilz-AktG, Anh. § 119, Rn. 5.

334 v. der Linden, NZG 2013, S. 208 (211).

335 Ebenso v. der Linden, NZG 2013, S. 208 (211); Marsch-Barner, FS Brambring 2011, S. 267 (281).

336 So auch v. der Linden, NZG 2013, S. 208 (211).

337 v. der Linden, NZG 2013, S. 208 (211); anders aber wohl Marsch-Barner, FS Brambring 2011, S. 267 (281 f.), der ein Auseinanderfallen von Anfechtbarkeit und Pflichtwidrigkeit befürchtet.

Zusammenhang mit der Rechtmäßigkeit des Hauptversammlungsleiterhandelns keine Bedeutung.

An dieser Aussage könnte gezweifelt werden. Sowohl die Beachtlichkeit des Ermessens des Hauptversammlungsleiters als auch die Regelung des „sicheren Hafens" im Sinne des § 93 Abs. 1 S. 2 AktG fußen auf einem einheitlichen Grundgedanken. Den jeweils agierenden Personen muss wegen der erheblichen Abhängigkeit von den in der konkreten Situation gegebenen Umständen und der schwierigen Beurteilungsmöglichkeit zum Zeitpunkt der Handlung ein weiter Entscheidungsraum belassen werden.[338] Daher werden die Handlungen sowohl durch die Business Judgement Rule als auch durch das zu respektierende Ermessen des Hauptversammlungsleiters einer allumfassenden gerichtlichen Kontrolle bis zu einem gewissen Maß entzogen.

Für das Eingreifen der Business Judgement Rule bedarf es allerdings einer unternehmerische Entscheidung der Organperson. Dies folgt bereits aus dem Wortlaut der Norm und ergibt sich darüber hinaus auch aus dem Sinn und Zweck. Denn die Business Judgement Rule beruht auf dem Gedanken, dass wirtschaftliche Entscheidungen und unternehmerisches Tätigwerden aufgrund der notwendigen Zukunftsbezogenheit immer eine tatsächliche Unsicherheit und damit ein wirtschaftliches Risiko mit sich bringen.[339] Es besteht immer die Möglichkeit eines wirtschaftlichen Schadens aufgrund der zu einem früheren Zeitpunkt getroffenen wirtschaftlichen Prognoseentscheidung. Unterläge nun jede unternehmerische Entscheidung im Rahmen eines Haftungsprozesses nach § 93 Abs. 2 AktG einer vollen gerichtlichen Kontrolle aus der Ex-post-Perspektive, wäre aufgrund der hindsight bias ein erhebliches Haftungspotenzial mit jeder dieser wirtschaftlichen Entscheidungen verbunden. Durch diese Haftungsgefahr könnten Organ, welche die wirtschaftlichen Entscheidungen innerhalb der Gesellschaft treffen, in ihrer unternehmerischen Risikofreude gelähmt sein.[340] Eine solche Risikoaversion ist aber für die einzelnen Aktionäre, die Aktiengesellschaft selbst und den gesamten Wirtschaftskreislauf nicht zuträglich, da das Eingehen von Risiken zum Wirtschaftsleben gehört und Voraussetzung für wirtschaftliche Erfolge und das Fortkommen der Wirtschaft sind.[341]

Damit diese negativen Folgen des erhöhten Haftungsrisikos nicht eintreten, schafft das Gesetz in § 93 Abs. 1 S. 2 AktG Voraussetzungen, bei deren Vorliegen eine Pflichtverletzung und damit ein Regress ausgeschlossen ist.[342] Werden diese Voraussetzungen eingehalten, ist das Handeln unabhängig von seinem Ergebnis pflichtgemäß. Dadurch wird ein Raum geschaffen, der frei von einer gerichtlichen

338 Vgl. BGHZ 135, 244 (252 ff.) = NJW 1997, S. 1926 (1927).

339 Vgl. statt aller Fleischer in Spindler/Stilz-AktG, § 93, Rn. 60; Spindler in MüKo-AktG, § 93, Rn. 41 f.; BT-Drs. 15/5092, S. 11.

340 Vgl. nur Spindler in MüKo-AktG, § 93, Rn. 36; Fleischer in Spindler/Stilz-AktG, § 93, Rn. 60.

341 So ausführlich und m.w.N. Fleischer in Spindler/Stilz-AktG, § 93, Rn. 60.

342 Vgl. nur Spindler in MüKo-AktG, § 93, Rn. 36; Krieger/Sailer-Coceani in Schmidt/Lutter-AktG, § 93, Rn. 11; zur dogmatischen Einordnung der BJR vgl. Koch in Hüffer-AktG, § 93, Rn. 12 ff.

Kontrolle aus der Ex-post-Perspektive ist.[343] Gleichzeitig wird auf diesem Weg gewährleistet, dass § 93 Abs. 2 AktG eben keine Haftung für Misserfolg, sondern für pflichtwidriges Verhalten statuiert.[344]

Aus diesem Telos der Regelung wird aber deutlich, dass direkt oder analog nur Organe der Gesellschaft von dem „sicheren Hafen" profitieren können, die tatsächliche unternehmerische Entscheidungen treffen. Mit solchen Entscheidungen sind im Regelfall die Vorstands- und in besonderen Konstellationen auch die Aufsichtsratsmitglieder belastet. Letztere sollen folgerichtig aber auch nur in solchen Fällen in den Genuss der Privilegierung des § 93 Abs. 1, S. 2 AktG kommen, in denen sie ausnahmsweise in unternehmerischer Art für die Gesellschaft tätig werden.[345]

Der Hauptversammlungsleiter trifft weder wirtschaftliche Entscheidungen für die Gesellschaft, noch agiert er in unternehmerischer Art und Weise. Daher kann der eben skizzierte Gedanke der Haftungsfreiheit durch die Business Judgement Rule für ihn nicht fruchtbar gemacht werden.[346] Der Hauptversammlungsleiter geht keinerlei wirtschaftliche Risiken für die Gesellschaft ein, muss keine Prognoseentscheidungen mit wirtschaftlicher Bedeutung für die Gesellschaft treffen oder wird überhaupt für diese nach außen tätig. Einzige Aufgabe des Hauptversammlungsleiters ist die sachgerechte Abwicklung der Hauptversammlung.

d) Zwischenergebnis

Zusammenfassend lässt sich sagen, dass die Verletzung einer Pflicht durch den Hauptversammlungsleiter als Voraussetzung der Haftung nach § 93 Abs. 2 AktG immer dann vorliegt, wenn der Hauptversammlungsleiter gegen seine Pflicht zur ordnungsgemäßen und rechtmäßigen Abwicklung der Hauptversammlung verstößt. Dies ist namentlich dann der Fall, wenn eine der vom Hauptversammlungsleiter vorgenommenen Maßnahmen das Neutralitätsgebot, den Gleichbehandlungsgrundsatz und/oder die Grundsätze der Verhältnismäßigkeit verletzt.

Ein im Haftungsprozess angerufenes Gericht hat im Rahmen der Überprüfung den zumeist bestehenden weiten Ermessensspielraum des Hauptversammlungsleiters zu achten. Damit ist das Gericht im Haftungsprozess grundsätzlich an dieselben Prüfungsmaßstäbe gebunden, wie das bei einer Beschlussanfechtung wegen

343 Zur Frage der gerichtlichen Überprüfung im Zusammenhang mit der BJR vgl. Koch, ZGR 2006, S. 769 (782 ff.); Fleischer, FS Immenga 2004, S. 575 (579 f.); Schäfer, ZIP 2005, S. 1253 f.; Schneider, DB 2005, S, 707 (708 f.); generell zu Prognosen im GesR vgl. Spindler, AG 2006, S. 677 ff.

344 BT-Drs. 15/5092, S. 11; Fleischer in Spindler/Stilz-AktG, § 93, Rn. 60; Hölters in Hölters-AktG, § 93, Rn. 31 jeweils m.w.N.

345 In diese Richtung schon BGHZ 135, 244 (254 f.) = NJW 1997, S. 1926 (1928); ferner Habersack in MüKo-AktG, § 116, Rn. 39 ff.; Beispiele bei Hambloch-Gesinn/Gesinn in Hölters-AktG, § 116, Rn. 26 ff.

346 v. der Linden, NZG 2013, S. 208 (210); anders aber offensichtlich Marsch-Barner, FS Brambring 2011, S. 267 (281).

Verfahrensfehlern angerufene Gericht. Eine aufgrund eines Verfahrensfehlers des Hauptversammlungsleiters erfolgreiche Beschlussanfechtung ist zumindest ein Indiz für das Vorliegen einer Pflichtverletzung im Haftungsprozess.

e) Auswirkungen im Prozess

In den vorherigen Abschnitten wurde bereits dargelegt, dass die Gerichte sowohl in einem Verfahren der Beschlussanfechtung wegen eines vermeintlichen Verfahrensfehlers durch den Hauptversammlungsleiter als auch in einem Haftungsprozess identische Prüfungsmaßstäbe anlegen. In beiden Fällen überprüft das Gericht, ob der Hauptversammlungsleiter die seinem Verhalten Grenzen setzenden Maßstäbe verletzt hat. Nimmt das Gericht eine solche Verletzung an, führt dies im Anfechtungsprozess zur Annahme eines Verfahrensfehlers und bei Vorliegen aller sonstigen Voraussetzungen zur Nichtigkeit des angefochtenen Beschlusses. Im Haftungsprozess folgt aus der Annahme die Bejahung der Pflichtverletzung.

aa) Bindungswirkung bezüglich der Rechtswidrigkeit des Handelns des Hauptversammlungsleiters

In Anbetracht dieser Identität der gerichtlichen Prüfungsmaßstäbe stellt sich die Frage, ob die gerichtliche Entscheidung in dem naturgemäß vorgelagerten Anfechtungsprozess eine Bindungswirkung für das spätere Haftungsverfahren entfalten kann. Die erneute Prüfung identischer Maßstäbe im zweiten Prozess birgt das Risiko, dass das später angerufene Gericht eine identische Rechtsfrage – nämlich den Verstoß gegen das Handeln des Hauptversammlungsleiters begrenzende Grundsätze – abweichend beurteilt. Im Ergebnis könnte es daher passieren, dass die Gesellschaft aufgrund einer erfolgreichen Beschlussanfechtung einen finanziellen Schaden erleidet, im Haftungsprozess gegen den verantwortlichen Hauptversammlungsleiter aber eine Pflichtverletzung durch diesen verneint wird.

bb) Bindungswirkung über § 248 AktG

In diesem Zusammenhang ist § 248 AktG von Bedeutung, der die Rechtskraft des die Nichtigkeit aussprechenden Urteils in subjektiver Hinsicht auch auf die Mitglieder des Aufsichtsrats und damit in der hier begutachteten Konstellation auch auf den Hauptversammlungsleiter ausweitet. Diese Regelung bewirkt allerdings nur eine Erweiterung der Rechtskraftwirkung in subjektiver Hinsicht, nicht aber bezüglich der objektiven Rechtskraft.[347] Die Rechtskraftwirkung im Sinne des § 322 ZPO und damit auch im Sinne des § 248 AktG bezieht sich gegenständlich nur auf die vom Gericht getroffene Entscheidung über den Streitgegenstand,[348] nicht aber auf die

347 Schmidt in GroßKomm-Aktiengesetz, § 248, Rn. 13.
348 Gottwald in MüKo-ZPO, § 322, Rn. 85.

tatsächlichen Feststellungen und rechtlichen Folgerungen, auf denen das Urteil aufbaut.[349]

Dies bedeutet, dass von der Rechtskraft nur das Ergebnis des Subsumtionsschlusses, nicht aber die einzelnen Glieder dieses Schlusses oder die zugrundeliegenden Feststellungen umfasst sind.[350] Feststellungen betreffend einzelne Tatbestandsmerkmale erwachsen nicht in Rechtskraft.[351] Die Antwort auf die Frage, ob der Hauptversammlungsleiter einen Verfahrensfehler in der Hauptversammlung begangen hat, ist aber die rechtliche Folgerung aus einer tatsächlichen Feststellung im Hinblick auf das Verhalten des Hauptversammlungsleiters in der konkreten Situation. Diese Feststellung ist tatbestandliche Voraussetzung der Anfechtungsentscheidung. In Rechtskraft erwächst sie aber eben als einzelnes Glied des Subsumtionsprozesses gerade nicht. Dies bleibt der endgültigen Entscheidung über die Nichtigkeit vorbehalten.

cc) Bindungswirkung durch Streitverkündung

Über § 248 AktG wird damit keine Bindung bezüglich der Beurteilung des Verhaltens des Hauptversammlungsleiters bewirkt. Dennoch besteht eine Möglichkeit zur Schaffung einer Bindungswirkung für diesen Teilaspekt der Ausgangsentscheidung.

Die Gesellschaft kann dem für die streitgegenständliche Maßnahme verantwortlichen Hauptversammlungsleiter, im Rahmen des Anfechtungsprozesses gemäß § 72 ZPO den Streit verkünden. Die Voraussetzungen hierfür sind gegeben. Denn es besteht entsprechend der Anforderungen des § 72 ZPO die Möglichkeit, dass sich die Gesellschaft beim Hauptversammlungsleiter wegen Schäden, die aus der Nichtigkeit des Beschlusses resultieren, schadlos halten kann. Dies ist dann der Fall, wenn sein Verhalten als Verfahrensfehler gewertet wird und damit ursächlich für die zu Schäden führende Nichtigkeit des Beschlusses ist.

Durch die Streitverkündung wird entweder über einen Beitritt im Sinne des § 74 Abs. 1 ZPO oder über die Fiktion des § 73 Abs. 3 ZPO bewirkt, dass die Folgen des § 68 ZPO in Bezug auf den Hauptversammlungsleiter, dem der Streit verkündet wurde, eintreten. Die Interventionswirkung umfasst bezüglich des Folgeprozesses – anders als die Rechtskraftwirkung – auch die rechtlichen und tatsächlichen Feststellungen des Ersturteils.[352] Damit geht die Interventionswirkung über die materielle Rechtskraftwirkung hinaus und umfasst auch die Feststellungen des ersten Gerichts bezüglich der Rechtswidrigkeit des Handelns des Hauptversammlungsleiters.

---

349 Saenger in Saenger-ZPO, § 322, Rn. 26; Gruber in BeckOK-ZPO, § 322, Rn. 27.

350 Musielak in Musielak-ZPO, § 322, Rn. 16.

351 Gruber in BeckOK-ZPO, § 322, Rn. 27.

352 Bendtsen in Saenger-ZPO, § 68, Rn. 6; Schultes in MüKo-ZPO, § 68, Rn. 15; Dressler in BeckOK-ZPO, § 68, Rn. 9; Weth in Musielak-ZPO, § 68, Rn. 3.

dd) Ergebnis betreffend die Frage der Bindungswirkung

Durch die von der Interventionswirkung ausgelöste Bindungswirkung kann folglich zugunsten der Gesellschaft der Fall voneinander abweichender gerichtlicher Entscheidungen in identischer Rechtsfrage vermieden werden. Daher ist es der Gesellschaft dringend anzuraten, in dieser Weise vorzugehen.

f) Sonderkonstellation der nicht eröffneten Hauptversammlung

Die vorstehenden Überlegungen zum Zusammenspiel zwischen Anfechtungs- und Haftungsprozess gelten grundsätzlich nur dann, wenn es zu Beschlüssen auf der Hauptversammlung kommt. Denn nur dann sind solche auch in einem Anfechtungsprozess überprüfbar, und es gelten im Hinblick auf die Fragen der Pflichtverletzung und des Vorliegens eines Verfahrensfehlers identische Prüfungsmaßstäbe.

Weigert sich der Hauptversammlungsleiter hingegen die Hauptversammlung überhaupt zu eröffnen oder die eröffnete Hauptversammlung durchzuführen, muss dieses Verhalten einer eigenständigen Überprüfung in Bezug auf die Pflichtwidrigkeit unterzogen werden. Beispielhaft kann die Situation genannt werden, in welcher der Hauptversammlungsleiter Zweifel an der Rechtmäßigkeit der Einberufung oder dem von einem externen Dienstleister vorbereiteten Abstimmungsverfahren hat und sich deswegen weigert, die Hauptversammlung durchzuführen.

In einem solchen Fall spielen die das Handeln beschränkenden Grundsätze keine wesentliche Rolle. Einzige relevante Prüfungsfrage ist, ob der Hauptversammlungsleiter zu Recht die Hauptversammlung nicht eröffnet beziehungsweise nicht durchgeführt hat, ob also seine Bedenken gegen die Eröffnung oder Durchführung in der konkreten Situation gerechtfertigt waren. Denn dann hat er seine durch Amtsübernahme übernommene Pflicht zur Eröffnung bzw. Durchführung der Versammlung nicht verletzt. Für die eben genannten Beispielen bedeutet dies eine Überprüfung der Einberufung oder des vorbereiteten Abstimmungsverfahrens auf relevante Mängel.

Auch im Rahmen dessen muss berücksichtigt werden, dass bei der gerichtlichen Beurteilung nur auf das Wissen des Hauptversammlungsleiters zum Zeitpunkt der geplanten Eröffnung beziehungsweise bei Weigerung zur Durchführung abzustellen ist. Wenn sich aus seiner Sicht zum Eröffnungszeitpunkt oder danach und auf der Grundlage der ihm zur Verfügung stehenden Erkenntnisquellen, berechtigte und erhebliche Bedenken gegen eine Eröffnung der Hauptversammlung beziehungsweise gegen eine Durchführung der eröffneten Hauptversammlung ergeben, kann dieses Vorgehen keine Haftung begründen. Ein Pflichtverstoß ist dann nicht gegeben. Hat der Hauptversammlungsleiter hingegen solche Bedenken ohne (ausreichende) tatsächliche oder rechtliche Anhaltspunkte zum Anlass genommen, die Hauptversammlung nicht zu eröffnen/durchzuführen, muss dies als Verletzung seiner Pflichten gewertet werden.

3. Verschulden

Die Organhaftung nach §§ 93 Abs. 2, 116 AktG setzt weiter voraus, dass dem Haftungsgegner ein Verschulden vorgeworfen werden kann.

a) Grundsatz

Verschuldensmaßstab der Organhaftung bildet gemäß § 93 Abs. 1 S. 1 AktG die Sorgfalt eines ordentlichen und gewissenhaften Geschäftsleiters.[353] Dieser Sorgfaltsmaßstab wird bei Aufsichtsratsmitgliedern insofern modifiziert, als es auf die Sorgfaltspflicht eines ordentlichen und gewissenhaften Aufsichtsratsmitglieds ankommt.[354] Die Doppelfunktion von § 93 Abs. 1 als Pflicht- und Sorgfaltsmaßstab gilt über § 116 AktG auch für die Haftung des Aufsichtsratsmitglieds.[355] Für die hier fragliche Haftung des Hauptversammlungsleiters ist dementsprechend der Sorgfaltsmaßstab eines ordentlichen und gewissenhaften Hauptversammlungsleiters anzuwenden.

Es handelt sich in jedem Fall um einen typisierten und verobjektivierten Verschuldensmaßstab,[356] der eine konkrete Ausprägung des in § 276 Abs. 2 BGB festgelegten Allgemeinmaßstabs darstellt.[357] Durch die Umschreibung des § 93 Abs. 1 S. 1 AktG erhält „die im Verkehr erforderliche Sorgfalt“ des § 276 Abs. 2 BGB den speziell für diesen Rechtskreis entscheidenden Inhalt.[358] Auf die Frage, ob der konkret betroffene Hauptversammlungsleiter die notwendigen Kenntnisse zur Hauptversammlungsleitung hatte, kommt es aufgrund der Objektivität des Maßstabs gerade nicht an.[359] Vielmehr ist entscheidend, was von einem umsichtigen und gewissenhaft agierenden durchschnittlichen Hauptversammlungsleiter in der jeweiligen Situation erwartet werden kann.[360] Im Hinblick auf die Grade des Verschuldens ändert sich durch die aktienrechtliche Sonderregelung nichts. Auch im

---

353 Statt aller Spindler in MüKo-AktG, § 93, Rn. 176; Koch in Hüffer-AktG, § 93, Rn. 5.

354 Spindler in Spindler/Stilz-AktG, § 116, Rn. 111; Drygala in Schmidt/Lutter-AktG, § 116, Rn. 36; Oetker in ErfKomm-ArbR, § 116 AktG, Rn. 7.

355 Vgl. nur Habersack in MüKo-AktG, § 116, Rn. 2; Vetter in Hdb. börsennotierte AG, § 29, Rn. 55.

356 Spindler in Spindler/Stilz-AktG, § 116, Rn. 111; Spindler in MüKo-AktG, § 93, Rn. 176; Hopt/Roth in GroßKomm-Aktiengesetz, § 116, Rn. 284; Drygala in Schmidt/Lutter-AktG, § 116, Rn. 36.

357 Spindler in Spindler/Stilz-AktG, § 116, Rn. 111; Koch in Hüffer-AktG, § 93, Rn. 6.

358 Spindler in MüKo-AktG, § 93, Rn. 27.

359 Vgl. für Aufsichtsrat und Vorstand Habersack in MüKo-AktG, § 116, Rn. 70; Krieger/Sailer-Coceani in Schmidt/Lutter-AktG, § 93, Rn. 29; Fleischer in Spindler/Stilz-AktG, § 93, Rn. 205.

360 Für den Vorstand vgl. nur Spindler in MüKo-AktG, § 93, Rn. 177. Für den Aufsichtsrat vgl. Drygala in Schmidt/Lutter-AktG, § 116, Rn. 36.

Rahmen der Organhaftung wird für alle Formen der Fahrlässigkeit – auch leichte Fahrlässigkeit – und Vorsatz gehaftet.[361]

b) *Bedeutung des Verschuldens bei der Organhaftung*

Aufgrund dieses verobjektivierten Maßstabs und des Einsetzens der Haftung bereits bei leichter Fahrlässigkeit kommt dem Verschulden im Rahmen der Organhaftung von Vorstands- und Aufsichtsratsmitgliedern in der Praxis keine wesentliche Bedeutung zu.[362] Es sind kaum Konstellationen denkbar, in denen zwar eine Pflichtverletzung angenommen wird, diese aber dem handelnden Organ nicht vorgeworfen werden kann.[363] Dies begründet sich aus der Tatsache, dass das Gesetz in § 93 Abs. 1 S. 1 AktG zum einen objektive Pflichten für Organmitglieder statuiert und zum anderen gleiche Maßstäbe auch für die subjektiven Verhaltensstandards anlegt. § 93 Abs. 1 S. 1 AktG definiert den von den Organmitgliedern einzuhaltenden Pflichtenkanon als den eines gewissenhaften und verantwortungsvollen Organwalters und setzt gleiche Maßstäbe auch für die persönliche Vorwerfbarkeit des Verhaltens.

Aufgrund identischer Maßstäbe für objektive und subjektive Pflichten ist das Vorliegen einer Pflichtverletzung auch für das Verschulden entscheidend. Verletzt ein Organwalter eine Pflicht, weil er nicht entsprechend des Maßstabs des § 93 Abs. 1 S. 1 AktG handelt, hat er gleichzeitig diesen Pflichtverstoß auch verschuldet.

c) *Das Verschuldenselement bei der Haftung des Hauptversammlungsleiters*

Dieser Gleichlauf von objektiven und subjektiven Handlungsmaßstäben gilt auch beim Hauptversammlungsleiter. Auch für diesen bestimmt die Sorgfalt eines gewissenhaften und ordentlichen Leiters einer Hauptversammlung den Maßstab bezüglich Pflichtenkanon und Verschulden. Daher sind kaum Situationen ersichtlich, in denen der Hauptversammlungsleiter rechtswidrig und damit pflichtwidrig handelt, dies ihm persönlich aber nicht vorzuwerfen ist. Ein gewissenhafter und sorgfältiger Hauptversammlungsleiter hat im Allgemeinen rechtmäßig zu handeln und die Hauptversammlung auch ohne Verletzung der ermessenseinschränkenden Grundprinzipien zu bewältigen. Rechtmäßiges Handeln ist vorrangige Pflicht des ordentlichen und gewissenhaften Hauptversammlungsleiters. Genau diese Pflicht trifft auch den konkret handelnden Leiter persönlich.

---

361 Fleischer in Spindler/Stilz-AktG, § 93, Rn. 206 m.w.N.; Hölters in Hölters-AktG, § 93, Rn. 251; Grunewald, AG 2013, S. 813 (815).

362 Spindler in MüKo-AktG, § 93, Rn. 176; Hopt in GroßKomm-Aktiengesetz, § 93, Rn. 255; Fleischer in Spindler/Stilz-AktG, § 93, Rn. 205. Für den Aufsichtsrat Spindler in Spindler/Stilz-AktG, § 116, Rn. 111; Hambloch-Gesin/Gesin in Hölters-AktG, § 116, Rn. 62; Hopt/Roth in GroßKomm-Aktiengesetz, § 116, Rn. 284.

363 Vgl. Fn. 362.

Die Behauptung des Hauptversammlungsleiters, es hätten ihm die Kenntnisse über Handlungsmöglichkeiten oder Befugnisse eines Hauptversammlungsleiters gefehlt, kann ebenso wenig zu einer Verneinung der persönlichen Vorwerfbarkeit führen. Denn fehlen dem Hauptversammlungsleiter die Kenntnisse zur Bewältigung der an ihn gestellten Aufgaben, dann muss er sich diese aneignen oder eben auf das Amt verzichten. Tut er beides nicht, und kommt es dann aufgrund seines Unwissens zu einem rechtswidrigen Handeln seinerseits, trifft ihn zumindest ein Übernahmeverschulden.[364] Zudem hat der Hauptversammlungsleiter dafür Sorge zu tragen, dass er ausreichende Unterstützung zur Bewältigung seiner Aufgabe erhält.[365] Folgt er dem Rechtsrat von Beratern kann unter Umständen ein schuldausschließender Rechtsirrtum in Betracht kommen.[366]

Ein Auseinanderfallen von Pflichtverletzung und Verschulden kann sich in Ausnahmesituationen ergeben, in denen besonders eiliges Handeln erforderlich ist und auch ein idealer Hauptversammlungsleiter nicht rechtmäßig hätte agieren können, beispielsweise bei völlig unvorhergesehenem Verhalten von Einzelnen.[367] Allerdings ist in einem solchen Fall bereits das Vorliegen einer Pflichtverletzung fraglich. Denn die Frage, wann und ob eine Rechtswidrigkeit des Hauptversammlungsleiterhandelns vorliegt, beantwortet sich nach der konkreten Situation.[368] So mag es beispielsweise in einer extremen Tumultaktion auf der Hauptversammlung so sein, dass die dagegen eingeleiteten Maßnahmen des Hauptversammlungsleiters extrem und überzogen wirken, sich im Nachhinein aber eben genau wegen der Besonderheit der Situation als mit dem Verhältnismäßigkeitsgrundsatz im Einklang befindlich darstellen. Insofern wäre dann keine Verletzung des Verhältnismäßigkeitsgrundsatzes und damit auch keine Pflichtverletzung gegeben.

Daher kann abschließend festgehalten werden, dass auch dem Einzelnen in der konkreten Situation agierenden Hauptversammlungsleiter die Einhaltung der Grundprinzipien der Hauptversammlungsleitung und damit die Rechtmäßigkeit seines Handelns abverlangt wird. Daher führt eine Pflichtverletzung – von Fällen des schuldausschließenden Rechtsirrtums abgesehen – auch zu einer persönlichen Vorwerfbarkeit und damit einem Verschulden.

4. Schaden/Kausalität

Weitere Haftungsvoraussetzung ist ein Schaden bei demjenigen, der den Haftungsanspruch geltend macht. Dabei wird es im Regelfall um einen wirtschaftlicher

364 Vgl. Habersack in MüKo-AktG, § 116, Rn. 70; Spindler in Spindler/Stilz-AktG, § 116, Rn. 111; Hopt/Roth in GroßKomm-Aktiengesetz, § 116, Rn. 284.

365 Vgl. Spindler in Spindler/Stilz-AktG, § 116, Rn. 111.

366 Vgl. Theusinger/Schilha, BB 2015, S. 131 (140).

367 Ähnliche Gedanke finden sich bei Spindler in Spindler/Stilz-AktG, § 116, Rn. 111; Hopt/Roth in GroßKomm-Aktiengesetz, § 116, Rn. 284.

368 Vgl. dazu auch die Gedanken bei Schürnbrand, NZG 2014, S. 1211 (1213).

Nachteil und damit um einen Vermögensschäden gehen.[369] Entsprechend den §§ 249 ff. BGB ist der Zustand wiederherzustellen, der ohne das pflichtverletzende Verhalten bestehen würde.[370] Hierzu ist ein Vergleich zwischen der tatsächlichen aktuellen Vermögenslage und der hypothetischen Vermögenslage bei gedachtem pflichtgemäßen Verhalten vorzunehmen.[371]

Wie oben bereits beschrieben, sind potenzielle Schäden der Gesellschaft dann denkbar, wenn es zur Beschlussanfechtung kommt (vgl. oben D.I.3.). Bereits vor Entscheidung des Gerichts greift eine Registersperre, die im Ergebnis dazu führen kann, dass die mit der Eintragung des Beschlussgegenstandes bezweckten Maßnahmen wegen Zeitverzug sinnlos werden. Auf diese Weise können wichtige Geschäftschancen verpasst werden und so ein erheblicher finanzieller Verlust entstehen. Im Falle der erfolgreichen Beschlussanfechtung erklärt das Gericht den Beschluss für nichtig. Auch in einer solchen Konstellation können empfindliche wirtschaftliche Schäden aufgrund verpasster Geschäftschancen eintreten.

Unabhängig vom Ausgang der Beschlussanfechtung sind auch die Kosten des durchgeführten Gerichtsverfahrens bezüglich der Beschlussanfechtung ein Schaden der Gesellschaft.

Ist die bezweckte Geschäftschance zwar auch noch zu einem späteren Zeitpunkt nutzbar, bedarf es bei Nichtigkeit der gefassten Beschlüsse aber zumindest einer erneuten Beschlussfassung der Hauptversammlung. Eine solche kann nur im Rahmen einer wiederholenden Versammlung getroffen werden, welche bei einer großen Publikumsgesellschaft ebenfalls erhebliche Kosten verursacht.[372]

Im Hinblick auf die notwendige Kausalität zwischen Schaden und dem vorwerfbaren und pflichtverletzenden Verhalten wurde oben bereits dargestellt, dass das Handeln des Hauptversammlungsleiters ursächlich für die erläuterten Schäden sein kann. Rechtswidrige Eingriffe in das Aktionärsrecht stellen einen Verfahrensfehler im Rahmen der Beschlussfassung dar und können im Endeffekt zur gerichtlichen Nichtigkeitserklärung aller von der rechtswidrigen Maßnahme betroffenen Beschlüsse führen. Diese Nichtigkeit löst dann wiederum die oben beschriebenen Schäden der Gesellschaft aus (vgl. zum Ganzen oben D.I.2.b)).

Zur Kausalität ergibt sich damit nachfolgendes Schaubild, welches verdeutlicht, dass aufgrund des notwendigen Zusammenhangs zwischen Pflichtverletzung und Schaden überhaupt nur in einer denkbaren Konstellation die Haftung des Hauptversammlungsleiters in Betracht kommen kann:

369 Statt aller Koch in Hüffer-AktG, § 93, Rn. 47.

370 Spindler in MüKo-AktG, § 93, Rn. 171; Hopt in GroßKomm-Aktiengesetz, § 93 a.F., Rn. 264.

371 Hopt in GroßKomm-Aktiengesetz, § 93 a.F., Rn. 264.

372 Vgl. die empirische Untersuchung zu den Kosten von Loitz, DB 2014, S. 133 (136).

Tabelle 1: Kausalität zwischen Pflichtverletzung und Schaden

	Rechtmäßiges Handeln des HVL	Rechtswidriges Handeln des HVL
Beschluss aufgrund von Leitungsfehlern nichtig	nicht denkbar	**Haftung des HVL**
Beschluss aus sonstigen Gründen nichtig	keine Pflichtverletzung	keine Kausalität zwischen Pflichtverletzung und Schaden
Beschluss wirksam/nicht gerichtlich angefochten	keine Pflichtverletzung und kein Schaden	kein Schaden

5. Haftungsbeschränkungen

Nach den vorstehenden Feststellungen liegen bei nachweislichem Fehlverhalten von Hauptversammlungsleitern, die gleichzeitig Aufsichtsratsmitglieder der Gesellschaft sind, grundsätzlich alle anspruchsbegründenden Merkmale der Organhaftung vor. Allerdings könnte die Haftung aufgrund gesetzlich angeordneter Tatbestände oder durch zwischen den Beteiligten getroffene Vereinbarungen beschränkt sein.[373] Solche Haftungsbeschränkungen können auf zweierlei Weise ausgestaltet sein. Zum einen ist denkbar, dass die Haftung für bestimmte Grade des Verschuldens ausgeschlossen ist, etwa bei leichter Fahrlässigkeit. Auf der anderen Seite ist es vorstellbar, dass die Haftung der Höhe nach begrenzt wird, zum Beispiel durch Vereinbarung einer Haftungshöchstgrenze. Ebenfalls in Betracht kommt eine Mischkonstruktion, in der die Haftung bei bestimmten Graden des Verschuldens auf eine vorher festgelegte Höhe gedeckelt ist.

a) Gesetzliche Haftungsbeschränkungen

Haftungsbeschränkungen aufgrund entsprechender gesetzlicher Anordnung kommen im deutschen Zivilrecht häufig vor und sind auch dem Recht der Gesellschaften nicht fremd. Dies zeigen § 708 BGB und die in neuerer Zeit ins Gesetz eingefügten §§ 31a und 31b BGB. Alle genannten Normen bewirken, dass eine Haftung nur bei Vorsatz oder grober Fahrlässigkeit, nicht aber bei jedem Grad von Fahrlässigkeit eingreift.

Alle sonstigen gesetzlichen Haftungsbeschränkungen sind für den vorliegenden Fall der Haftung des Hauptversammlungsleiters nicht einschlägig und bleiben daher in den nachfolgenden Ausführungen unberücksichtigt.

373 Allgemein zu den Fragen der Haftungsbeschränkung und der Enthaftung vgl. Müller, NZA – Beilage 2014, S. 30 ff.

aa) *Anwendbarkeit des § 708 BGB*

§ 708 BGB kommt schon daher für eine Haftungsbeschränkung zugunsten des Organwalters der Aktiengesellschaft nicht infrage, da die Norm nach ganz einhelliger Auffassung nur auf Personengesellschaften ohne körperschaftliche Verfassung und in keinem Fall auf die Organe von Aktiengesellschaften angewendet werden kann.[374] Denn der Grundgedanke des § 708 BGB ist es, dass sich die Gesellschafter einer personalistisch-organisierten Gesellschaft gegenseitig so akzeptieren, wie sie „eben nun mal sind", und daher auch nur die Sorgfalt in eigenen Angelegenheiten voneinander einfordern.[375] Zudem ist nach dem Grundgedanken des Gesetzgebers bei der GbR gemäß § 709 BGB jeder der Gesellschafter am Geschehen in der Gesellschaft maßgeblich beteiligt. Die Belange der Gesellschaft sind folglich auch eigene Angelegenheit eines jeden Gesellschafters. Für diese soll trotz der mitzuberücksichtigenden Interessen der sonstigen Gesellschafter eben auch nur der in eigenen Angelegenheiten anzulegende Verhaltensmaßstab gelten.[376] Folgerichtig hat der BGH für die Publikums-Kommanditgesellschaft entschieden, dass § 708 BGB keine Anwendung finden kann.[377] Eine Anwendung auf die Aktiengesellschaft kommt daher erst recht nicht in Betracht.

bb) *Anwendbarkeit der §§ 31a und b BGB*

(1) Direkte Anwendbarkeit

Eine direkte Anwendbarkeit der §§ 31a und 31b BGB kommt aufgrund deren eindeutiger Zuordnung zum Vereinsrecht nicht in Betracht.

(2) Analoge Anwendbarkeit

Auch eine analoge Anwendung des § 31b BGB kommt aufgrund des durch den Wortlaut der Norm fest vorgegebenen privilegierten Personenkreises für den hier zu diskutierenden Fall der Organhaftung nicht infrage.

§ 31a Abs. 1 BGB lässt sich hingegen, zumindest auf den ersten Blick, auch für die Haftung eines Organwalters einer Aktiengesellschaft, welcher gleichzeitig die Hauptversammlung leitet, analog fruchtbar machen. Die erst im Jahr 2009 eingeführte Norm passt ihrem Wortlaut nach ohne größeren Begründungsaufwand auf die hier infrage stehende Konstellation. In der Situation, in der ein Organwalter das Amt des Hauptversammlungsleiters übernimmt, sind die Tatbestandsvoraussetzungen der Norm gegeben, soweit man von der ausdrücklichen Nennung des

---

374 Vgl. nur Habermeier in Staudinger-BGB (2003), § 708, Rn. 17 f.; Schöne in BeckOK-BGB, § 708, Rn. 5 ff; Schäfer in MüKo-BGB, § 708, Rn. 5. Zur Anwendung für die AG vgl. Servatius in Henssler/Strohn, GesR, § 708 BGB, Rn. 3; Fleischer, WM 2005, S. 909 (914).

375 So bereits RGZ 143, 212 (214 f.).

376 Schäfer in MüKo-BGB, § 708, Rn. 1.

377 BGHZ 69, 207 = NJW 1977, S. 2311.

Vereins als betroffene Rechtsform absieht.[378] Denn im Normalfall übernimmt das Aufsichtsratsmitglied den Posten des Hauptversammlungsleiters ohne eine gesonderte Vergütung. Weiter bezieht die Norm seit ihrer Änderung im Jahre 2013 alle Organwalter des Vereins in ihren Anwendungsbereich ein, was eine bereits vor der Gesetzesänderung von Literaturstimmen[379] geforderte entsprechende Anwendung für alle Organmitglieder umsetzt und auch für die hier infrage stehenden Aufsichtsratsmitglieder passt.

Trotz dieser Umstände ist § 31a Abs. 1 BGB auf den konkret vorliegenden Fall der Organhaftung bei der Aktiengesellschaft nicht entsprechend anwendbar.[380] Es fehlt bereits an einer Regelungslücke. Denn aus systematischer Sicht ergibt sich beim Verein die Situation, dass die Innenhaftung der Organe nicht spezialgesetzlich geregelt ist, was in Anbetracht von § 43 GmbHG und §§ 93, 116 AktG eine Besonderheit im Recht der privaten Körperschaften ist. Vielmehr erfolgt eine Innenhaftung nach den allgemeinen Regelungen der §§ 280, 664 ff., 27 Abs. 3 BGB.[381] Für diese nur allgemein normierte Haftung statuiert § 31a BGB bei Vorliegen der Voraussetzungen eine Ausnahme. Eine solche Ausnahmeregelung ist möglich, da dadurch keine speziell für diesen Fall eingreifende Haftungsanordnung umgangen oder beschränkt wird. Dieser Befund bestätigt sich im Wortlaut von § 276 Abs. 1 BGB, da dort die Bestimmung einer milderen Haftung ausdrücklich vorgesehen und damit eine Regelung wie in § 31a BGB gestattet ist.

Bei der hier relevanten Innenhaftung der Aktiengesellschaft ist dies anders. Für diese trifft das Gesetz eine spezielle Haftungsanordnung in §§ 93, 116 AktG und normiert in diesem Zusammenhang eine Verantwortlichkeit für Vorsatz und jede Art von Fahrlässigkeit.[382] Diese Lex-specialis-Regelung aus dem AktG betreffend das Verschulden kann nicht durch eine Analogie zum Recht der Vereine verdrängt werden.[383] Mit §§ 93, 116 AktG sind ausdrückliche Normen für die Innenhaftung vorhanden, die den Bereich des Verschuldens innerhalb der Haftung abschließend, verbindlich und analogiefest regeln. Gegen eine Regelungslücke spricht auch, dass der Gesetzgeber die §§ 31a und b BGB – anders als bei Stiftungen durch § 86 S. 1 BGB – eben gerade nicht auf Kapitalgesellschaften ausgeweitet hat.[384]

---

378 In diese Richtung gehen auch die Überlegungen von Bachmann, NZG 2013, S. 1121 (1127).

379 So z. B. Otto in jurisPK-BGB, § 31a, Rn. 9; dagegen aber ausdrücklich Reuter, NZG 2009, S. 1368 (1370).

380 Für eine dispositive Regelung nach dem Vorbild der §§ 31 a+b BGB zugunsten gemeinnütziger Kapitalgesellschaften Bachmann, DJT-Gutachten, S. E30 f.

381 Vgl. nur Leuschner, NZG 2014, S. 281 (282).

382 Zu diesem Aspekt zweifelnd aber Hirte, KapitalgesellschaftsR, Rn. 3.83a.

383 So allgemein Leuschner, NZG 2014, S. 281 (287). Für die GmbH Schöpflin in BeckOK-BGB, § 31a, Rn. 3; Schneider in Scholz-GmbHG, § 43, Rn. 257a; Zöllner/Noack in Baumbach/Hueck-GmbHG, § 43, Rn. 46a; Noack, GmbHR 2010, S. R81.

384 Vetter, GmbHR 2012, S. 181 (187).

Aber auch der Sinn und Zweck des § 31a Abs. 1 BGB spricht gegen eine entsprechende Anwendung der Vereinsrechtsnorm auf den Organwalter und gleichzeitigen Hauptversammlungsleiter einer Aktiengesellschaft. Nachweislich sollte mit der Einführung des § 31a BGB die Bereitschaft zur Übernahme von ehrenamtlichen Leitungstätigkeiten im Verein befördert und damit deren wichtiges Tun in Sachen Sport, Kultur und Soziales unterstützt werden.[385] Die Gefahr der drohenden Haftung sollte nicht die Bereitschaft zum bürgerschaftlichen Engagement mindern.[386] Vor diesem Hintergrund wird deutlich, dass die Regelung speziell auf die klassischen Tätigkeitsbereiche von Vereinen ausgerichtet[387] und letztendlich als Fördermaßnahme für das soziale und kulturelle Engagement von Privatpersonen in gesamtgesellschaftlichen Belangen intendiert ist. Die Privatperson soll dazu ermutigt werden, über die Mitgliedschaft in Vereinen am gesellschaftlichen Leben teilzunehmen und durch die Übernahme von Verantwortung die Gesellschaft auszubauen, zu bereichern, zu fördern und zu erweitern.

Das Aufsichtsratsmitglied, welches das Amt des Hauptversammlungsleiters übernimmt, wird aber hierdurch weder sozial noch kulturell tätig und agiert auch nicht in gesamtgesellschaftlichen Belangen. Vielmehr dient das Aufsichtsratsmitglied damit allein „seiner" Gesellschaft, indem es die zwingend durchzuführende Hauptversammlung ermöglicht und die Einhaltung einer vorgeschriebenen Durchführungsvoraussetzung gewährleistet. Zudem erfüllt es nur die durch Satzung angeordnete Pflicht, die seine Stellung als Aufsichtsratsmitglied mit sich bringt. Es kann insofern auch nicht von einem ehrenamtlichen Engagement des Aufsichtsrates als Hauptversammlungsleiter im Sinne des Förderungszwecks des § 31a BGB gesprochen werden. Folglich kann auch die Haftungsprivilegierung des § 31a Abs. 1 BGB für den Organwalter und gleichzeitigen Hauptversammlungsleiter keine Bedeutung erlangen.

Zudem ist im Hinblick auf den Sinn und Zweck der Organhaftung bei der Aktiengesellschaft zu berücksichtigen, dass diese zumindest mittelbar auch Gläubigerinteressen zu dienen bestimmt ist. Dies ergibt sich aus § 93 Abs. 5 AktG. Eine durch § 31a Abs. 1 BGB gewährte Haftungserleichterung wäre nicht mit deren Interessen vereinbar.

cc) Ergebnis

Im Ergebnis bestehen keine gesetzlichen Haftungsbeschränkungen, welche für den vorliegenden Fall der Organhaftung eines Hauptversammlungsleiters fruchtbar gemacht werden können.

---

385 Vgl. dazu die Gesetzesbegründungen in BT-Drs. 16/10120, S. 6 und BR-Drs. 663/12, S. 9. Vgl. zu den Motiven auch die Nachweise bei Reuter in MüKo-BGB, § 31a, Rn. 2.

386 Zu diesem legislativen Hintergrund siehe auch Leuschner, NZG 2014, S. 281.

387 Mit ausdrücklicher Bezugnahme auf Vereine und Stiftungen als Vehikel des bürgerschaftlichen Engagements BR-Drs. 663/12, S. 9.

b) *Fürsorgepflicht in Verbindung mit den Grundsätzen der beschränkten Arbeitnehmerhaftung*

Die Diskussion um mögliche Haftungsbeschränkungen zugunsten des Hauptversammlungsleiters fügt sich in eine aktuelle allgemeine Debatte über Möglichkeiten der Haftungsbeschränkung zugunsten von Organen ein.[388] Diese Überlegungen resultieren aus der potenziell ruinösen Diskrepanz zwischen möglicherweise horrenden Schadensersatzansprüchen der Gesellschaft und dem naturgemäß beschränkten Privatvermögen der Organmitglieder. Sie wurde durch Fälle aus der aktuellen gerichtlichen Praxis angestoßen.[389]

Im Rahmen dieser Diskussion stellt sich allmählich eine gedankliche Konstruktion zur Haftungsbegrenzung als vordringlich dar, welche die Grundsätze der beschränkten Arbeitnehmerhaftung analog[390] oder zumindest sinngemäß[391] auch auf Fälle der Organhaftung anwenden will und dabei dogmatisch auf die aus der Treuepflicht entwickelte Fürsorgepflicht der Gesellschaft für ihre Organe abstellt.[392]

Diese Überlegungen sind nicht völlig fernliegend, da die Früchte der Tätigkeiten des Organs der Gesellschaft zufallen, während das Haftungsrisiko hierfür letztlich über die Organhaftungsregeln das Organ trifft.[393] Zudem kann es zu erheblichen Diskrepanzen zwischen der wirtschaftlichen Leistungsfähigkeit der Organmitglieder und der möglichen Regresssumme kommen.[394] All dies sind auch Gründe für

---

388 Einen Überblick über die Ansätze liefert Bachmann, DJT-Gutachten, E29 f. und E56 ff. Im Einzelnen vgl. auch Spindler, AG 2013, S. 889 (894 ff.); Koch, AG 2012, S. 429 ff.; Schöne/Petersen, AG 2012, S. 700 ff.; Reichert, ZHR 2013, S. 756 ff.; allgemeiner auch Hopt, ZIP 2013, S. 1793 ff.; Fleischer, ZIP 2014, S. 1305 ff.; Wagner, ZHR 2014, S. 227 ff. und Habersack, ZHR 2013, S. 782 ff.; Grunewald, AG 2013, S. 813 ff. Zu dieser Frage bei der GmbH vgl. Janert, BB 2013, S. 3016.

389 Vgl. dazu die Nachweise bei Hoffmann, NJW 2012, S. 1393 und Hopt, ZIP 2013, S. 1793 (1794 f.).

390 In diese Richtung wohl Hoffmann, NJW 2012, S. 1393 (1396 f.).

391 Koch, AG 2012, S. 429 (435 ff.); Koch, Liber Amicorum Winter 2011, S. 327 (339 ff.); Casper, ZHR 2012, S. 617 (636 ff.); sympatisierend auch Hopt, ZIP 2013, S. 1793 (1804); Bachmann, DJT-Gutachten, S. E56 f. und Bachmann, ZIP 2014, S. 579 (582).

392 Ausdrücklich dagegen aber Habersack, ZHR 2013, S. 782 (801 ff.); Wagner, ZHR 2014, S. 227 (275 ff.); Fleischer, ZIP 2014, S. 1305 (1306 f.) und Schöne/Petersen, AG 2012, S. 700 (704 ff.).

393 So ausdrücklich Fleischer, ZIP 2014, S. 1305 (1311). In diese Richtung auch Bachmann, DJT-Gutachten, S. E57. Dieses Prinzip begründet sich letztlich aus der treuhänderischen Verwaltung des Vermögens der Gesellschaft durch das Organ; vgl. dazu m.w.N. Hopt in GroßKomm-Aktiengesetz, § 93 a.F., Rn. 12 ff.

394 Vgl. nur Koch, AG 2012, S. 429 (436 f.); Goette in Hdb. Corporate Governance, S. 713 (714 ff.).

die weithin anerkannte Haftungsbeschränkung zugunsten von Arbeitnehmern.[395] Vor Bekanntwerden der in der Presse prominent vertretenen Haftungsfälle war allerdings einhellige Meinung in Literatur und Rechtsprechung, dass die Grundsätze der betrieblich veranlassten Tätigkeit auf Vorstands- und Aufsichtsratsmitglieder keine Anwendung finden könnten, da sich ihre Organstellung von der Position eines Arbeitnehmers unterscheide.[396] Ob sich diese neue Konstruktion zur Beschränkung der Organhaftung in der Praxis durchsetzen wird, bleibt daher abzuwarten.

Festzuhalten ist in diesem Zusammenhang aber, dass auch die Ansätze, die versuchen die Grundprinzipien der Arbeitnehmerhaftung zugunsten einer Haftungsbeschränkung für die Organhaftung fruchtbar zu machen, nicht so weit reichen, dass die Haftung bei einem bestimmten Grad des Verschuldens völlig ausgeschlossen ist (anders als bei der Arbeitnehmerhaftung bei leichter Fahrlässigkeit[397]). Denn einem solchen Vorgehen steht nach einhelliger Auffassung auch der Befürworter dieser Ansicht § 93 Abs. 2 in Verbindung mit Abs. 1 AktG durch seine ausdrückliche Haftungsanordnung für jede Art des Verschuldens prominent entgegen.[398] Vielmehr wird durch diese aktuellen Überlegungen nur versucht, über die Heranziehung der Grundsätze der Arbeitnehmerhaftung in Verbindung mit der Fürsorgepflicht die Höhe des geltend zu machenden Schadens zu beschränken.[399]

Daraus folgt, dass für die hier relevante Haftung des Hauptversammlungsleiters eine Haftungsbeschränkung aus vorstehenden Überlegungen allenfalls im Hinblick auf die Höhe des möglichen Anspruchs abgeleitet werden kann. Eine Haftungsbeschränkung etwa nur für Fälle von vorsätzlichem oder grob fahrlässigem Verhalten kommt hingegen auch bei Anwendung der skizzierten aktuellen Überlegungen nicht in Betracht. In welchem Ausmaß oder welcher Art eine höhenmäßige Haftungsbeschränkung nach dieser vordringenden Ansicht eingreift, ist bislang völlig ungeklärt. Es soll wohl im Ergebnis auf eine Begrenzung der Haftungshöhe für Fälle von leichter Vorwerfbarkeit der Pflichtverletzung hinauslaufen – etwa bei einfacher oder leichter Fahrlässigkeit. Dies würde den Abstufungen der Haftung bei Arbeitnehmern entsprechen.[400]

---

395 Brox/Rüthers/Henssler, ArbR, Rn. 243 ff.; Otto in Otto/Krause/Schwarze, Haftung des ArbN, § 3, Rn. 18 und 24 ff.; Koch, Liber Amicorum Winter 2011, S. 327 (340); ausführlicher zu den Begründungen für die beschränkte Arbeitnehmerhaftung vgl. Sandmann, Arbeitnehmerhaftung, S. 53 ff.

396 So z.B. OLG Düsseldorf, NJW-RR 1995, S. 1371 (1377); ausführlich und m.w.N. Hopt in GroßKomm-Aktiengesetz, § 93 a.F., Rn. 339 ff. Für die Anwendbarkeit auf GmbH-Geschäftsführer vgl. Joussen, RdA 2006, S. 129 (133 ff.) und ausführlich Sandmann, Arbeitnehmerhaftung, S. 254 ff.

397 Siehe nur Linck in Schaub-ArbR Hdb, § 59, Rn. 51.

398 Dies sehen auch die Befürworter dieser Ansicht Koch, AG 2012, S. 429 (435 f.); Casper, ZHR 2012, S. 617 (642 f.); Grunewald, AG 2013, S. 813 (815).

399 Beispielhaft hierfür Casper, ZHR 2012, S. 617 (640 ff.).

400 Zu den konkreten Möglichkeiten einer inhaltlichen Ausgestaltung vgl. die Ansätze bei Koch, AG 2012, S. 429 (438 ff.); Reichert, ZHR 2013, S. 756 (778 ff.) und Casper, ZHR 2012, S. 617 (640 ff.).

Aufgrund der bisher völlig ungeklärten Ausgestaltung der auf der Fürsorgepflicht aufbauenden Haftungsbeschränkung zugunsten von Organen kann auch hier keine abschließende Beurteilung der Anwendbarkeit auf Fälle der Hauptversammlungsleiterhaftung erfolgen. Sollte sich diese Ansicht in Zukunft durchsetzen und für die „normale" Organhaftung von Vorständen, Geschäftsführern und Aufsichtsräten Anwendung finden, spricht einiges auch für eine Anwendung für Fälle des nach Organhaftungsregelungen haftenden Hauptversammlungsleiters. Gründe für eine Sonderbehandlung der Leiterhaftung sind jedenfalls nicht ersichtlich. Es bleibt aber abzuwarten, ob es den Vertretern dieser Ansicht gelingt, auch im Hinblick auf die inhaltliche Ausgestaltung, ein tragfähiges Konzept in Bezug auf die Haftungsbegrenzung der Höhe nach auszuarbeiten.[401] Ein dogmatisch vielversprechender Grundstein ist mit dem Gedanken der Treuepflicht in Verbindung mit der beschränkten Arbeitnehmerhaftung sicherlich gefunden.[402]

c) Vereinbarte Haftungsbeschränkung

Eine vertragliche Vereinbarung von Haftungsbeschränkungen in der Art, dass die Haftung auf Fälle grober Fahrlässigkeit und Vorsatz beschränkt wird, ist in der Praxis häufig anzutreffen und – wie § 276 Abs. 3 BGB zeigt – gesetzlich anerkannt. Daneben ist es auch denkbar, dass zwischen den Parteien eine Haftungshöchstgrenze vereinbart wird. Ob solche Vereinbarungen auch zugunsten eines aufgrund entsprechender Satzungsregelung die Hauptversammlungsleitung übernehmenden Organwalters möglich sind, soll nachfolgend erörtert werden.

aa) Vereinbarung betreffend Haftungsbegrenzung für bestimmte Arten des Verschuldens

Nach h. M. ist eine haftungsbeschränkende Vereinbarung im Anwendungsbereich der Organhaftung nach dem AktG nicht zulässig.[403] Dies soll auch für Aufsichtsratsmitglieder gelten.[404]

So einheitlich die Meinung in diesem Punkt ist, so unterschiedlich sind ihre Begründungsansätze.[405] Einige Stimmen verweisen darauf, dass § 93 Abs. 2 AktG auch

---

401 Die Verantwortlichkeit für die Ausgestaltung bei den Gerichten verortend Hopt, ZIP 2013, S. 1793 (1804).

402 So auch Hopt, ZIP 2013, S. 1793 (1804).

403 Ohne Begründung Wellhöfer in Wellhöfer/Peltzer/Müller, Die Haftung, § 2, Rn. 34; Müller, NZA – Beilage 2014, S. 30 (34); a.A. aber Hoffmann, NJW 2012, S. 1393 (1395).

404 Koch in Hüffer-AktG, § 116, Rn. 13; Habersack in MüKo-AktG, § 116, Rn. 4; Bank in Patzina/Bank/Schimmer/Simmon-Widmann, Hfg von Unternehmensorganen, Kap. 17, Rn. 64; Vetter in Hdb. börsennotierte AG, § 29, Rn. 56; Bastuck, Enthaftung des Managements, S. 97.

405 Zur davon abweichenden Situation bei der GmbH vgl. etwa Janert, BB 2013, S. 3016.

die Haftung für leichte Fahrlässigkeit verbindlich und ausdrücklich vorsehe und daher aufgrund der Satzungsstrenge ein abweichender Haftungsmaßstab nicht vereinbart werden könne.[406] Andere halten eine solche Haftungsbeschränkung mit der treuhänderähnlichen Stellung der Vorstände als Verwalter fremden Vermögens[407] beziehungsweise mit der Organstellung als solche[408] nicht für vereinbar. Wieder andere argumentieren, dass die Organhaftung nicht nur den Interessen der Gesellschaft, sondern aufgrund von § 93 Abs. 5 AktG auch Gläubigerinteressen zu dienen bestimmt und daher einer privatautonomen Vereinbarung zwischen Gesellschaft und Organ nicht zugänglich sei.[409] Eine letzte Ansicht stützt dieses Verbot auf den Umkehrschluss aus § 93 Abs. 4 S. 3 AktG. Wenn bereits ein nachträglicher Verzicht auf eventuelle Ersatzansprüche nur unter den strengen Anforderungen dieser Norm möglich sei, könne eine darüber hinaus gehende Begrenzung der Haftung durch vorherige Vereinbarung bereits nicht zulässig sein.[410]

Letztgenanntes Argument überzeugt aufgrund seiner systematischen Schärfe und der gesetzlichen Begründbarkeit.[411] Es ist einhellige Meinung, dass von der Verfügungsbeschränkung des § 93 Abs. 4 S. 3 und 4 AktG nicht nur die dort genannten Handlungsweisen, sondern auch alle sonstigen schmälernden Verfügungen über die Ansprüche gemeint sind.[412] Daher wäre es sinnwidrig, wenn eine im Voraus vereinbarte Haftungsbeschränkung, welche im Ergebnis wie ein (Teil-)Verzicht wirkt, von dieser Begrenzung nicht umfasst wäre.

Dieses Argument kann zudem auch für den Fall der Haftung des Hauptversammlungsleiters fruchtbar gemacht werden. Denn die umfassende Beschränkung des § 93 Abs. 4 S. 3 und 4 AktG gilt für alle Formen der Organhaftung.[413] Folglich gilt sie nach dem hier entwickelten Haftungskonzept auch für die Haftung des Aufsichtsrats, der die Hauptversammlungsleitung aufgrund einer entsprechenden Satzungsanordung übernimmt.

---

406 Grunewald, AG 2013, S. 813 (815); Schöne/Petersen, AG 2012, S. 700 (705); Fleischer, ZIP 2014, S. 1305; Hopt in GroßKomm-Aktiengesetz, § 93 a.F., Rn. 24; Vetter in Hdb. börsennotierte AG, § 29, Rn. 56.

407 Fleischer, WM 2005, S. 909 (914); Schneider, FS Werner 1984, S. 795 (807 f.).

408 Hölters in Hölters-AktG, § 93, Rn. 251.

409 Spindler in MüKo-AktG, § 93, Rn. 27; Fleischer in Spindler/Stilz-AktG, § 93, Rn. 3 f.; in diese Richtung auch Hopt in GroßKomm-Aktiengesetz, § 93 a.F., Rn. 24.

410 Bank in Patzina/Bank/Schimmer/Simmon-Widmann, Hfg von Unternehmensorganen, Kap. 17, Rn. 63; Drygala in Schmidt/Lutter-AktG, § 116, Rn. 43.

411 Zur Kritik an den sonstigen Argumenten vgl. Hoffmann, NJW 2012, S. 1393 (1395).

412 Hopt in GroßKomm-Aktiengesetz, § 93 a.F., Rn. 375; Fleischer in Spindler/Stilz-AktG, § 93, Rn. 287.

413 Vgl. Habersack in MüKo-AktG, § 116, Rn. 74; Bank in Patzina/Bank/Schimmer/Simmon-Widmann, Hfg von Unternehmensorganen, Kap. 17, Rn. 64.

bb) Vereinbarung einer Haftungshöchstgrenze

Ob die eben genannten Gründe gegen die Vereinbarung einer Haftungsbeschränkung auf bestimmte Verschuldensgrade auch eingreifen, wenn stattdessen eine Haftung bis zu festgelegten Höchstgrenzen vereinbart wird, ist bislang wenig untersucht und daher nicht abschließend geklärt. Die h. M. lehnt auch die Vereinbarung einer Haftungshöchstgrenze als unzulässig ab.[414] Andere wollen sie zumindest dann zulassen, wenn sie in der Satzung und nicht im Anstellungsvertrag mit dem Organmitglied vereinbart wird.[415] Für diesen Fall werden die Argumente gegen eine Haftungsbeschränkung tatsächlich recht überzeugend widerlegt.[416]

Übersehen wird aber, dass in § 93 Abs. 2 S. 1 AktG im Falle der vorwerfbaren Pflichtverletzung ausdrücklich die Pflicht des Vorstandsmitglieds zum Ersatz „des daraus entstehenden Schadens“ normiert ist. Damit trifft das Gesetz eine objektive Aussage über die Höhe des zu ersetzenden Schadens in der Art, dass der gesamte entstandene Schaden zu ersetzen ist und eben nicht nur ein Teil davon. Die Höhe des Schadens wird objektiv nach der Differenzhypothese bestimmt und steht nicht zur Disposition der Gesellschaft oder ihrer Organe. § 93 Abs. 2 S. 1 AktG trifft bezüglich der Höhe der Haftung eine unmissverständliche und satzungsfeste Anordnung im Sinne einer Haftung für den gesamten objektiv entstandenen Schaden.[417] Diese darf gemäß § 23 Abs. 5 AktG nicht durch Satzungsregelung modifiziert werden.

d) Zwischenergebnis

Im Ergebnis bleibt festzuhalten, dass eine Haftungsbeschränkung weder durch Gesetz noch durch Vereinbarung in Fällen der Organhaftung des Hauptversammlungsleiters einschlägig sein kann. Allenfalls lässt sich eine solche Beschränkung aus der Fürsorgepflicht der Gesellschaft in Verbindung mit den Grundsätzen der beschränkten Arbeitnehmerhaftung begründen. Allerdings bleibt bei diesem Ansatz offen, wie die Beschränkung ausgestaltet sein könnte. Vermutlich wird sich diese Ausgestaltung an den Grundsätzen der Arbeitnehmerhaftung orientieren und in der Weise erfolgen, dass bei bestimmten (leichten) Verschuldensgraden eine Deckelung der Haftungssumme erfolgt.

6. Beweislast

Die Frage der Darlegungs- und Beweislast ist aufgrund des Beibringungsgrundsatzes in einem Zivilprozess von entscheidender Bedeutung. Dies gilt für den Organhaftungsprozess im Besonderen, da hier in § 93 Abs. 2 S. 2 AktG eine durchgreifende

---

414 Spindler in MüKo-AktG, § 93, Rn. 27; Fleischer, WM 2005, S. 909 (915).

415 Grunewald, AG 2013, S. 813 (815 ff.).

416 Vgl. Grunewald, AG 2013, S. 813 (815 ff.).

417 Fleischer, ZIP 2014, S. 1305 (1306); im Ergebnis ebenso Bachmann, ZIP 2014, S. 579 (582).

Abweichung von der herkömmlichen Darlegungs- und Beweislastverteilung angeordnet ist.

a) *Grundsatz der Beweislastverteilung im Organhaftungsprozess*

§ 93 Abs. 2 S. 2 AktG weicht von der herkömmlichen Beweislastverteilung des Zivilprozesses ab, indem durch Bezugnahme auf die Formulierung von § 93 Abs. 1 S. 1 AktG sowohl für die fehlende Pflichtwidrigkeit als auch für das fehlende Verschulden die Beweislast dem in Anspruch genommenen Organmitglied aufgebürdet wird.[418] Nach ganz h. M. muss daher die geschädigte Gesellschaft allein eine Handlung des Organmitglieds,[419] die Möglichkeit der Pflichtverletzung, einen Schaden und den kausalen Zusammenhang zwischen Handlung und Schaden beweisen.[420] Ist dies geschehen, werden Pflichtverletzung und Verschulden vermutet, was zu einer Beweislastumkehr führt.[421] Das Organmitglied hat zu beweisen, dass es weder objektiv noch subjektiv pflichtwidrig gehandelt hat.[422]

b) *Anwendung der Sonderregelungen zur Beweislast auf die Haftung des Hauptversammlungsleiters*

Diese besondere Regelung der Beweislast gilt über die Verweisung des § 116 AktG auch für die Haftung des Aufsichtsrats.[423] Folglich muss die Beweislastverteilung nach hier vertretener Meinung grundsätzlich auch das Aufsichtsratsmitglied treffen, das die Hauptversammlungsleitung aufgrund entsprechender Satzungsregelung als Organaufgabe übernimmt.

Gegen eine Anwendung dieser Beweislastregel auf den Fall der Haftung des Hauptversammlungsleiters könnte deren Sinn und Zweck sprechen.[424] Denn nach allgemeiner Meinung ist dieser darin zu sehen, dass der Organwalter eine größere

---

418 Vgl. dazu nur Koch in Hüffer-AktG, § 116, Rn. 53 m.w.N.; ausführlich zur Frage des Bezugs der Beweislastregelung Goette, ZGR 1995, S. 648.

419 Insofern einschränkend Hopt in GroßKomm-Aktiengesetz, § 93 a.F., Rn. 283 f.

420 BGHZ 152, 280 = NJW 2003, S. 358; Hölters in Hölters-AktG, § 93, Rn. 264; Koch in Hüffer-AktG, § 93, Rn. 53; Mertens/Cahn in KK-AktG, Band 2.1, § 93, Rn. 140; Fleischer in Spindler/Stilz-AktG, § 93, Rn. 221; Wiesner/Kraft in MünchHdb GesR-AG, § 26, Rn. 11; Arnold in Hdb. börsennotierte AG, § 22, Rn. 49.

421 Spindler in MüKo-AktG, § 93, Rn. 181; Fleischer in Spindler/Stilz-AktG, § 93, Rn. 222; Krieger/Sailer-Coceani in Schmidt/Lutter-AktG, § 93, Rn. 31; Mertens/Cahn in KK-AktG, Band 2.1, § 93, Rn. 140; Arnold in Hdb. börsennotierte AG, § 11, Rn. 48; Wiesner/Kraft in MünchHdb GesR-AG, § 26, Rn. 11.

422 Vgl. BGHZ 152, 280 (284) = NJW 2003, S. 358 (359) sowie die Nachweise Fn. 421.

423 Vgl. nur Habersack in MüKo-AktG, § 116, Rn. 67; Patzina in Patzina/Bank/Schimmer/Simmon-Widmann, Hfg von Unternehmensorganen, Kap. 5, Rn. 2.

424 In diesem Sinne v. der Linden, NZG 2013, S. 208 (210).

Sachnähe zu den Vorgängen rund um den Haftungsfall hat und daher die Umstände kennt, welche der schadensstiftenden Handlung zugrunde liegen.[425]

Die Sachnähe begründet sich aus folgendem Gedanken:

Das Organmitglied im Sinne des § 93 Abs. 2 S. 2 AktG erfasst die entscheidungsfordernde Situation in dem Moment ihres Geschehens für sich, fügt unter diesem Spontaneindruck einzelne Aspekte, Erkenntnisse und Meinungen zusammen, die in ihrer Gänze nur für ihn in der konkreten Entscheidungssituation zur Verfügung stehen und trifft auf der Basis dieser vielschichtigen Gedankengrundlage eine geschäftswirksame Entscheidung in seinem Inneren. Diese Entscheidung entfaltet möglicherweise erst zu einem viel späteren Zeitpunkt und losgelöst von der jeweiligen Situation Wirkung nach außen. So ist es für Außenstehende nahezu unmöglich den gesamten Entscheidungsvorgang im Nachhinein nachzuvollziehen. Insbesondere bleibt die Gesamtheit der entscheidungsbeeinflussenden Faktoren einem Beobachter verborgen.

Bei Entscheidungen des Hauptversammlungsleiters stellt sich die Situation aber gänzlich anders dar. Denn anders als bei der wirtschaftlich relevanten Geschäftsentscheidung eines Verwaltungsorgans der Gesellschaft trifft der Hauptversammlungsleiter seine Maßnahmen nicht für sich alleine nach einem inneren Abwägungsprozess. Vielmehr ist die Entscheidung und deren Umstände für alle Versammlungsteilnehmer unmittelbar ersichtlich und wird in direktem Zusammenhang nach außen umgesetzt.[426] Der angeführte Sinn und Zweck der Beweislastumkehr der Organhaftung verfängt beim Hauptversammlungsleiter daher zunächst nicht.

Auch das Argument, dass der Sachwalter allein die Unterlagen für eine sachgerechte Beurteilung der getroffenen Entscheidung besitzt und daher die Beweislastumkehr gerechtfertigt ist,[427] trägt beim Hauptversammlungsleiter nicht. Denn dessen Entscheidungen sind aus dem Versammlungsprotokoll, welches meist Ausführungen über die Umstände der betreffenden Maßnahmen des Hauptversammlungsleiters enthält, ersichtlich.[428]

Trotz dieser Bedenken hat die Beweislastumkehr, wie sie in § 93 Abs. 2 S. 2 AktG vorgesehen ist, auch im Falle der Haftung des Hauptversammlungsleiters eine Bedeutung. Zusätzlich zu dem soeben angeführten Sinn und Zweck der Beweislastumkehr besteht nämlich noch ein weiterer anerkannter Grund für die gesetzliche angeordnete Abweichung vom Regelfall der Beweislastverteilung. Dieser liegt in der alleinigen Darlegungsmöglichkeit des Organwalters für konkrete und spezielle

425 Dazu und zum folgenden vgl. BGHZ 152, 280 = NJW 2003, S. 358; Hopt in GroßKomm-Aktiengesetz, § 93 a.F., Rn. 276 f.; Fleischer, Handbuch des Vorstandsrechts, § 11, Rn. 69; ders. in Spindler/Stilz-AktG, § 93, Rn. 220; Goette in Hdb. Corporate Governance, S. 713 (737).

426 So auch Schürnbrand, NZG 2014, S. 1211 (1212 f.).

427 In diese Richtung etwa Spindler in MüKo-AktG, § 93, Rn. 180; Hopt in GroßKomm-Aktiengesetz, § 93 a.F., Rn. 276.

428 v. der Linden, NZG 2013, S. 208 (210).

Überlegungen im Einzelfall zum Zweck einer nachträglichen ordnungsgemäßen Beurteilung der getroffenen und infrage stehenden Ermessensentscheidung.[429]

Wie bereits dargestellt, handelt es sich bei vielen Entscheidungen des Leiters um Ermessensentscheidungen, die sich zwar in einem bestimmten Rahmen zu halten haben, deren Zulässigkeit aber ansonsten anhand der Auffassung und dem Verständnis des Hauptversammlungsleiters in der konkreten Situation zu beurteilen sind. Wie der Hauptversammlungsleiter einen konkreten Umstand aufnimmt, beurteilt und warum er in der akuten Lage so und nicht anders handelte, bestimmt sich allein aus seinem eigenen Erkenntnis- und Beurteilungshorizont zum Zeitpunkt der Entscheidung. Diese Gedankengänge gehen nicht aus dem Protokoll der Hauptversammlung hervor und erschließen sich auch nicht lückenlos aus den Gesamtumständen. Nur der Hauptversammlungsleiter selbst kann all diese Aspekte darlegen und begründen. Dabei ist auch von Bedeutung, dass sowohl Erfahrungen als auch spezielle Auffassungen des Hauptversammlungsleiters eine Relevanz für die Ermessensentscheidung entfalten. Beispielhaft sind dabei frühere negative Erfahrungen mit einem wiederholt querulatorisch auftretenden Aktionär zu nennen. Möglicherweise ist dem Hauptversammlungsleiter bereits aus den Versammlungen der letzten Jahre bekannt, dass der betreffende Aktionär nur durch ein besonders strenges Vorgehen unter Kontrolle zu bringen ist. In einer solchen Situation und allgemein weiß nur der Hauptversammlungsleiter selbst, warum und mit welcher Begründung er in einer bestimmten Situation so und nicht anders gehandelt hat. Möglicherweise kann nur er die entscheidenden und möglicherweise entlastenden Umstände seiner Entscheidung vollumfänglich erläutern. Somit muss er dazu angehalten werden, genau dies auch im Prozess zu tun.

Dieser Befund wird noch dadurch bestätigt, dass der Hauptversammlungsleiter die Beweggründe seiner Ermessensentscheidung – anders als ein Behördenmitglied bei einem Verwaltungsakt mit Ermessensspielraum – nicht schriftlich zu begründen hat und daher im Regelfall keine verkörperten Aufzeichnungen seiner Gedankengänge vorliegen.[430] Folglich ist auch für den nach eigenem Ermessen entscheidenden Hauptversammlungsleiter eine Beweislastumkehr im Hinblick auf Pflichtverletzung und Verschulden sinnvoll.

c) *Zwischenergebnis*

Der Hauptversammlungsleiter unterliegt im Rahmen eines Haftungsprozesses gegenüber der Gesellschaft der Beweislastumkehr des § 93 Abs. 2 S. 2 AktG. Damit beschränkt sich die Darlegungs- und Beweislast der Gesellschaft auf die Handlung des Hauptversammlungsleiters, deren Ursächlichkeit für den zu beziffernden

---

429 Vgl. Fleischer in Spindler/Stilz-AktG, § 93, Rn. 220; Landwehrmann in Heidel-AktG und KapMarktR, (3. Aufl. 2011) § 93, Rn. 110; Bürgers/Israel in Heidelbg. Komm.-AktG, § 93, Rn. 26.

430 Zu diesem Argument vgl. die Ausführungen von Landwehrmann in Heidel-AktG und KapMarktR, (3. Aufl. 2011) § 93, Rn. 110.

Schaden der Gesellschaft und die Möglichkeit der Pflichtverletzung. Der Hauptversammlungsleiter hat im Gegenzug die Tatsachen zu behaupten und gegebenenfalls zu beweisen, welche gegen eine Pflichtverletzung und/oder ein Verschulden sprechen.

7. Möglichkeit des Haftungsausschlusses aufgrund Beschlusses der Hauptversammlung

Gemäß § 93 Abs. 4 S. 1 AktG haftet der Organwalter dann nicht, wenn dessen schadenauslösende Handlung auf einem Beschluss der Hauptversammlung beruht.[431] Es stellt sich die Frage, ob dieser Ausschluss auch für den Hauptversammlungsleiter in Betracht kommt.

Grundsätzlich ist es möglich, dass der Hauptversammlungsleiter vor Durchführung einer Leitungs- oder Ordnungsmaßnahme die Aktionäre nach ihrer Meinung befragt. Beispielhaft hierfür wäre die Befragung der Hauptversammlung betreffend die geplante Anordnung und Durchsetzung eines Saalverweises gegen einen einzelnen störenden Aktionär.[432] Dabei kann es sich grundsätzlich um eine bloße unverbindliche Meinungsabfrage oder auch um die Einholung eines formalen Beschlusses in der Sache handeln.

Eine bloße unverbindliche Meinungsabfrage durch den Hauptversammlungsleiter ist ohne Zweifel zulässig.[433] Allerdings kann eine solche aufgrund ihrer Unverbindlichkeit keine Exkulpationswirkung entfalten, da § 93 Abs. 4 S. 1 AktG ausdrücklich einen Beschluss im Rechtssinne verlangt. Ein formaler Beschluss ist deswegen vorausgesetzt, weil über § 93 Abs. 4 S. 1 AktG eine Haftung für Schäden aus der nach § 83 Abs. 2 AktG zwingenden Umsetzung eines Beschlusses vermieden werden soll. Der Vorstand soll nicht auf der einen Seite zur Umsetzung verpflichtet werden und auf der anderen Seite für daraus resultierende Schäden haften.[434] Bei einer unverbindlichen Meinungsbefragung fehlt es aber an einer dem § 83 Abs. 2 AktG entsprechenden Bindungswirkung und daher scheidet auch die Haftungsfreistellung von vornherein aus.

Eine Exkulpation könnte stattdessen durch einen formellen Hauptversammlungsbeschluss eintreten. In diesem Zusammenhang stellt sich die Frage, ob der Hauptversammlungsleiter überhaupt Entscheidungen, die in seinen originären Zuständigkeitsbereich fallen, zur Beschlussfassung an die Hauptversammlung delegieren kann. Darüber besteht in der Literatur Uneinigkeit. Die Bandbreite der vertretenen Meinungen reicht von der Zulässigkeit einer Delegation in allen Belangen

---

431 Vgl. zu dieser Norm eingehend Hefermehl, FS Schilling 1973, S. 159 und in neuerer Zeit Dietz-Vellmer, NZG 2014, S. 721.

432 So der Sachverhalt der Entscheidung BGHZ 44, 245 = NJW 1966, S. 43.

433 BGHZ 44, 245 (248) = NJW 1966, S. 43 (44); aus der Literatur Semler in MünchHdb GesR-AG, § 36, Rn. 40; Wicke in Spindler/Stilz-AktG, Anh. zu § 119, Rn. 5; Kubis in MüKo-AktG, § 119, Rn. 124.

434 Vgl. dazu m.w.N. Fleischer in Spindler/Stilz-AktG, § 93, Rn. 264 f.

der Versammlungsleitung[435] bis zur vollständigen Ablehnung eines solchen Vorgehens.[436] Aber auch Zwischenpositionen werden vertreten.[437] Der BGH lässt diese Frage ausdrücklich offen.[438]

Auch hier bedarf dieser Streit keiner Entscheidung. Selbst wenn man von einer weitestgehenden Delegationsmöglichkeit ausginge, könnte hierdurch keine Exkulpation im Sinne des § 93 Abs. 4 S. 1 AktG eintreten. Denn unumstritten ist, dass die Norm nur vor einem Regress schützt, wenn der Beschluss, auf dem die schadensersatzauslösende Handlung beruht, rechtmäßig, das heißt weder nichtig noch anfechtbar ist.[439] Die Rechtmäßigkeit des gefassten Beschlusses über eine Leitungs- oder Ordnungsmaßnahme ist anhand identischer Maßstäbe zu überprüfen, so, als wenn der Hauptversammlungsleiter sie selbst getroffen hätte. Denn es kann nicht zulässig sein, dass ein Aktionär aufgrund der ihm zustehenden Rechte zwar gegenüber Anordnungen des Hauptversammlungsleiters geschützt ist, nicht aber gegenüber der Hauptversammlungsmehrheit. Ansonsten könnte sich eine Mehrheit der Anwesenheit eines Minderheitsaktionär entledigen und damit dessen Teilnahmerecht schrankenlos unterdrücken. Aufgrund dieser Überlegung muss die Hauptversammlung in ihrer Leitungs- oder Ordnungsentscheidung an die begrenzenden Maßstäbe der Neutralität, Gleichbehandlung und vor allem Verhältnismäßigkeit gebunden sein. Verstößt nun die mit dem Beschluss intendierte Maßnahme gegen einen der genannten Grundsätze, leidet ein diese Maßnahme anordnender Hauptversammlungsbeschluss an einem Inhaltsfehler, da der Inhalt des Beschlusses eben einen ungerechtfertigten Eingriff in Aktionärsrechte anordnet. Ein solcher inhaltlich rechtswidriger Beschluss kann aber keinen Schutz vor einem Regress bieten. Die darauffolgende rechtswidrige Maßnahme führt somit aufgrund ihrer ebenfalls gegebenen Rechtswidrigkeit zu einer unbeschränkten Haftung des Hauptversammlungsleiters, obwohl der ebenfalls rechtswidrige Beschluss das Vorgehen erlaubt. Umgekehrt ergibt sich die Situation, dass bei Rechtmäßigkeit der im Beschluss gegenständlichen Maßnahme dieser Beschluss zwar grundsätzlich die Wirkung des § 93 Abs. 4 S. 1 AktG entfalten kann, der Hauptversammlungsleiter aber nicht haftet. Denn es fehlt im Hinblick auf die fragliche Leitungs- oder Ordnungsmaßnahme wegen deren Rechtmäßigkeit bereits an einer Pflichtverletzung.

Dieses Zusammenspiel ergibt sich aus der Tatsache, dass der Inhalt eines bejahenden Beschlusses betreffend eine vorgeschlagene rechtswidrige Maßnahme des Hauptversammlungsleiters automatisch einen rechtswidrigen Inhalt aufweist. Aufgrund dieser Tatsache kann er folglich keine Exkulpationswirkung entfalten.

---

435 Kubis in MüKo-AktG, § 119, Rn. 124; Semler in MünchHdb GesR-AG, § 36, Rn. 40.

436 Dietrich, NZG 1998, S. 921 (923); Wicke in Spindler/Stilz-AktG, Anh. zu § 119, Rn. 5; zweifelnd auch Koch in Hüffer-AktG, Anh. zu § 129, Rn. 31.

437 Zum Beispiel von Mülbert in GroßKomm-Aktiengesetz, Vor §§ 118–147, Rn. 93.

438 BGHZ 44, 245 (249 f.) = NJW 1966, S. 43 (44).

439 Vgl. nur mit jeweils w.N. Koch in Hüffer-AktG, § 93, Rn. 73; Spindler in MüKo-AktG, § 93, Rn. 237; aus der älteren Literatur Hefermehl, FS Schilling 1973, S. 159 (166).

Ist der Beschluss hingegen inhaltlich nicht zu beanstanden, ergibt sich auch keine Pflichtverletzung des Hauptversammlungsleiters bei seiner Ausführung und es fehlt bereits die Erfüllung des Haftungstatbestands. § 93 Abs. 4 S. 1 AktG entfaltet folglich für die Haftungsfälle im Zusammenhang mit der Hauptversammlungsleitertätigkeit in keiner Konstellation Wirkung.

8. Zusammenfassung

Im Ergebnis zeigt sich damit, dass eine Haftung des Aufsichtsrats, der das Amt des Hauptversammlungsleiters satzungsgemäß übernimmt, über die Organhaftungsregelungen immer dann in Betracht kommt, wenn dessen Verhalten in der Hauptversammlung als rechtswidrig zu qualifizieren ist und dieses rechtswidrige Verhalten Einfluss auf die Umsetzung und/oder den Bestand der gefassten Beschlüsse hatte. Von entscheidender Bedeutung ist dabei die Frage, ob der Hauptversammlungsleiter eine Pflichtverletzung begangen hat. Eine Pflichtverletzung liegt vor, wenn der Hauptversammlungsleiter gegen die Pflicht zur ordnungsgemäßen Abwicklung der Hauptversammlung verstoßen hat. Ein solcher Verstoß ist immer dann anzunehmen, wenn der Hauptversammlungsleiter rechtswidrig in die Rechte der Aktionäre eingreift. Rechtswidrig ist sein Verhalten immer nur dann, wenn gegen die Grundprinzipien der Verhältnismäßigkeit, der Neutralität oder der Gleichbehandlung verstoßen wird.

Im Hinblick auf diesen Punkt besteht zwischen dem Haftungsprozess und dem Prozess der Beschlussanfechtung wegen eines vom Hauptversammlungsleiter (vermeintlich) zu verantwortenden Verfahrensfehlers ein Gleichlauf. In beiden Prozessen hat das zur Entscheidung berufene Gericht das Hauptversammlungsleiterhandeln als rechtmäßig oder rechtswidrig zu beurteilen und dabei identische Fragen unter identischen gerichtlichen Prüfungsmaßstäben zu beantworten. Wird die Rechtswidrigkeit im Anfechtungsprozess festgestellt, ergibt sich daraus auch die Pflichtwidrigkeit im Haftungsprozess. Zusätzliche Voraussetzung in Letzterem ist dann noch ein durch die Handlung des Hauptversammlungsleiters kausal verursachter Schaden. Dieser ist zumindest mit den Kosten des Anfechtungsverfahrens und der erneuten Hauptversammlung häufig gegeben.

II. Analoge Anwendung

Wie bereits ausgeführt, bedarf es für eine direkte Anwendung der organschaftlichen Haftungsregelung der §§ 93 Abs. 2 und 116 AktG einer Vorstands- oder Aufsichtsratsstellung des Haftungsgegners.

Außerhalb der auf den vorherigen Seiten diskutierten Haftung der Gruppe der satzungsmäßig zur Hauptversammlungsleitung bestimmten Aufsichtsratsmitglieder kommt eine Anwendung der organschaftlichen Haftungsregelungen auf Hauptversammlungsleiter nur analog in Betracht. Dies gilt sowohl für solche Hauptversammlungsleiter, die keine Organstellung innehaben als auch für solche Aufsichtsratsmitglieder, denen die Leitung nicht durch Satzungsregelung übertragen wurde. Denn Erstere sind nicht von den Tatbeständen der Organhaftung umfasst und Letztere üben die Hauptversammlungsleitertätigkeit nicht als Aufsichtsratsaufgabe aus. Für eine solche Analogie bedürfte es einer vergleichbaren Interessenlage sowie einer planwidrigen Regelungslücke.

1. Hauptversammlungsleiter als Organ der Gesellschaft

Eine Regelunglücke tut sich insofern auf, als keine Sonderhaftungstatbestände für die genannten Hauptversammlungsleiter im Aktienrecht existieren.

Wäre der Hauptversammlungsleiter – unabhängig von den sonstigen Tätigkeiten der die Position übernehmenden Person – als eigenes Organ der Gesellschaft zu qualifizieren, könnte auch eine mit den Fällen der §§ 93, 116 AktG vergleichbare Interessenlage angenommen werden. Denn die Haftung nach den fraglichen Normen knüpft an die Organstellung an.

a) Herrschende Meinung

Nach ganz h. M.[440] handelt es sich beim Hauptversammlungsleiter nicht um ein Organ der Gesellschaft.[441] Vielmehr soll der Hauptversammlungsleiter als Gehilfe der Hauptversammlung einzuordnen sein.[442] Die Vertreter dieser Ansicht argumentieren mit dem nur temporären Auftreten des Hauptversammlungsleiters und dessen nur auf die Versammlung beschränkten Aufgaben und Befugnissen.[443]

Diese Sichtweise ist keinesfalls zwingend. Denn auch die Hauptversammlung deren Organqualität unbestritten ist – tritt im Regelfall nur temporär auf, nämlich dann, wenn sie sich entsprechend des jährlichen Turnus beziehungsweise

440 LG Ravensburg, ZIP 2014, S. 1632 (1633); Kubis in MüKo-AktG, § 119, Rn. 184; Ziemons in Schmidt/Lutter-AktG, § 129, Rn. 44. v. der Linden, NZG 2013, S. 208 (209 f.); Bachmann, AG 1999, S. 210 (211 mit Fn. 24); Bachmann, EWiR § 131 AktG 1/2000, S. 157 (158); Marsch-Barner, FS Brambring 2011, S. 267 (271); Drinhausen/Marsch-Barner, AG 2014, S. 757 (766 f.); Theusinger/Schilha, BB 2015, S. 131 (137). Für die GmbH Seibt in Scholz-GmbHG, § 48, Rn. 32.

441 A.A. Mülbert in GroßKomm-Aktiengesetz, Vor §§ 118–147, Rn. 86; Heidel in Heidel-AktG und KapMarktR, Vor §§ 129–132, Rn. 18; Schürnbrand, Organs. im Recht der priv. Verb., S. 145 ff.; Schürnbrand, NZG 2014, S. 1211 (1212); Reinicke, Rechtsstellung des Vors. der HV, S. 25. Unklar ist insofern die Aussage von Wardenbach, GWR 2014, S. 503, der zwar die Organstellung des Hauptversammlungsleiters ablehnt, dennoch von einem korporativen Rechtsverhältnis zwischen Gesellschaft und Hauptversammlungsleiter spricht.

442 Marsch-Barner, FS Brambring 2011, S. 267 (271); Drinhausen/Marsch-Barner, AG 2014, S. 757 (767); Theusinger/Schilha, BB 2015, S. 131 (137); Bachmann, AG 1999, S. 210 (211 mit Fn. 24).

443 Vgl. v. der Linden, NZG 2013, S. 208 (210); Marsch-Barner, FS Brambring 2011, S. 267 (271).

außerordentlich zusammenfindet.[444] Auch die Rechte der Hauptversammlung sind zu großen Teilen auf die Versammlung beschränkt. Zudem könnte argumentiert werden, dass die Befugnisse des Hauptversammlungsleiters zwar auf die Hauptversammlung begrenzt sind, aber einen sehr erheblichen Umfang erreichen, der eine Einstufung als Organ rechtfertigen könnte.[445] Dafür spricht auch, dass der Hauptversammlungsleiter im Rahmen der Hauptversammlung gegenüber den Teilnehmern als Vertreter der Gesellschaft agiert und damit als Vertretungsorgan qualifiziert werden könnte.[446]

b) Stellungnahme zur Organqualität des Hauptversammlungsleiters

Dennoch ist mit der h. M. die eigenständige Organqualität des Hauptversammlungsleiters abzulehnen. Dies begründet sich sowohl aus dem allgemeinen Organbegriff als auch aus dem Vergleich mit anderen Organen.

aa) Organbegriff

Eine juristische Person wie die Aktiengesellschaft ist zwar rechtsfähig, nicht aber von sich aus willens- und handlungsfähig. Damit aber ein Rechtssubjekt aktiv am Rechtsleben teilnehmen kann, bedarf es einer Willensbildung und einer der Willensbildung entsprechende Handlungsmöglichkeit nach innen und außen.[447] Dies übernehmen bei juristischen Personen die Organe der Gesellschaft, und zwar entsprechend der für diese Aufgaben vorgegebenen Organisationsstrukturen.[448] Organ der juristischen Person ist damit jede Person oder Personenmehrheit, welche die Handlungsfähigkeit für die juristische Person begründet und in die Organisationsstruktur der Gesellschaft eingegliedert ist.[449] Dabei geht es immer diejenigen natürlichen Personen, die kraft der Verbandsverfassung zur Bildung und Umsetzung des Willens des Verbandes berufen sind,[450] deren Willensbildung für die Gesellschaft maßgeblich ist und die am Verbandsinteresse orientiert agieren.[451] Ob das Handeln der Organe als Vertretung der Gesellschaft oder als Vorgehen der juristischen

444 So Schürnbrand, NZG 2014, S. 1211 (1212).
445 So Heidel in Heidel-AktG und KapMarktR, Vor §§ 129–132, Rn. 18.
446 Mülbert in GroßKomm-Aktiengesetz, Vor §§ 118–147, Rn. 86.
447 Zum Ganzen vgl. Schmidt, GesR, S. 247 ff.
448 Zur Unterscheidung von institutioneller Eingliederung und der funktionellen Aufgabendefinition vgl. Schürnbrand, Organs. im Recht der priv. Verb., S. 48 ff. und S. 68 ff.
449 Flume, Juristische Person, S. 377. Weitere Nachweise zum Organbegriff aus Rechtsprechung und Literatur finden sich bei Schürnbrand, Organs. im Recht der priv. Verb., S. 35 ff.
450 Ulmer/Schäfer in MüKo-BGB, § 705, Rn. 256; Schäfer in Staub-HGB, § 109, Rn. 42.
451 Wiedemann, Gesellschaftsrecht I, S. 212; ihm ausdrücklich zustimmend Ulmer, FS Wiedemann 2002, S. 1297 (1305).

Person selbst gesehen wird, kann dabei dahinstehen.[452] Wichtig ist hier nur die grundsätzliche Einordnung der Organe als selbstständige Willensbildungs- und/oder Handlungsinstitutionen der Gesellschaft.[453] Als solche nehmen Organe die Rechte und Pflichten der juristischen Person wahr.[454]

Das Erfordernis der zumindest teilweisen Willensbildung und des Handelns für die Gesellschaft als Merkmal der Organstellung zeigt sich auch bei Betrachtung der überwiegend als Organ eingeordneten Institutionen. Bei Vorstand, Aufsichtsrat und Hauptversammlung ist die Willensbildung bzw. das Handeln für die Gesellschaft unverkennbar. Die Gültigkeit der getroffenen Aussage zum Organbegriff beschränkt sich allerdings nicht nur auf diese klassischen Organe. Auch beim ebenfalls als Organ eingeordneten besonderen Vertreter nach § 147 Abs. 2 AktG zeigen sich diese für die Organqualität kennzeichnenden Umstände.[455] Der besondere Vertreter tritt in Fragen der Geltendmachung von Schadensersatzansprüchen für die Gesellschaft auf, wird in deren Interesse tätig und verdrängt für diesen Bereich Vorstand und Aufsichtsrat.[456] Er übernimmt damit Willensbildung und Handeln der Gesellschaft in Fragen der Schadensersatzansprüche im Sinne des § 147 Abs. 1 AktG und erfüllt damit unzweifelhaft die eben dargestellten Merkmale eines Organs.

Demgegenüber wird die Organstellung des Abschlussprüfers heute wegen fehlenden Handelns für die Gesellschaft nahezu einstimmig abgelehnt.[457] Der Abschlussprüfer agiert gerade nicht für die Gesellschaft, sondern als unabhängiges Kontrollorgan in öffentlicher Funktion.[458] Eine Willensbildung oder ein Handeln für die Gesellschaft ist nicht erkennbar, weswegen auch die Organstellung abgelehnt werden muss.

---

452 Vgl. zum Streit zwischen Organtheorie und Vertretertheorie Schmidt, GesR, S. 250 ff.

453 Vgl. Schäfer in Staub-HGB, § 109, Rn. 42; Schürnbrand, NZG 2014, S. 1211 (1212). Zum Merkmal der Selbstständigkeit vgl. Schürnbrand, Organs. im Recht der priv. Verb., S. 57 ff.

454 Wiedemann, Gesellschaftsrecht I, S. 212.

455 Zur Organqualität vgl. BGH, NJW-RR 2012, S. 106 f.; BGH, NJW 1981, S. 1097 (1098); Jeweils m.w.N. Mock in Spindler/Stilz-AktG, § 147, Rn. 66; Koch in Hüffer-AktG, § 147, Rn. 8; Schröer in MüKo-AktG, § 147, Rn. 47; Lochner in Heidel-AktG und KapMarktR, § 147, Rn. 24.

456 Mock in Spindler/Stilz-AktG, § 147, Rn. 66; Koch in Hüffer-AktG, § 147, Rn. 8; Lochner in Heidel-AktG und KapMarktR, § 147, Rn. 24.

457 Vgl. zu dieser heute ganz hA die Nachweise bei Schürnbrand in Staub-HGB, Vor § 316, Rn. 16 (Fn. 38) und Ebke in MüKo-HGB, § 316, Rn. 32 ff. Anders aber noch BGHZ 16, 17 (24 f.) = WM 1955, S. 150 (152).

458 Vgl. nur Ebke in MüKo-HGB, § 316, Rn. 32 ff.; Hopt/Merkt in Baumbach/Hopt-HGB, § 318, Rn. 2; Schürnbrand in Staub-HGB, Vor § 316, Rn. 17.

bb) Anwendbarkeit des Organbegriffs auf den Hauptversammlungsleiter

Für eine Einordnung des Hauptversammlungsleiters als Organ müsste dieser folglich zumindest teilweise entweder die Willensbildung oder das aktive Handeln für die juristische Person übernehmen. Mit diesem Tun müsste der Hauptversammlungsleiter Rechte und Pflichten der Gesellschaft ausüben. Zusätzlich bedürfte es einer Eingliederung in die Organisation der Gesellschaft.

(1) Kein unmittelbares Tätigwerden des Hauptversammlungsleiters für die Gesellschaft

Der Hauptversammlungsleiter leitet und ordnet die Hauptversammlung, die unzweifelhaft selbst Organ – genauer Willensbildungsorgan[459] – ist. In diese Tätigkeit ist er entsprechend seiner teilweise gesetzlich verbrieften Rechte in die Organisation der Gesellschaft eingebunden. Auch Willensbildung und Handeln erfolgen durch die das Amt übernehmende natürliche Person. Entscheidend ist aber, dass diese Willensbildung bzw. das Handeln nicht für oder anstatt der Gesellschaft erfolgt.[460] Vielmehr übernimmt er die Willensbildung und das Handeln der Hauptversammlung in Sachen der Leitung und Ordnung der Versammlung und ermöglicht so den ordnungsgemäßen Ablauf der Hauptversammlung. Damit unterstützt er letztlich die Hauptversammlung dabei, die ihr in der Organisationsstruktur der Gesellschaft zugedachte Aufgabe zu erfüllen und die ihr zustehenden Rechte auszuüben. Daraus ergibt sich aber auch, dass er allein zugunsten der Hauptversammlung, nicht aber der Gesellschaft tätig wird. Dieser Befund wird noch dadurch bestärkt, dass keine Rechte und Pflichten der Gesellschaft ersichtlich sind, die der Hauptversammlungsleiter wahrnimmt. In seinem Handeln zeigt sich weder eine Pflichterfüllung für die Gesellschaft noch eine Inanspruchnahme von Rechten der juristischen Person. Vielmehr erfüllt der Hauptversammlungsleiter allein seine gesetzlich vorgesehene Aufgabe zugunsten der Hauptversammlung.

Eine Einordnung des Hauptversammlungsleiters als Organ hätte zudem zur Folge, dass die Hauptversammlung als oberstes Willensbildungsorgan der Gesellschaft in ihrem Handeln und Tun der Willensbildung und den Organisationshandlungen eines weiteren Organs unterworfen wäre. Diese Sichtweise entspricht nicht dem Organisationsgefüge der Aktiengesellschaft, bei der die Hauptversammlung ein unabhängiges Willensbildungs- und Willensbündelungsorgan ist. Dies gilt umso mehr in Anbetracht des erheblichen Einflusses des Hauptversammlungsleiters auf das Geschehen der Hauptversammlung. Eine solche Machtfülle ist nur dann systemkonform begründbar, wenn die Hauptversammlung selbst dem Hauptversammlungsleiter die notwendigen Leitungs- und Ordnungsbefugnis zubilligt, er also verselbstständigter Teil deren Selbstorganisation ist.

---

459 Zu den verschiedenen Arten der Organe vgl. Schmidt, GesR, S. 408.

460 In diese Richtung auch Drinhausen/Marsch-Barner, AG 2014, S. 757 (767).

(2) Keine Organstellung aufgrund weitreichender Rechte des Hauptversammlungsleiters

Daran ändert auch der Befund nichts, dass der Hauptversammlungsleiter gesetzlich vorgesehene und weitreichende Rechte gegenüber der Hauptversammlung hat.[461] Denn auch in diesem Befund zeigt sich weder eine Willensbildung noch ein Handeln, welches der Hauptversammlungsleiter für die Gesellschaft selbst übernimmt. Gleiches gilt für die Eigenständigkeit des Hauptversammlungsleiters und dessen in vielen Fällen bestehende Weisungsfreiheit gegenüber der Hauptversammlung.[462] Die gesamte Existenz des Hauptversammlungsleiters mitsamt der weitreichenden Befugnisse ist vielmehr auf die ordnungsgemäße und sachgerechte Durchführung der Hauptversammlung und damit auf die Hilfe bei der Erfüllung der für die Hauptversammlung vorgesehenen Aufgabe ausgelegt. Der Hauptversammlungsleiter wird für und zugunsten der Hauptversammlung und allenfalls mittelbar auch für die Gesellschaft tätig. Eine solche mittelbare Tätigkeit reicht aber nicht für eine Organstellung, da ansonsten der Kreis der möglichen Organe sehr weit zu ziehen wäre.

Auch ist die unabhängige Machtfülle des Hauptversammlungsleiter nicht allein durch eine von der Hauptversammlung unabhängige Organstellung begründbar.[463] Im Einklang mit der hier und von der h. M. vertretenen Auffassung ist es ebenso denkbar, dass die Hauptversammlung dem Leiter die ihm von Gesetz wegen zustehenden Rechte eben ohne eigene Einflussmöglichkeit oder Letztentscheidungskompetenz verleiht. Die Hauptversammlung als Organ mit Selbstorganisationsbefugnis übergibt die gesetzlich für den Hauptversammlungsleiter vorgesehenen Leitungs und Ordnungsbefugnisse ohne die Möglichkeit einer weiteren Einflussnahme auf die Amtsausübung. Hierzu ist das Organ durch Gesetz verpflichtet. Begründbar ist diese zwingende und weitgehende Kompetenzübertragung mit deren Notwendigkeit für den reibungslosen Ablauf und damit den Erfolg der Versammlung. Einer eigenen Organstellung des Hauptversammlungsleiters bedarf es zur Begründung all dieser Umstände hingegen nicht.

Allein die zwingende Existenz ist ebenfalls kein schlagendes Argument für die Organqualität. Nicht jede für die Arbeit der Organe notwendige Instanz mit eigenen Rechten ist automatisch selbst als Organ zu qualifizieren. Auch andere die Hauptversammlung unterstützende Personen, wie etwa der Notar oder der gesamte Organisationsstab, sind zwingend für eine ordnungsgemäße Durchführung der Versammlung notwendig, ohne selbst Organ zu sein.

---

461 So aber Schürnbrand, Organs. im Recht der priv. Verb., S. 145 ff.; Schürnbrand, NZG 2014, S. 1211 (1212) und ihm folgend Heidel in Heidel-AktG und KapMarktR, Vor §§ 129–132, Rn. 18.

462 Auf dieses Argument abstellend aber Schürnbrand, Organs. im Recht der priv. Verb., S. 142 ff.; Schürnbrand, NZG 2014, S. 1211 (1212). Früher bereits Reinicke, Rechtsstellung des Vors. der HV, S. 25.

463 So aber offensichtlich Schürnbrand, Organs. im Recht der priv. Verb., S. 142 ff.

(3) Fehlende Selbstständigkeit

Die eben begründete fehlende Organqualität des Hauptversammlungsleiters ergibt sich aber noch aus einer weiteren Überlegung. Denn der Hauptversammlungsleiter erfüllt auch das vom BGH für die Qualifizierung als Organ aufgestellte Merkmal der Selbstständigkeit nicht.

Nach Auffassung des BGH sollte ein Abschlussprüfer wegen seiner Eingliederung in die Organisation der Gesellschaft und der gegenüber den anderen Organen unabhängigen Ausübung seiner Tätigkeit selbst als Organ einzustufen sei.[464] Diese Entscheidung ist insofern überholt, als nach heute ganz allgemeiner Meinung der Abschlussprüfer nicht mehr als Organ der Gesellschaft qualifiziert wird.[465] Dennoch lässt sich aus dieser Entscheidung folgern, dass es für eine Organstellung offenbar einer gewissen Unabhängigkeit und Selbstständigkeit in der Aufgabenausübung gegenüber den anderen Organen bedarf. Dieses Merkmal findet sich auch in heute etablierten Definitionen des Organbegriffs.[466]

Diese Unabhängigkeit fehlt beim Hauptversammlungsleiter. Denn dieser hat keinerlei Möglichkeiten, seine umfangreichen Befugnisse ohne Beteiligung der anderen Gesellschaftsorgane und jederzeit einzusetzen. Vielmehr hängt die Ausübung seiner Rechte und Pflichten immer von der Hauptversammlung selbst und deren Einberufung und Organisation ab – im Normalfall durch den Vorstand. Auch inhaltlich fehlt es dem Hauptversammlungsleiter an Unabhängigkeit und Selbstständigkeit, da er in weiten Teilen seines Tuns an die im Vorfeld der Hauptversammlung von anderen Organen beziehungsweise sonstigen Akteuren getroffenen Entscheidungen hinsichtlich der Tagesordnungspunkte und des äußeren Rahmens der Versammlung gebunden ist. Er kann nicht eigenmächtig über Tagesordnungspunkte oder die Diskussionsgegenstände und auch nicht über Ort und Zeit der Hauptversammlung bestimmen, sondern hat seine Aufgabe in einem vorgegebenen Rahmen zu absolvieren.

(4) Fazit

Im Ergebnis ist es durchaus interessengerecht, den Hauptversammlungsleiter als Hilfsperson der Hauptversammlung anzusehen. Es fehlt die ein Gesellschaftsorgan kennzeichnende unmittelbare Willensbildung und/oder Betätigung unmittelbar zum Zweck der Handlungsfähigkeit der Gesellschaft. Auch nimmt der Hauptversammlungsleiter keine Rechte und Pflichten der Gesellschaft wahr. Vielmehr wird er als Teil der Selbstorganisation der Hauptversammlung für deren ordnungsgemäßen Ablauf und damit zwecks Erfüllung deren zwingender Aufgaben tätig. Seine

464 Vgl. BGHZ 16, 17 (24 f.) = WM 1955, S. 150 (152).

465 Vgl. zu dieser Frage und der Entwicklung in Rechtsprechung und Literatur m.w.N. Habersack/Schürnbrand in Staub-HGB, Vor § 316, Rn. 16 f.

466 Zu diesem Merkmal eingehend Schürnbrand, Organs. im Recht der priv. Verb., S. 57 ff. Für den Hauptversammlungsleiter allerdings mit anderem Subsumtionsschluss in der Sache Reinicke, Rechtsstellung des Vors. der HV, S. 25.

Machtbefugnisse sind aufgrund der Abhängigkeit von anderen Akteuren zudem nicht mit denen eines Gesellschaftsorgans vergleichbar.

cc) Zwischenergebnis

Der Hauptversammlungsleiter ist kein Organ der Gesellschaft.

2. Vergleichbare Interessenlage trotz fehlender Organstellung

Damit stellt sich im Hinblick auf eine analoge Anwendung der Organhaftungsnormen nun die Frage, ob eine vergleichbare Interessenlage angenommen werden kann, obwohl der Hauptversammlungsleiter selbst kein Organ ist. Dafür ist zu untersuchen, ob der Sinn und Zweck der Organhaftung auch auf die Situation der Haftung des Hauptversammlungsleiters passt.

a) Sinn und Zweck der Organhaftung

Die Organe der Gesellschaft verwalten das Vermögen der Gesellschaft treuhänderisch und sollen im Idealfall den Bestand schützen bzw. mehren.[467] Der Vorstand als klassisches Organ verpflichtet und berechtigt durch seine tatsächlichen und wirtschaftlichen Entscheidungen die Gesellschaft direkt gegenüber Dritten (§ 78 Abs. 1 AktG), um so den Gesellschaftszweck zu fördern. Der ebenfalls unstreitig als Organ anzusehende Aufsichtsrat schützt die Vermögensinteressen der Gesellschaft durch Überwachung und Beratung – zumeist durch Handlungen nach innen, etwa bei der Entscheidung über die Geltendmachung von Gesellschaftsansprüchen gegen ein Vorstandsmitglied. Beide genannten Organe entscheiden nach eigenem Ermessen und sind in den notwendigen Entscheidungen frei. Für die Verluste aus solchen frei getroffenen Handlungen haftet zunächst nur die Gesellschaft und nicht das Organ.[468] Denn das Organ entscheidet und handelt für die Gesellschaft, verpflichtet und berechtigt diese, wodurch die wirtschaftlichen Folgen des jeweiligen Handelns die Gesellschaft unmittelbar treffen.

Die Haftung nach § 93 AktG und auch nach § 116 AktG ist Konsequenz dieses aufgezeigten Auseinanderfallens von Handlungs- und Haftungsobjekt.[469] Der Gesellschaft soll eine Möglichkeit gegeben werden, Schäden durch Regress gegen die Handelnden zu verringern. Die Normen haben ihren Sinn und Zweck damit im Schadensausgleichs und fußen dabei auf der Organstellung des Haftungsgegners.[470]

---

467 Vgl. dazu OLG Hamm, AG 1995, 512; OLG Düsseldorf, AG 1997, 231 (235); Schneider, FS Werner 1984, S. 795 (807 ff.); grundlegend auch Mestmäcker, Verwaltung, Konzerngewalt und Recht der Aktionäre, S. 213 f.

468 Schneider, FS Werner 1984, S. 795 (807); Mestmäcker, Verwaltung, Konzerngewalt und Recht der Aktionäre, S. 213.

469 Vgl. nur Hopt in GroßKomm-Aktiengesetz, § 93 a.F., Rn. 14.

470 Für den Vorstand vgl. nur Koch in Hüffer-AktG, § 93, Rn. 1. Für den Aufsichtsrat vgl. nur Habersack in MüKo-AktG, § 116, Rn. 2.

Zudem erfüllen die Organhaftungsregelungen auch den Zweck der Prävention.[471] Ohne eine entsprechende Regressmöglichkeit des Haftenden gegen den Handelnden könnte Letzterer völlig losgelöst von wirtschaftlichen Risiken agieren, da er keine persönlichen Nachteile aus diesem Handeln zu befürchten hätte.[472] Durch das Haftungsrisiko bei wirtschaftlich nachteiliger Verpflichtung der Gesellschaft wird aber zumindest eine mittelbare Bindung an die Folgen des Handelns gewährleistet. Gleichzeitig wird dadurch auch ein Anreiz geboten, die gestellten Pflichten einzuhalten.[473]

Die Haftung ist damit das faktische Gegenstück zur treuhänderischen Ermächtigung der Organe der Gesellschaft.[474] Die Organe können frei und eigenverantwortlich die Gesellschaft nach außen vertreten und sie so infolge eigener wirtschaftlicher Entscheidungen unmittelbar finanziell und tatsächlich binden (Vorstand) bzw. durch Überwachungs- und Beratungsmaßnahmen über deren wirtschaftlich relevantes Vorgehen (mit-)bestimmen (Aufsichtsrat). Demgegenüber steht die Regressmöglichkeit, durch die die freie Handlungsermächtigung zum Wohle der Gesellschaft reguliert wird. Hierdurch wird ein angemessener Rahmen für das Verhältnis von Gesellschaft und Organ gewährleistet und ein Anreiz zur Schadensabwendung durch Pflichterfüllung geschaffen.[475]

b) Anwendung des Sinn und Zwecks der Organhaftung auf den Hauptversammlungsleiter

Diese Erwägungen zum Sinn des Organregresses bestehen aber beim Hauptversammlungsleiter nicht. Denn dieser wird nicht treuhänderisch im Vermögensinteresse der Gesellschaft tätig.[476] Der Hauptversammlungsleiter hat keinerlei Befugnis, Vermögen der Gesellschaft durch Handeln gegenüber Dritten oder Überwachungsmaßnahmen zu verwalten. Durch sein Handeln kommt es auch sonst zu keinen unmittelbaren wirtschaftlichen Folgen für die Gesellschaft. Allenfalls vermittelt durch die Beschlüsse der Hauptversammlung können sich wirtschaftliche Folgen aus dem Handelns des Leiters ergeben. Allein diese potenziellen mittelbaren Folgen rechtfertigen aber noch nicht eine Gleichstellung mit der Situation der treuhänderisch agierenden Gesellschaftsorgane.

471 Dazu ausführlich Wagner, ZHR 2014, S. 227 (251 ff.). Für den Vorstand Koch in Hüffer-AktG, § 93, Rn. 1; Fleischer in Spindler/Stilz-AktG, § 93, Rn. 2. Für den Aufsichtsrat vgl. nur Hambloch-Gesinn/Gesinn in Hölters-AktG, § 116, Rn. 3.

472 Vgl. Hopt in GroßKomm-Aktiengesetz, § 93 a.F., Rn. 14; Wagner, ZHR 2014, S. 227 (255 f.).

473 Fleischer in Spindler/Stilz-AktG, § 116, Rn. 2.

474 Statt vieler Hopt in GroßKomm-Aktiengesetz, § 93 a.F., Rn. 14. Ausführlich dazu Hefermehl in Geßler/Hefermehl/Eckardt/Kropff, AktG, § 93, Rn. 2.

475 Zum Ganzen vgl. Hopt in GroßKomm-Aktiengesetz, § 93 a.F., Rn. 14; Hefermehl in Geßler/Hefermehl/Eckardt/Kropff, AktG, § 93, Rn. 2. Für den Aufsichtsrat auch Fleischer in Spindler/Stilz-AktG, § 116, Rn. 2.

476 v. der Linden, NZG 2013, S. 208 (210).

c) *Vergleich von Regress aufgrund eines Vertragsverhältnisses und des auf der Organstellung beruhenden Regresses*

Auch der Vergleich mit den allgemeinen Regressregelungen des Zivilrechts spricht gegen eine vergleichbare Interessenlage. Im Normalfall erfolgt ein Regress nur über die bestehenden Verträge. Ein direkter Regressanspruch zwischen Personen, die nicht Vertragspartner sind, ist im Haftungsrecht die Ausnahme und in den Voraussetzungen eng begrenzt. Das entgegen dieses Grundsatzes eine Haftung der Organe nicht nur aus dem zugrundeliegenden Vertragsverhältnis folgt, sondern auch eine Haftung unabhängig davon besteht, begründet sich aus der Tatsache, dass wegen der gesellschaftsrechtlichen Sonderstellung jedes Organhandeln unmittelbare wirtschaftliche Folgen für die Gesellschaft mit sich bringt. Die Gesellschaft und ihre Organe verbindet mehr als ein Vertragsverhältnis. Daher ist es auch gerechtfertigt, das Organ losgelöst von einem solchen Vertragsverhältnis für eigenes Handeln haftbar zu machen.

Gleiches trifft auf das Verhältnis zwischen Hauptversammlungsleiter und Gesellschaft aber nicht zu. Der Hauptversammlungsleiter ist kein Organ, sondern nur Gehilfe der Hauptversammlung. Unmittelbare wirtschaftliche Folgen oder eine Verpflichtung der Gesellschaft im Außenverhältnis kann der Hauptversammlungsleiter nicht bewirken, da es ihm an einer entsprechenden Vertretungsbefugnis fehlt. Folglich ist kein Grund ersichtlich, den Hauptversammlungsleiter losgelöst von den bestehenden vertraglichen Absprachen einer Organhaftung zu unterwerfen. Ein tragfähiger Grund, vom allgemeinen Haftungsprinzip abzuweichen, ergibt sich im Hinblick auf den Hauptversammlungsleiter nicht.

d) *Zwischenergebnis*

Bei einem Hauptversammlungsleiter, der die Aufgabe nicht aufgrund einer entsprechenden Satzungsregelung als Aufsichtsratsmitglied übernimmt, fehlt es damit für die Anwendung der Organhaftungsregeln des Aktiengesetzes an einer mit der aktienrechtlichen Organhaftung vergleichbaren Interessenlage.

3. Ergebnis

Abschließend lässt sich festhalten, dass eine analoge Anwendung der Haftungsregelungen für Organe für Hauptversammlungsleiter nicht in Betracht kommt.

III. Ergebnis zur Organhaftung

Eine Haftung des Hauptversammlungsleiters nach den Organhaftungsregelungen der §§ 93 Abs. 2 und 116 AktG kommt damit nur dann in Betracht, wenn die Hauptversammlungsleitung durch ein Aufsichtsratsmitglied der Gesellschaft übernommen wird und diese Amtsübernahme in der Satzung der Gesellschaft angeordnet ist. Eine Anwendung der genannten Haftungsnormen auf alle sonstigen Hauptversammlungsleiter kommt weder direkt noch analog in Betracht.

F. Schuldrechtliche Haftung

Neben der Organhaftung des Aktienrechts kommt auch eine Haftung des Hauptversammlungsleiters nach den schuldrechtlichen Regelungen des BGB in Betracht. Eine mögliche Haftung nach diesen Normen ist insbesondere für die Hauptversammlungsleiter relevant, die nicht der Organhaftung unterworfen sind.

Bei der schuldrechtlichen Schadensersatzhaftung ist zwischen der Haftung bei Bestehen eines Schuldverhältnisses und der deliktischen Haftung zu unterscheiden. Für die Haftung bei bestehendem Schuldverhältnis ist insbesondere eine Haftung nach § 280 BGB als zentraler Haftungsnorm denkbar. Für die deliktische Haftung ist die Anwendbarkeit der §§ 823 und 826 BGB zu erwägen.

I. Haftung aufgrund eines bestehenden Schuldverhältnisses

Ausgangspunkt für eine eventuelle Schadensersatzpflicht aus einem Schuldverhältnis ist § 280 BGB, welcher auf die verschiedenen Schadensersatzformen – statt und neben der Leistung – verweist.

1. Vorfrage: Schadensersatz statt oder neben der Leistung

Ob eine Haftung für Schadensersatz neben oder statt der Leistung eingreift, richtet sich danach, ob im konkreten Fall eine potenzielle Nacherfüllung den Schaden behoben hätte.[477]

a) Verschiedene Schadensarten

Anhand dieser Kontrollfrage kann auch für den Fall der Haftung des Hauptversammlungsleiters nach den verschiedenen Anspruchsgrundlagen für Schadensersatz aus einem Schuldverhältnis differenziert werden.[478]

Liegt der Schaden der Gesellschaft in den Kosten für die notwendige Wiederholung der Hauptversammlung, können diese (weiteren) Kosten nicht durch eine Nacherfüllung des Hauptversammlungsleiters vermieden werden. Die Kosten der zweiten Hauptversammlung treten unabhängig von einem möglichen weiteren Handeln des Hauptversammlungsleiters ein. Für solche Schäden kommt daher nur

477 Lorenz, JuS 2008, S. 204; Hirsch, JuS 2014, S. 97 (98 f.); Looschelders, SchuldR AT, Rn. 528; Grüneberg in Palandt-BGB, § 280, Rn. 18 und § 281, Rn. 2; Westermann in Erman-BGB, § 280, Rn. 12; Stadler in Jauernig-BGB, § 280, Rn. 4.

478 Zu dem gesamten nachfolgenden Fragenkomplex vgl. auch die Ausführungen bei Lorenz, JuS 2008, S. 203; Hirsch, JuS 2014, S. 97 und Ernst in MüKo-BGB, § 280, Rn. 66 ff.

§ 280 Abs. 1 BGB – also Schadensersatz neben der Leistung – in Betracht. Gleiches gilt für die Kosten, welche durch das Verfahren der Beschlussanfechtung entstehen (Gerichtskosten, Anwaltskosten usw.).

Anders kann die Lage sein, wenn der Schaden aus ungenutzte Synergieeffekte oder Geschäftschancen resultiert (vgl. oben E.I.4.). Insofern erscheint es durchaus möglich, dass die rechtzeitige Wiederholung der Hauptversammlung unter Vorsitz des potenziell schadensersatzpflichtigen Hauptversammlungsleiters und unter Einhaltung aller Verfahrensgrundsätze den Schaden noch abzuwenden vermag. In solchen Fällen kommt ein Schadensersatz statt der Leistung in Betracht, wenn die noch mögliche und sinnvolle Nacherfüllung trotz Fristsetzung nicht durchgeführt wird. Daraus ergibt sich, dass Schäden aufgrund verpasster Geschäftschancen nur dann über § 280 Abs. 1 BGB geltend zu machen sind, wenn der Schaden endgültig eingetreten ist – etwa dann, wenn die Geschäftschance bereits durch die erstmalige fehlerhafte Hauptversammlungsleitung verloren geht. Denn dann ist der Schaden schon durch die Schlechterfüllung des Leiters eingetreten und eine Nacherfüllung hätte keinen Sinn mehr.

Auch der Verzugsschadensersatz gemäß §§ 280 Abs. 2, 286 BGB kann für den Fall der Haftung des Hauptversammlungsleiters Relevanz entfalten. Der Schadensersatz wegen Verzugs ist ein Spezialfall des Schadensersatzes neben der Leistung.[479] Ansprüche wegen Verzugs kommen immer dann in Betracht, wenn der Schaden allein auf dem Ausbleiben der rechtzeitigen Leistung beruht.[480] Erfolgt hingegen eine Leistung, ist diese aber fehlerhaft, ist § 280 Abs. 1 BGB die richtige Anspruchsgrundlage.[481]

Der Fall, dass der Schaden allein auf dem Ausbleiben der rechtzeitigen Leistung beruht, ist beim fehlerhaften Hauptversammlungsleiterhandeln immer dann denkbar, wenn der Hauptversammlungsleiter trotz versprochener Übernahme der Leitung nicht zur Hauptversammlung erscheint und daher eine weitere Hauptversammlung angesetzt werden muss. Die Kosten dieser zweiten Versammlung sind dann Verzugsschäden. Muss die Hauptversammlung hingegen wegen fehlerhafter erster Leitung wiederholt werden, beruht der Schaden nicht allein auf der Verzögerung der fehlerfreien Leistung, sondern auf der Schlechtleistung und die Kosten der zweiten Hauptversammlung sind damit Schäden nach § 280 Abs. 1 BGB.

b) Beispiel

Als plastisches Beispiel zur Verdeutlichung der unterschiedlichen Schadensersatzregime soll folgendes Szenario dienen:

---

479 Lorenz in BeckOK-BGB, § 280, Rn. 45; Schmidt-Kessel in P/W/W – BGB, § 280, Rn. 7; Looschelders, SchuldR AT, Rn. 529; Medicus/Lorenz, SchuldR AT, Rn. 354.

480 Unberath in BeckOK-BGB, § 280, Rn. 29.

481 Medicus, JuS 2003, S. 521 (528); zum Ganzen vgl. Lorenz, JuS 2008, S. 203 (204 f.).

aa) Sachverhalt

Eine Aktiengesellschaft plant den Kauf eines großen Grundstücks für ein Bauvorhaben. Um hierfür ausreichend Fremdkapital und öffentliche Fördergelder akquirieren zu können, benötigt die Gesellschaft ein höheres Grundkapital als bisher in der Satzung festgelegt. Daraufhin findet eine Hauptversammlung mit einer Kapitalerhöhung und entsprechender Satzungsänderung statt. Hierbei kommt es aufgrund eines unverhältnismäßigen Verhaltens des Hauptversammlungsleiters zu einem Verfahrensfehler, welcher auch sofort von einem Aktionär im Rahmen einer Anfechtungsklage geltend gemacht wird. Das angerufene Gericht beraumt daraufhin einen Verhandlungstermin in einem halben Jahr an.

Allerdings bemühen sich auch noch andere Unternehmen um das attraktive Grundstück. Bei einem Schwebezustand von über einem halben Jahr wird das Grundstück in die Hände eines anderen Investors fallen. Daher beschließt der Vorstand, die entsprechende Hauptversammlung mit identischen Tagesordnungspunkten zu wiederholen, um noch rechtzeitig die notwendigen Investitionsmaßnahmen in die Wege leiten zu können. Hierfür wird der ursprüngliche Hauptversammlungsleiter erneut zur Übernahme des Vorsitzes aufgefordert.

Nun sind vier Konstellationen zu unterscheiden:

1) In der ersten Konstellation kann die erneut angesetzte Hauptversammlung rechtzeitig durchgeführt werden. Die noch notwendigen Beschlüsse werden in rechtmäßiger Art und Weise beschlossen und ausreichend schnell umgesetzt. Das Unternehmen kann die Geschäftschance nutzen.
2) In Konstellation zwei wird zwar die wiederholende Hauptversammlung geplant, doch bevor diese durchgeführt werden kann, erfolgt der Verkauf des Grundstücks an einen anderen Investor.
3) In der dritten Konstellation weigert sich der ursprüngliche Hauptversammlungsleiter trotz Aufforderung den Hauptversammlungsvorsitz in der zweiten Versammlung zu übernehmen. Die für die erneute Übernahme des Amtes gesetzte Frist verstreicht ungenutzt und die Gesellschaft entschließt sich nun, Schadensersatz aufgrund des entgangenen Gewinns aus dem verlorenen Geschäft geltend zu machen.
4) Die vierte Konstellation ist identisch mit der dritten Konstellation, doch versucht die Gesellschaft zunächst nach dem Verstreichen der Frist noch einen anderen Hauptversammlungsleiter für die zweite Hauptversammlung zu finden. Durch diese Suche kommt es zu einer weiteren Verzögerung. Infolgedessen wird das Grundstück von einem Mitbewerber erworben.

bb) Lösungen

Im Hinblick auf die möglichen Schadensersatzansprüche gegen den Hauptversammlungsleiter gilt in allen Konstellationen, dass die Kosten für die zweite Hauptversammlung und für das Anfechtungsverfahren als Schadensersatz neben der Leistung geltend zu machen sind.

Im Hinblick auf den möglichen Schaden aus der verpassten Geschäftschance muss differenziert werden:

Zu 1) In Konstellation eins fehlt es außerhalb der Kosten der zweiten Hauptversammlung bereits an einem Schaden, da die Geschäftschance noch genutzt werden konnte.

Zu 2) In der zweiten Konstellation handelt es sich bezüglich Schäden aufgrund der entgangenen Geschäftschance um einen Fall des Schadensersatzes neben der Leistung, da auch die rechtzeitige Nacherfüllung den Schaden nicht mehr verhindern kann.

Zu 3) In der dritten Konstellation liegt ein klassischer Schadensersatz statt der Leistung vor, da hier der Schaden durch eine rechtzeitige Nacherfüllung noch hätte vermieden werden können. Die erfolgreiche Nacherfüllung ist aber ausgeblieben und die Gesellschaft ist durch ihr Verlangen gegenüber dem Hauptversammlungsleiter vom Erfüllungsanspruch zum Schadensersatzanspruch übergegangen.

Zu 4) Die vierte Konstellation ist ein Fall des Schadensersatzes neben der Leistung, und zwar als Verzugsschaden. Denn die Leistung der Nacherfüllung verzögert sich wodurch der Schaden im Hinblick auf die verpasste Gewinnchance entsteht. Allein die Verzögerung der Nacherfüllung bedingt das Verpassen der Geschäftschance.

An den letzten beiden Konstellationen wird auch deutlich, dass es keine starre Abgrenzung von Schadensersatz neben und statt der Leistung gibt und eine Schadensposition je nach Zeitpunkt der Geltendmachung zur einen oder anderen Schadensart gehören kann.[482] Dadurch, dass in Konstellation vier die Geschäftschance noch vor dem Geltendmachen des Schadensersatzanspruches verloren geht, kann eine potenzielle Nacherfüllung den Schaden nicht mehr vermeiden. Daher handelt es sich um einen Fall des Schadensersatz neben der Leistung. Ist es hingegen noch möglich, die Geschäftschance durch Nacherfüllung zu retten – wie dies in Konstellation drei der Fall ist –, verzichtet der Gläubiger durch sein Schadensersatzverlangen auf die Leistung (arg. § 281 Abs. 4 BGB), und es liegt ein Fall des Schadensersatzes statt der Leistung vor. An die Stelle des Erfüllungsinteresses tritt dann das Schadensersatzinteresse.[483]

cc) Zwischenergebnis

Bereits an diesem einfachen Beispiel wird deutlich, dass die Übergänge zwischen Schadensersatz neben und statt der Leistung fließend sind. Im Regelfall werden die Schäden aufgrund eines Fehlverhaltens des Hauptversammlungsleiters als Schadensersatz neben der Leistung geltend zu machen sein. Es sind aber auch Konstellationen denkbar, in denen Schadensersatz statt der Leistung und damit die §§ 280 Abs. 3, 281 BGB einschlägig sind.

---

482 Lorenz, JuS 2008, S. 203 (204); Ernst in MüKo-BGB, § 280, Rn. 67.

483 Zum Ganzen vergleiche das Parallelbeispiel bei Lorenz, JuS 2008, S. 203 (204).

dd) Verzugsschaden

Ist der beschriebene Beispielfall in der Art abgewandelt, dass der Hauptversammlungsleiter trotz zugesagter Übernahme der Leitung nicht auf der Hauptversammlung erscheint und aufgrund fehlender Alternativen eine weitere Hauptversammlung zwei Monate später geplant werden muss, fallen die Kosten für diese zweite Hauptversammlung unter §§ 280 Abs. 2, 286 BGB. Ob der Schaden wegen möglicherweise verpassten Geschäftschancen in einem solchen Fall als Verzugsschaden oder Schadensersatz statt der Leistung einzuordnen ist, soll nach Maßgabe von § 281 Abs. 4 BGB vom Zeitpunkt der Ausübung des Verlangens von Schadensersatz statt der Leistung abhängen.[484]

c) Zwischenergebnis

Festzuhalten ist, dass jeweils nach dem im konkreten Fall geltend zu machenden Schaden zu unterscheiden und dementsprechend die richtige Anspruchsnorm zu qualifizieren ist.

2. Haftung nach § 280 Abs. 1 BGB

Es soll zunächst die mögliche Haftung gemäß § 280 Abs. 1 BGB, also nach den Bestimmungen des Schadensersatzes neben der Leistung, untersucht werden. Denn zum einen beinhaltet diese Anspruchsnorm alle Voraussetzungen, welche auch für die anderen vertraglichen Schadensersatzansprüche vorliegen müssen (§ 280 Abs. 2 und 3 BGB). Zum anderen sind die Kosten der Wiederholung der Hauptversammlung zwecks erneuter Fassung der nichtigen Beschlüsse sowie die Kosten des gerichtlichen Anfechtungsverfahrens sicherlich die häufigsten Schadenspositionen für Gesellschaften. Diese Kosten sind immer Positionen des Schadensersatzes neben der Leistung (siehe oben F.I.1.b)bb)).

a) Schuldverhältnis

Voraussetzung ist zunächst das Vorliegen eines Schuldverhältnisses zwischen Gläubiger und Schuldner des Schadensersatzanspruchs. Für den hier zu diskutierenden Fall bedeutet dies, dass zwischen dem Hauptversammlungsleiter und der Gesellschaft ein Schuldverhältnis bestehen müsste.

Zur Identifizierung der möglicherweise bestehenden Schuldverhältnisse erscheint es sinnvoll, die Hauptversammlungsleiter in zwei Gruppen zu trennen, nämlich in solche, die eine Entlohnung erhalten, und solche, die ohne jedweden geldwerten Vorteil den Versammlungsvorsitz übernehmen.

---

484 Dazu eingehend Ernst in MüKo-BGB, § 281, Rn. 110 ff.

aa) Schuldverhältnis bei entlohnter Hauptversammlungsleitung

Konstellationen, in denen der Hauptversammlungsleiter für sein Tun im Rahmen der Hauptversammlung entlohnt wird, sind insbesondere beim zulässigen Einsatz von professionellen Hauptversammlungsleitern denkbar (vgl. dazu die Ausführungen oben B.IV.3.).

Es kommt dabei sowohl die Konstellation in Betracht, in der die Satzung den Einsatz von professionellen und vergüteten Hauptversammlungsleitern vorsieht, als auch die Konstellation, in der ein solcher professioneller Hauptversammlungsleiter von der Hauptversammlung direkt gewählt wird. Denn auch der durch die Hauptversammlung gewählte Hauptversammlungsleiter muss nicht Aktionär oder eine auf sonstige Weise mit der Gesellschaft in Verbindung stehende Person sein.[485]

Als vertragliche Grundlage des Einsatzes von spezialisierten Leitern kommt entweder ein Dienstvertrag im Sinne der §§ 611 ff BGB oder eine entgeltliche Geschäftsbesorgung gemäß § 675 BGB in Betracht. Um einen Werkvertrag kann es sich hingegen nicht handeln. Es fehlt bereits an einem dem Hauptversammlungsleiter zurechenbaren, abgrenzbaren und abnahmefähigen Werk,[486] weswegen allein die Tätigkeit, nicht aber ein Erfolg in Form eines abnahmefähigen Werkes geschuldet sein kann.

Die Abgrenzung des Dienstvertrags von der als Unterfall des Dienst- oder Werkvertrags eingeordneten entgeltlichen Geschäftsbesorgung ist ungeklärt und wird auch durch die Definition der Geschäftsbesorgung als selbstständige Tätigkeit wirtschaftlicher Art zwecks Wahrnehmung fremder Vermögensinteressen[487] wenig erleichtert.[488] Die Abgrenzung beziehungsweise die abschließende Einordnung der Leitertätigkeit eines professionellen Hauptversammlungsleiters unter einen dieser Vertragstypen kann aber dahinstehen.[489] Denn eindeutig ist, dass ein professioneller Hauptversammlungsleiter nur auf der Grundlage einer verbindlichen schuldrechtlichen Absprache mit der Gesellschaft, durch welche eine entsprechende Entlohnung vereinbart ist, den Vorsitz der Hauptversammlung übernimmt. Ohne einen solchen hätte der Hauptversammlungsleiter keinerlei vordefinierten Vergütungsanspruch, ohne den ein professioneller Hauptversammlungsleiter die Tätigkeit aber nicht ausüben wird. Daher kommt es vor Beginn der Hauptversammlung in jedem Fall zu einem Vertragsschluss zwischen dem zukünftigen Hauptversammlungsleiter und der Gesellschaft.

Es ist dabei auch nicht entscheidend, wie das Vertragsverhältnis begründet wird, das heißt, in welchen Betätigungen die Willenserklärungen der Parteien betreffend Angebot und Annahme zu sehen sind. Entscheidend ist nur die Feststellung, dass

---

485 Mülbert in GroßKomm-Aktiengesetz, Vor §§ 118–147, Rn. 77.

486 Vgl. zu diesem Indiz Fuchs in BeckOK-BGB, § 611, Rn. 11.

487 BGHZ 45, 223 (228 f.) = NJW 1966, S. 1452 (1454).

488 Vgl. dazu eingehend Martinek in Staudinger-BGB (2006), § 675, Rn. A6 ff.

489 Für die Annahme eines Geschäftsbesorgungsvertrages plädieren Drinhausen/Marsch-Barner, AG 2014, S. 757 (767).

bei einer entlohnten Hauptversammlungsleitung in jedem Fall ein Schuldverhältnis zwischen dem Hauptversammlungsleiter und der Gesellschaft zustande kommt, aufgrund dessen der Hauptversammlungsleiter tätig wird und eine Entlohnung erhält. Der in Betracht kommende Hauptversammlungsleiter macht ein Angebot zur Hauptversammlungsleitung gegen Vergütung. Die Annahme dieses Angebotes erfolgt durch den Vorstand als Vertreter der Gesellschaft.

bb) Schuldverhältnis bei Hauptversammlungsleitung ohne Entlohnung

In den Fällen der unentgeltlichen Hauptversammlungsleitung ist die Annahme eines Schuldverhältnisses zwischen Hauptversammlungsleiter und Gesellschaft sehr viel schwieriger zu begründen. Denn es gibt keine monetäre Gegenleistung der Gesellschaft, aufgrund derer es zwingend einer vertraglichen Absprache zwischen den Parteien bedarf.

(1) Leitung durch satzungsmäßig bestimmtes Aufsichtsratsmitglied

Wird die Hauptversammlung von einem Aufsichtsratsmitglied geleitet und geschieht dies aufgrund einer entsprechenden Satzungsanordnung, stellt sich die Frage, ob zwischen dem Aufsichtsratsmitglied und der Gesellschaft ein Schuldverhältnis besteht. Denn nach hier vertretener Ansicht ist die Leitung Teil des Handelns als Aufsichtsratsmitglied und wird folglich von dem das Aufsichtsratshandeln bestimmenden Verpflichtungsverhältnis mit umfasst (vgl. dazu ausführlich oben E.I.1.b)bb)). Es kommt also auf die grundsätzlichen Verhältnisse zwischen Aufsichtsratsmitglied und Gesellschaft an. Welche dies sind, ist nicht abschließend geklärt.

(a) Existenz eines Schuldverhältnisses zwischen einzelnem Aufsichtsratsmitglied und Gesellschaft

Einigkeit besteht darüber, dass zwischen der Gesellschaft und dem einzelnen Aufsichtsratsmitglied ein korporationsrechtliches Verhältnis besteht, welches durch die Wahl des Aufsichtsrats und die Annahme dieser Wahl zustande kommt.[490] Der Inhalt dieses korporationsrechtlichen Verhältnisses wird durch Gesetz, Satzung und die betreffenden Hauptversammlungsbeschlüsse ausgestaltet.[491] Bis auf einige

---

490 Koch in Hüffer-AktG, § 101, Rn. 2; Habersack in MüKo-AktG, § 101, Rn. 67; Simons in Hölters-AktG, § 101, Rn. 7; Hopt/Roth in GroßKomm-Aktiengesetz, § 101, Rn. 91 ff.; Oetker in ErfKomm-ArbR, § 101 AktG, Rn. 2; Spindler in Spindler/Stilz-AktG, § 101, Rn. 8 f. jeweils m.w.N.; ebenso Schilling, FS R. Fischer 1979, S. 679 (690).

491 Hoffmann-Becking in MünchHdb GesR-AG, § 33, Rn. 10; Drygala in Schmidt/Lutter-AktG, § 101, Rn. 2; Hopt/Roth in GroßKomm-Aktiengesetz, § 101, Rn. 92; Henssler in Henssler/Strohn, GesR, § 101 AktG, Rn. 1.

Ausnahmen und in Abkehr zur früher von Literatur[492] und Rechtsprechung[493] vertretenen Auffassung besteht heute ebenfalls Einigkeit darüber, dass ein zusätzlicher Anstellungsvertrag zwischen Gesellschaft und dem einzelnen Aufsichtsratsmitglied – anders als beim Vorstandsmitglied – nicht nötig und auch gar nicht zulässig ist.[494]

Uneinheitlich wird hingegen beurteilt, ob neben beziehungsweise zugleich mit dem korporationsrechtlichen Verhältnis auch ein gesetzliches Schuldverhältnis durch Wahl und Annahme der Wahl entsteht. Dieses könnte auch für eine schuldrechtliche Haftung fruchtbar gemacht werden. Einige Stimmen sehen bereits in dem korporationsrechtlichen Verhältnis ein gesetzliches Schuldverhältnis.[495] Dieses soll sowohl korporationsrechtlichen als auch schuldrechtlichen Inhalt haben, weswegen auch von einer Doppelnatur des Rechtsverhältnisses gesprochen wird.[496] Der Inhalt dieses Doppelverhältnisses ergebe sich aus Gesetz, Satzung und Hauptversammlungsbeschlüssen.[497] Andere nehmen die Existenz eines gesetzlichen Schuldverhältnisses neben dem korporationsrechtlichen Verhältnis an.[498] Der Annahme eines Schuldverhältnisses neben oder zugleich mit dem korporationsrechtlichen Verhältnis widersprechen namhafte Stimmen, die die Existenz eines Schuldverhältnisses gänzlich ablehnen.[499] Von den Vertretern dieser Ansicht wird insbesondere ins Feld geführt, dass alleiniger Zweck der Konstruktion eines gesetzlichen Schuldverhältnisses die Herbeiführung der Rechtsfolgen einer vertraglichen Bindung ohne Beachtung der Voraussetzungen der Rechtsgeschäftslehre sei.[500]

(b) Verhältnis schuldrechtlicher Haftung zur Organhaftung

Dieser Streit hat aber für die Haftung des Hauptversammlungsleiters, der die Leitung aufgrund einer Satzungsregelung als Aufsichtsratsmitglied übernimmt, keine Bedeutung und kann daher dahinstehen. Denn selbst wenn man ein schuldrechtliches Verhältnis entgegen der geäußerten Bedenken annehmen will, führt dies zu keiner Haftungsfolge. Die Haftung aus einem möglicherweise bestehenden Schuldverhältnis erlangt neben der hier für diese Personengruppe bejahten Organhaftung

---

492 Meyer-Landrut in GroßKomm-Aktiengesetz, 3. Aufl., Band 1.2, § 101, Rn. 6 m.w.N.; Säcker, FS Rebmann 1989, S. 781 (783).

493 RGZ 146, S. 145 (152); RGZ 152, S. 273 (277 f.).

494 Siehe Fn. 490.

495 Hopt/Roth in GroßKomm-Aktiengesetz, § 101, Rn. 92; Drygala in Schmidt/Lutter-AktG, § 101, Rn. 2.

496 Koch in Hüffer-AktG, § 101, Rn. 2; Siedermeier/Kolb in Beck Hdb. AG, § 7, Rn. 248.

497 Siehe Fn. 495 sowie Hoffmann-Becking in MünchHdb GesR-AG, § 33, Rn. 10.

498 Vetter in Hdb. börsennotierte AG, § 29, Rn. 2; dagegen aber ausdrücklich Koch in Hüffer-AktG, § 101, Rn. 2.

499 So ausdrücklich Habersack in MüKo-AktG, § 101, Rn. 67; Spindler in Spindler/Stilz-AktG, § 101, Rn. 9; Schilling, FS R. Fischer 1979, S. 679 (691).

500 Spindler in Spindler/Stilz-AktG, § 101, Rn. 9.

aus §§ 93 Abs. 2, 116 AktG nämlich keine eigenständige Bedeutung.[501] Zwar ist das Nebeneinander von Organhaftung und schuldrechtlicher Haftung beim Aufsichtsrat – auch wegen der bestehenden Unsicherheiten über die Existenz eines Schuldverhältnisses – bislang ungeklärt, der Vorrang der Organhaftung folgt aber aus deren zwingender und unveränderlicher Haftungsanordnung. Eine eventuelle schuldrechtliche Haftung kann weder die sondergesetzliche Organhaftung beeinflussen, noch bringt sie eine strenge Haftung mit sich, die vorrangig zu einem Schadensausgleich führen würde.[502] Die Haftung nach §§ 93 Abs. 2, 116 AktG deckt bereits das gesamte Haftungsverhältnis ab. Dieses Ergebnis entspricht der ganz h. M. zur Frage des Nebeneinanders von organschaftlicher und vertraglicher Haftung beim Vorstand.[503] Auch dort wird angenommen, dass die Organhaftung die schuldrechtliche Haftung entweder verdrängt[504] oder zumindest in sich aufnimmt.[505] Gleiches muss auch für das Aufsichtsratsmitglied gelten.

Dieser Befund gilt auch dann, wenn man für die Frage, ob ein Schuldverhältnis existiert, nicht auf die unabhängig von der Leitung bestehenden Verbindungen zwischen Gesellschaft und einzelnen Aufsichtsratsmitglied abstellt, sondern vielmehr die Begründung eines eigenständigen Schuldverhältnis durch Übernahme des Amtes annimmt.[506] Denn selbst wenn – entgegen der hier entwickelten Haftungsmodalitäten– ein eigenständiges Schuldverhältnis begründet würde, könnte auch eine darauf fußende schuldrechtliche Haftung nicht weiter reichen, als die für diese Art der Hauptversammlungsleiter bereits einschlägige Organhaftung. Daher kommt es auf die eventuelle Existenz eines allein die Hauptversammlungsleitung betreffenden und von der Organstellung unabhängigen Schuldverhältnisses nicht an. Festgehalten werden kann in diesem Zusammenhang aber, dass nach den oben gefundenen Ergebnissen (vgl. oben E.I.1.c)) die Annahme eines solchen unabhängigen

---

501 so ebenfalls für das Nebeneinander von Organhaftung und schuldrechtlicher Haftung beim Vorstand Koch in Hüffer-AktG, § 93, Rn. 36; Hopt in GroßKomm-Aktiengesetz, § 93 a.F., Rn. 21. Für die GmbH Zöllner/Noack in Baumbach/Hueck-GmbHG, § 43, Rn. 4.

502 So zur Organhaftung neben der schuldrechtlichen Haftung beim Vorstand Hopt in GroßKomm-Aktiengesetz, § 93 a.F., Rn. 21; Hölters in Hölters-AktG, § 93, Rn. 349.

503 Vgl. BGH, NJW 1997, S. 741 (742); BGH, NJW-RR 1989, S. 1255 (1256); Spindler in MüKo-AktG, § 93, Rn. 11; Hopt in GroßKomm-Aktiengesetz, § 93 a.F., Rn. 226 und 465; Wiesner/Kraft in MünchHdb GesR-AG, § 26, Rn. 4.

504 Hopt in GroßKomm-Aktiengesetz, § 93 a.F., Rn. 465; wohl auch Hölters in Hölters-AktG, § 93, Rn. 349. Zur GmbH Zöllner/Noack in Baumbach/Hueck-GmbHG, § 43, Rn. 4.

505 BGH, NJW 1997, S. 741 (742); BGH, NJW-RR 1989, S. 1255 (1256); Spindler in MüKo-AktG, § 93, Rn. 11; Wiesner/Kraft in MünchHdb GesR-AG, § 26, Rn. 4.

506 In diese Richtung geht die Argumentation von Drinhausen/Marsch-Barner, AG 2014, S. 757 (767) und Theusinger/Schilha, BB 2015, S. 131 (138). Ein solches Schuldverhältnis ohne Begründung ablehnend Heidel in Heidel-AktG und KapMarktR, §§ 129–132, Rn. 71.

Schuldverhältnisses auch nicht folgerichtig wäre. Die freiwillige Übernahme des Amtes stellt keine Willenserklärung zur Begründung eines Schuldverhältnisses dar, sondern den Tatbestand zur Erweiterung des Aufgabenkanons des betreffenden Aufsichtsratsmitglieds.

(2) Schuldverhältnis bei unentgeltlicher Leitung durch eine in der Hauptversammlung gewählte Person

Im Falle der Leitung der Hauptversammlung durch eine direkt in der Hauptversammlung gewählte Person kann nicht auf eine ohnehin eingreifende Organhaftung abgestellt werden. Dies gilt auch für solche Aufsichtsratsmitglieder, die das Amt nicht aufgrund einer Satzungsregelung übernehmen. Vielmehr muss für diese Personengruppen der Frage nachgegangen werden, ob durch die Wahl und Annahme dieser Wahl ein Schuldverhältnis begründet wird.

Es erscheint fraglich, in welchen tatsächlichen Umständen bei einer von der Hauptversammlung durchgeführten Wahl des Leiters das für den Vertragsschluss notwendige Angebot und die ebenfalls notwendige Annahme dieses Angebots zu sehen sind.[507] Vertretungsmacht zum Abschluss eines Rechtsgeschäfts hat alleine der Vorstand entsprechend § 78 AktG. Dieser müsste entweder ein die Hauptversammlungsleitung betreffendes Angebot des Gewählten annehmen oder diesem ein solches Angebot unterbreiten, welches der Gewählte dann annimmt.

Die Abgabe einer anbietenden oder annehmenden Willenserklärung kann auch konkludent[508] und durch Schweigen[509] erfolgen. Da es daher keiner ausdrücklichen Vereinbarung bedarf, erscheint es nicht ausgeschlossen, dass beispielsweise durch die tatsächliche Überlassung des für den Hauptversammlungsleiter vorgesehenen Platzes auf dem Podium ein konkludentes Angebot und in der Übernahme der Hauptversammlungsleitung die konkludente Annahme dieses Angebotes gesehen werden kann. Ebenfalls möglich wäre es, das Angebot in der Übernahme des Vorsitzes zu sehen. Dieses könnte durch folgendes Schweigen angenommen werden. Auch denkbar ist es, das Angebot zum Vertragsschluss in der ausdrücklichen Frage nach der Annahme der Wahl zu sehen, welche durch den vorübergehenden Versammlungsleiter erfolgt und das durch Annahme der Wahl konkludent angenommen wird. Bei dem vorläufigen Hauptversammlungsleiter handelt es sich meist um den Vorstandsvorsitzenden oder ein anders Vorstandsmitglied, welches vom gemäß § 121 Abs. 2 AktG einladenden Gesamtvorstandes mit dieser Aufgabe betraut wurde.[510] Dieses Vorstandsmitglied erscheint dabei besonders prädestiniert, in Vertretung der Gesellschaft ein Vertragsverhältnis einzugehen. Die Befugnis zur Abgabe einer entsprechenden Willenserklärung für die Gesellschaft kann dem Vorstandsvorsitzenden oder einem sonst mit der vorläufigen Leitung betrauten

---

507 Fragend auch v. der Linden, NZG 2013, S. 208 (210 f.).

508 Dazu ausführlich Armbrüster in MüKo-BGB, Vorb. zu §§ 116 ff., Rn. 6 ff.

509 Vgl. dazu ausführlich Singer in Staudinger-BGB (2012), Vorb. zu §§ 116 ff., Rn. 60 ff.

510 So auch Mülbert in GroßKomm-Aktiengesetz, Vor §§ 118–147, Rn. 78.

Vorstandsmitglied nach § 78 Abs. 4 AktG formlos von einer gesamtvertretungsberechtigten Zahl der Vorstände erteilt werden, wodurch punktuell Einzelermächtigung entsteht.[511] Zur Einhaltung der Anforderungen der Gesamtvertretungsbefugnis des § 78 Abs. 2 AktG reicht aber auch eine interne und formlose Zustimmung der übrigen Vorstandsmitglieder zum diesbezüglichen Vorgehen des vorläufigen Leiters.[512] Sprechen die Umstände für eine solche interne Zustimmung, gilt diese als erteilt.[513] So liegt der Fall auch hier, wenn das mit der Bestimmung eines Hauptversammlungsleiters betraute Vorstandsmitglied als vorläufiger Hauptversammlungsleiter die Wahl für den endgültigen Hauptversammlungsleiter organisiert und dann den Vorgang durch Vertragsschluss abschließt. Erfolgt aus irgendwelchen Gründen keine ausdrückliche Frage, ob die Wahl angenommen wird, ist das Angebot des Vorstandes wohl bereits in dem Aufruf zur Wahl eines Hauptversammlungsleiters gegenüber den Hauptversammlungsteilnehmern zu sehen. Dieses Angebot erfolgt konkludent durch den Wahlaufruf und bezieht sich auf denjenigen, der aus der Wahl als Sieger hervorgeht. Der Sieger nimmt das Angebot dann durch die Übernahme des Amtes konkludent an.

Bereits diese Erläuterungen zeigen, dass im Ergebnis aufgrund der Spannbreite der möglichen Abläufe der Wahl nicht allgemeingültig bestimmt werden kann, durch welche konkreten Handlungen der Auftrag zwischen dem gewählten Hauptversammlungsleiter und der Gesellschaft im Allgemeinen zustande kommt.

Eindeutig ist in jedem Fall, dass der gewählte Leiter mit der Annahme der Wahl die Rechte und Pflichten eines Hauptversammlungsleiters gegenüber der Gesellschaft und allen sonstigen Personen erlangt. Im Gegenzug kann die Gesellschaft von ihm die Leitung der Versammlung verlangen. Es entsteht folglich ein Schuldverhältnis zwischen den Akteuren.[514] Dieses Schuldverhältnis entspricht bei fehlender Entlohnung dem eines Auftrages.[515] Denn der Hauptversammlungsleiter schuldet die mit dem Amt in Zusammenhang stehende Tätigkeit, ohne dass er hierfür eine Vergütung erwarten kann – daher kein Dienst- oder Geschäftsbesorgungsvertrag – und ohne dass sich die Parteien auf Herstellung eines abnahmefähigen Werkes verständigen – daher kein Werkvertrag.

(3) Sonderfall: Gerichtlich bestellter Hauptversammlungsleiter

Einen Sonderfall bei der Frage nach einem Schuldverhältnis zwischen Gesellschaft und Vorsitzendem der Hauptversammlung ist der gemäß § 122 Abs. 3 S. 2 AktG

511 Vgl. nur m.w.N. Koch in Hüffer-AktG, § 78, Rn. 19 f.

512 Vgl. nur Spindler in MüKo-AktG, § 76, Rn. 58.

513 Spindler in MüKo-AktG, § 78, Rn. 58.

514 So auch allgemein für alle möglichen Leitungspersonen Theusinger/Schilha, BB 2015, S. 131 (138).

515 In diese Richtung auch v. der Linden, NZG 2013, S. 208 (210 f.); Drinhausen/Marsch-Barner, AG 2014, S. 757 (767) und Reinicke, Rechtsstellung des Vors. der HV, S. 143 ff.

gerichtlich bestellte Hauptversammlungsleiter. In dieser Konstellation lässt sich kaum eine rechtsgeschäftliche Begründung für ein Schuldverhältnis finden. Alle Vorbereitungen im Zusammenhang mit der Versammlung und deren Leitung werden durch die einzelnen durch das Gericht ermächtigten Aktionäre vorgenommen, die allerdings kein Vertretungsrecht für die Gesellschaft innehaben.[516] Daher können sie keinen Vertrag mit Wirkung für und zulasten der Gesellschaft abschließen.

Allerdings könnte ein Schuldverhältnis zwischen der Gesellschaft und der zur gerichtlichen Bestellung vorgesehenen Person durch den Bestellungsakt und die Annahme dieser Bestellung entstehen. Ob dies der Fall ist, wurde bislang – soweit ersichtlich – noch nicht diskutiert. Die Kommentatoren sprechen nur von der allgemeinen Kostentragungspflicht der Gesellschaft gemäß § 122 Abs. 4 AktG, die auch die Kosten der Hauptversammlungsleitung einschließe.[517]

(a) Vergleich mit anderen gerichtlich bestellten Personengruppen

Zur Beantwortung der eben aufgeworfenen Fragestellung, könnten allerdings Parallelen zu anderen Fällen der gerichtlichen Bestellung helfen. In Betracht kommen insoweit die gerichtlich bestellten besonderen Vertreter (§ 147 Abs. 2 S. 2–8 AktG), Abwickler (§ 265 Abs. AktG) und Sonderprüfer (§ 142 Abs. 2 AktG). Auch bei diesen Personen sind gerichtliche Bestellungen vorgesehen und die Gesellschaft ist ebenfalls dazu verpflichtet, die Kosten ihrer Tätigkeit zu tragen.

Beim besonderen Vertreter wird zumeist ein schuldrechtliches Verhältnis, auf das die Bestimmungen des § 675 BGB Anwendung finden sollen, angenommen.[518] Andere sprechen sogar von einen direkten Vertragsschluss zwischen Gesellschaft und besonderem Vertreter durch Annahme der gerichtlichen Bestellung.[519] Auch beim Sonderprüfer nimmt eine Ansicht ein privatrechtliches Rechtsverhältnis an, auf das § 675 BGB entsprechend Anwendung finden soll.[520] Andere sehen ein vertragsähnliches Verhältnis, ohne dass sich an der unterschiedlichen Formulierung ein Unterschied in der Sache festmachen lässt.[521] Bei gerichtlich bestellten Abwicklern wird ebenfalls ein schuldrechtliches Verhältnis in Form eines gesetzliches

516 Koch in Hüffer-AktG, § 122, Rn. 13; Noack/Zetzsche in KK-AktG, Band 3.2, § 122, Rn. 128.

517 Kubis in MüKo-AktG, § 122, Rn. 73; Noack/Zetzsche in KK-AktG, Band 3.2, § 122, Rn. 126.

518 G. Bezzenberger in GroßKomm-Aktiengesetz, § 147, Rn. 54; Rieckers/Vetter in KK-AktG, Band 3.5, § 147, Rn. 451.

519 Lochner in Heidel-AktG und KapMarktR, § 147, Rn. 25. Nicht eindeutig, ob auch beim gerichtlich bestellten besonderen Vertreter der Schluss eines Vertrages nach § 675 BGB angenommen wird, äußern sich Schröer in MüKo-AktG, § 147, Rn. 60 und Spindler in Schmidt/Lutter-AktG, § 147, Rn. 23.

520 G. Bezzenberger in GroßKomm-Aktiengesetz, § 142, Rn. 69; Schröer in MüKo-AktG, § 142, Rn. 81; Spindler in Schmidt/Lutter-AktG, § 142, Rn. 61.

521 Mock in Spindler/Stilz-AktG, § 142, Rn. 144; Koch in Hüffer-AktG, § 142, Rn. 25.

Anspruchsverhältnisses,[522] eines Schuldverhältnis nach Art des Geschäftsbesorgungsvertrages[523] oder eine vertragsähnliche Beziehung angenommen.[524]

Diese Betrachtungen zeigen, dass trotz der Unterschiede in der Formulierung eine irgendwie geartete Sonderbeziehung zwischen Gesellschaft und der gerichtlich bestellten Person bei allen genannten Konstellationen bejaht wird. Einige sehen darin ein gesetzliches Schuldverhältnis, andere kommen sogar zu einem Vertragsschluss durch Annahme der gerichtlichen Bestellung. Ein ähnliches Ergebnis könnte folglich auch beim gerichtlich bestellten Hauptversammlungsleiter einschlägig sein.

(b) Vergleichbare Situation beim gerichtlich bestellten Hauptversammlungsleiter

Allerdings kommt eine Übertragung der dargestellten Ansichten nur dann in Betracht, wenn die Situationen vergleichbar sind. Zwischen Gesellschaft und den gerichtlich bestellten besonderen Vertretern, Sonderprüfern und Abwicklern besteht eine direkte Beziehung aufgrund der Bestellung. Hierdurch erwerben diese ohne weiteren Zwischenschritt Rechte und Pflichten gegenüber der Gesellschaft. Exemplarisch für diese direkte Verbindung sind die Regelungen zur Kostentragung. In § 142 Abs. 6 S. 1 AktG, § 147 Abs. 2 S. 5 AktG und § 265 Abs. 4 S. 1 AktG werden den jeweils gerichtlich bestellten Personen direkte Ansprüche auf Vergütung ihrer Tätigkeit gegenüber der Gesellschaft eingeräumt. Daraus folgt, dass das Gesetz ebenfalls von einer direkten Verbindung zwischen der Gesellschaft und der gesetzlich bestellten Person ausgeht beziehungsweise zumindest durch den Anspruch auf Vergütung eine solche begründet. Auch aus diesem Umstand lässt sich die Existenz einer Sonderbeziehung begründen.

Die Situation beim gerichtlich bestellten Hauptversammlungsleiter ist hingegen eine andere. Denn zwischen gerichtlich bestelltem Hauptversammlungsleiter und Gesellschaft kommt es allein durch die Bestellung noch nicht zu einer direkten Verbindung. Vielmehr bedarf es vorher der Einberufung und Abhaltung der Hauptversammlung durch die dazu ermächtigten Aktionäre.

Diese abweichende Konstellation zeigt sich auch in der im Vergleich mit den eben genannten Regeln abweichend formulierten Anordnung in § 122 Abs. 4 AktG betreffend die Kosten. Dort wird gerade nicht dem nach § 122 Abs. 3 S. 2 AktG bestellten Hauptversammlungsleiter ein Vergütungsanspruch direkt gegen die Gesellschaft eingeräumt, sondern nur allgemein die Kosten der Hauptversammlung der Gesellschaft zugewiesen. Gläubiger des Anspruches aus § 122 Abs. 4 AktG sind

522 Hüffer in MüKo-AktG, § 265, Rn. 28; Schmidt in GroßKomm-Aktiengesetz, § 265, Rn. 40; Wermeckes in Heidel-AktG und KapMarktR, § 265, Rn. 15.

523 Kraft in KK-AktG, Band 5.3, § 265, Rn. 33.

524 Bachmann in Spindler/Stilz-AktG, § 265, Rn. 23; Riesenhuber in Schmidt/Lutter-AktG, § 265, Rn. 11.

die zur Einberufung der Hauptversammlung ermächtigten Aktionäre.[525] Dies ist auch folgerichtig, da diese als Organisatoren der Hauptversammlung zunächst mit den Kosten belastet sind.

Entsprechend dieses Verständnisses wird im Falle der Vergütung des gerichtlich bestellten Hauptversammlungsleiters allein ein Vertragsschluss zwischen diesem und den zur Einberufung ermächtigten Aktionären angenommen.[526] Diese Ansicht bestätigt sich im Gesetzestext, wenn dort eben gerade kein direkter Vergütungsanspruch des Hauptversammlungsleiter normiert wird. Die Kosten der Beauftragung des Hauptversammlungsleiters treffen damit zunächst die ermächtigten Aktionäre, diese können die Kosten dann gegen die Gesellschaft geltend machen. Die Situation beim gerichtlich bestellten Hauptversammlungsleiter weicht insofern in beachtenswerter Weise von der bei sonstigen gerichtlich bestellten Personen ab. Das verhindert einen direkten Rückschluss auf die bestehenden Ansichten zur Existenz eines Schuldverhältnisses.

Der dargestellte Unterschied darf aber nicht darüber hinwegtäuschen, dass der bestellte Leiter mit Annahme des Amtes und Einberufung der Versammlung – wie auch die anderen gerichtlich bestellten Personen – gegenüber der Gesellschaft unabhängig von einem Vergütungsanspruch die Rechte und Pflichten eines normalen Hauptversammlungsleiters erlangt. Erfolgt die Einberufung, hat der Hauptversammlungsleiter das Recht, die Versammlung zu leiten und die dafür notwendigen Ressourcen von der Gesellschaft abzurufen. Die Gesellschaft hat infolge der gerichtlichen Entscheidung nach § 122 Abs. 3 S. 2 AktG das Recht, von dem bestimmten Hauptversammlungsleiter die aktive Leitung zu verlangen, sobald die ermächtigten Aktionäre die Versammlung einberufen. Insofern ergeben sich wechselseitige Leistungs-, Verhaltens- und Duldungspflichten und damit eine Sonderbeziehung zwischen Gesellschaft und gerichtlich bestelltem Hauptversammlungsleiter.[527] Begründet wird diese Sonderbeziehung durch die gerichtliche Bestellung und die Annahme des Amtes. Sie steht aber unter der aufschiebenden Bedingung der Einberufung der Hauptversammlung als weiterer notwendige Tatbestandsvoraussetzung. Insgesamt liegt damit ein gesetzlicher Tatbestand vor, an den das Gesetz ein Schuldverhältnis mit den eben beschriebenen Rechten und Pflichten als Rechtsfolge koppelt. Dieses Schuldverhältnis besteht unabhängig von einem Vergütungsanspruch.

525 Noack/Zetzsche in KK-AktG, Band 3.2, § 122, Rn. 126 und 128; Rieckers in Spindler/Stilz-AktG, § 122, Rn. 69; v. der Linden, NZG 2013, S. 208 (211).

526 v. der Linden, NZG 2013, S. 208 (211); in diesem Sinne auch Noack/Zetzsche in KK-AktG, Band 3.2, § 122, Rn. 126; allgemeiner auch Kubis in MüKo-AktG, § 122, Rn. 71.

527 So unabhängig von der Art der Bestellung auch v. der Linden, EWiR 2014, S. 551 (552).

(c) Unterschied zum korporationsrechtlichen Verhältnis

Nicht verwechselt werden darf dieses gesetzliche Schuldverhältnis mit einem korporationsrechtlichen Verhältnis zur Gesellschaft. Bei gerichtlich bestellten besonderen Vertretern und Abwicklern handelt es sich nach h. M. um Organe, die mit ihrer Bestellung auch in ein korporationsrechtliches Verhältnis zur Gesellschaft treten. Dabei ist insbesondere die Abgrenzung von korporationsrechtlichem und schuldrechtlichen Verhältnis oftmals nicht eindeutig. Diese Situation ergibt sich aber beim gerichtlich bestellten Hauptversammlungsleiter nicht. Denn wie oben bereits erläutert, ist der Hauptversammlungsleiter kein Organ der Gesellschaft (vgl. dazu oben E.II.1.b)bb)), weswegen es an einem korporationsrechtlichen Verhältnis fehlt.[528] Das durch die gerichtliche Bestellung entstehende Verhältnis ist strikt schuldrechtlicher Natur.

(4) Zusammenfassung zu den Schuldverhältnissen bei unentgeltlicher Tätigkeit

Für die Hauptversammlungsleiter, die dieses Amt als Aufsichtsratsmitglieder aufgrund einer diesbezüglichen Satzungsregelung annehmen, kann das bestehen eines schuldrechtlichen Verhältnisses dahinstehen, da diese ohnehin umfassend nach den Regelungen zur Organhaftung haften. Für alle anderen Hauptversammlungsleiter ist nach den vorstehenden Ausführungen außer Zweifel, dass ein Schuldverhältnis zwischen den relevanten Akteuren besteht.

cc) Ergebnis

Damit bleibt festzuhalten, dass in allen insofern bedeutsamen Konstellationen ein Schuldverhältnis zwischen Hauptversammlungsleiter und Gesellschaft existiert. Im Falle der vergüteten Hauptversammlungsleitung und im Falle der Hauptversammlungsleitung durch eine auf der Hauptversammlung gewählte Person sind Vertragsverhältnisse gegeben. Bei der Übernahme des Amtes durch einen gerichtlich bestellten Hauptversammlungsleiter entsteht ein gesetzliches Schuldverhältnis. Die Grundvoraussetzung des § 280 Abs. 1 BGB ist damit gegeben und der Anwendungsbereich der Haftung aus einem Schuldverhältnis eröffnet.

b) Pflichtverletzung

Als weitere Voraussetzung normiert auch § 280 Abs. 1 BGB eine Pflichtverletzung. Es geht im Rahmen dieses Prüfungspunktes um die Frage, ob der Schuldner mit

528 Insofern unklar die Stellungnahme von v. der Linden, EWiR 2014, S. 551 (552), der trotz Ablehnung der Organstellung ein korporationsrechtliches Verhältnis zur Gesellschaft durch die Übernahme des Leitungsamtes begründet sieht.

seinem Tun hinter dem durch das Schuldverhältnis begründeten Pflichtenprogamm zurückbleibt.[529]

Auch im Rahmen der bestehenden Schuldverhältnisse zwischen der Gesellschaft und dem einzelnen Hauptversammlungsleiter trifft den Leiter die Aufgabe, die Versammlung im Einklang mit Recht und Gesetz durchzuführen. Das heißt, auch abseits der Organhaftung schuldet der Hauptversammlungsleiter die rechtmäßige Ausübung der Leitungstätigkeit. Diese Pflicht wird durch das Schuldverhältnis begründet, ohne dass es einer ausdrücklichen diesbezüglichen Vereinbarung bedarf. Sie gehört zum ungeschriebenen Pflichtenprogramm des Hauptversammlungsleiters und wird durch Übernahme des Amtes begründet.

Verletzt der Hauptversammlungsleiter die sein Handeln begrenzenden Grundsätze – Neutralität, Gleichbehandlung und Verhältnismäßigkeit –, handelt er rechtswidrig und verletzt damit die durch Schuldverhältnis begründete Pflicht zur rechtmäßigen Leitung. Er bleibt somit hinter dem ihm durch Übernahme des Amtes auferlegten Pflichtenprogramm zurück.[530] Allerdings ist auch im Rahmen der Pflichtverletzung des § 280 Abs. 1 BGB das weitgehende Ermessen des Hauptversammlungsleiters zu berücksichtigen. Daraus folgt, dass der Hauptversammlungsleiter auch bei schuldrechtlicher Verpflichtung zur rechtmäßigen Leitung grundsätzlich zwischen allen Maßnahmen frei wählen kann, die den genannten begrenzenden Maßstäben entsprechen. Insofern hat sich die gerichtliche Überprüfung betreffend die Pflichtverletzung auf die Frage der Einhaltung dieser Maßstäbe im konkreten Fall zu beschränken (vgl. zum Ganzen oben E.I.2.b)).

Nach alledem ist die Frage nach einer Pflichtverletzung im Rahmen der Haftung aufgrund eines Schuldverhältnisses identisch mit der Frage der Pflichtverletzung im Organverhältnis zu beurteilen. Es ist zu überprüfen, ob der Hauptversammlungsleiter die sein Handeln begrenzenden Maßstäbe eingehalten hat. Ist dies nicht der Fall, handelt er rechts- und damit pflichtwidrig.

c) Vertretenmüssen

Weitere Voraussetzung der Haftung nach § 280 Abs. 1 BGB ist das Vertretenmüssen der Pflichtverletzung durch den Schuldner. Dies bedeutet Vorsatz oder Fahrlässigkeit im Hinblick auf die erfolgte Pflichtverletzung (§ 276 Abs. 1 BGB). Der Schuldner muss entweder wissen und wollen, dass die übernommene Pflicht nicht erfüllt wird (Vorsatz) oder die Pflicht durch Außerachtlassen der im Verkehr erforderlichen Sorgfalt verletzt haben (Fahrlässigkeit).

Für den Hauptversammlungsleiter ist die Pflichtverletzung die Verletzung der ermessensbeschränkenden Prinzipien – mithin also die rechtswidrige Versammlungsleitung (vgl. oben E.I.2.a)bb)). Normalerweise wird der Hauptversammlungsleiter

529 So Bt-Drs.: 14/6040, S. 133 ff.; genauer dazu Ernst in MüKo-BGB, § 280, Rn. 15 ff.; Schwarze in Staudinger-BGB (2014), § 280, Rn. C1 ff.

530 Ähnlich auch Theusinger/Schilha, BB 2015, S. 131 (138 f.).

zumeist weder wissentlich noch gewollt die Pflicht zur rechtmäßigen Versammlungsleitung verletzen, so dass Vorsatz ausscheidet. Im Regelfall wird ihm aber das Außerachtlassen der im Verkehr erforderlichen Sorgfalt im Sinne des § 276 Abs. 2 BGB vorgeworfen werden können. Dies gilt insbesondere, weil auch im Rahmen des § 280 Abs. 1 BGB das individuelle Wissen des einzelnen Verpflichteten nicht relevant ist. Auf persönliche Befindlichkeiten oder Sonderwissen kommt es in Bezug auf die persönliche Vorwerfbarkeit hingegen gerade nicht an.[531] Vielmehr ist auch hier ein objektiver Maßstab anzulegen und zu fragen, was von eine durchschnittlichen und gewissenhaften Hauptversammlungsleiter erwartet werden kann. Dies gilt, obwohl im Rahmen der Haftung nach § 280 Abs. 1 BGB im Vergleich zur Organhaftung eine spezial-gesetzlich vorgegebene objektive Ausprägung der im Verkehr erforderlichen Sorgfalt fehlt. Auch ohne eine Sonderregelung wie § 93 Abs. 2 AktG ist der für die Haftung nach § 280 Abs. 1 BGB anzuwendende allgemeine Maßstab des § 276 BGB ein objektiver.[532] Dies begründet sich aus dem Grundgedanken des Vertrauensschutzes.[533] Auch im Fall der Haftung des Hauptversammlungsleiters spielt der Vertrauensschutz eine erhebliche Rolle, was die Anwendbarkeit des objektiven Verschuldensmaßstabs für diesen Fall bestätigt. Die Gesellschaft und auch die einzelnen Aktionäre müssen sich darauf verlassen können, dass der Hauptversammlungsleiter, der das Amt annimmt, die Fähigkeiten besitzt, die zur Ausübung des Amtes notwendig sind.

Aufgrund des objektiven Sorgfaltsmaßstabs existieren – insofern entsprechend der Organhaftung – auch im Bereich der vertraglichen Haftung kaum Konstellationen, in denen dem Hauptversammlungsleiter die Pflichtwidrigkeit seines Handelns nicht vorgeworfen werden kann. Denn steht bereits fest, dass die Hauptversammlungsleitung rechtswidrig war und der Hauptversammlungsleiter damit gegen die Pflicht zur Leitung der Hauptversammlung im Einklang mit Recht und Gesetz verstoßen hat, sind Fälle, in denen ihm dies persönlich nicht vorzuwerfen ist, schwer vorstellbar. Ein gewissenhafter, durchschnittlicher und ordentlicher Hauptversammlungsleiter hätte die Grundprinzipien der Verhältnismäßigkeit, Gleichbehandlung und Neutralität beachtet und wäre daher nicht durch rechtswidriges Vorgehen vom übernommenen Pflichtenprogramm abgekommen. Es gehört zur im Verkehr erforderlichen Sorgfalt, die notwendigen Kenntnisse und Fähigkeiten zu besitzen, sich solche anzueignen oder eben das Amt abzulehnen.

Ein fehlendes Verschulden kommt nach diesen Ausführungen allenfalls dort in Betracht, wo eine völlig unvorhergesehene Situation eintritt, in der auch von einem durchschnittlichen Hauptversammlungsleiter nicht erwartet werden kann, dass er unter Beachtung der Grundprinzipien handelt. Ebenfalls in diese Kategorie solcher Ausnahmetatbestände fallen Situationen, in denen die angemessene Reaktion aufgrund einer völlig unklaren Rechtslage nicht eindeutig zu bestimmen

531 Statt aller Looschelders, SchuldR AT, Rn. 476.

532 Vgl. nur Ernst in MüKo-BGB, § 280, Rn. 22.

533 Grüneberg in Palandt-BGB, § 276, Rn. 15.

ist,[534] bzw. ein schuldausschließender Rechtsirrtum vorliegt.[535] Ob solche Ausnahmen vorliegen, ist jeweils eine Frage des Einzelfalls. Allerdings sind die Befugnisse und Aufgaben des Hauptversammlungsleiters, wie oben gezeigt, heute in weiten Teilen herausgearbeitet und unstreitig.

d) Schaden/Kausalität

Im Hinblick auf den Schaden der Gesellschaft gilt das zur Organhaftung Gesagte (vgl. oben E.I.4.). Eventuelle Schadenspositionen sind insbesondere die Kosten für die Wiederholung einer beschlussfassenden Hauptversammlung, die Kosten des Anfechtungsverfahrens und potenzielle monetäre Vorteile infolge ausbleibender Geschäftschancen.

An der Kausalität fehlt es dann, wenn der Hauptversammlungsleiter zwar rechtswidrig handelt, die Beschlussanfechtung aber aus anderen Gründen Erfolg hat, und die Nichtigkeit der gefassten Beschlüsse auf diesen anderen Gründen fußt.

e) Haftungsbeschränkungen

Wie eben gezeigt, gibt es auf der Ebene des Verschuldens grundsätzlich keine nennenswerten Unterschiede zwischen Organhaftung und der Haftung nach § 280 Abs. 1 BGB. Dies könnten im Anwendungsbereich des § 280 Abs. 1 BGB Haftungsbeschränkungen Anwendung finden. Denn hier setzt § 276 Abs. 3 BGB ausdrücklich die Möglichkeit einer solchen Beschränkung voraus. Wie der Wortlaut von § 276 Abs. 1 und Abs. 3 BGB zeigt, kann eine Abweichung von den gesetzlichen Verschuldensmaßstäben aus Gesetz, Vertrag oder aus dem sonstigen Inhalt des Schuldverhältnisses resultieren.

Insofern ist zunächst zu untersuchen, ob eine gesetzliche Haftungsbeschränkung oder eine Haftungsbeschränkung aufgrund des Inhalts des Schuldverhältnisses eingreift. Anschließend ist auch die Möglichkeit einer vertraglich vereinbarten Haftungsbeschränkung zu beleuchten.[536] Von den nachfolgenden Ausführungen zu den Haftungsbeschränkungen sind sowohl solche Hauptversammlungsleiter betroffen, welche unentgeltlich tätig werden, als auch jene, die eine Vergütung für die Leitung erhalten. Wo die Frage der Entgeltlichkeit eine Rolle spielt, wird hierauf explizit hingewiesen.

---

534 So BGH, NJW 2005, S. 976 (977).

535 Theusinger/Schilha, BB 2015, S. 131 (140).

536 Eine zwingende Haftungsbeschränkung ohne Herleitung aus einem dieser Gründe vertreten Drinhausen/Marsch-Barner, AG 2014, S. 757 (767).

aa) *Gesetzliche Haftungsbeschränkungen*

Im Bereich der durch Gesetz vorgesehenen Haftungsbeschränkungen soll zunächst eine kurze Bestandsaufnahme durchgeführt und anschließend die Anwendbarkeit der gefundenen Vorschriften auf den hier vorliegenden Fall untersucht werden.

Das Gesetz ordnet in einer Vielzahl von Fällen Haftungsbeschränkungen an. Solche finden sich zum Beispiel für die Verantwortung des Schenkers in §§ 521 und 524 BGB. Dessen Haftung wird auf grobe Fahrlässigkeit oder sogar Arglist beschränkt. Ebenfalls nur maximal für grobe Fahrlässigkeit haftet der Verleiher gemäß § 599 BGB und der Geschäftsführer ohne Auftrag im Falle der Geschäftsführung zwecks Gefahrenabwehr gemäß § 680 BGB. Auch der ehrenamtlich tätige Organwalter des Vereins genießt eine Haftungsbeschränkung auf Vorsatz und grobe Fahrlässigkeit gemäß des bereits bekannten § 31a BGB. Gleiches gilt gemäß des ebenfalls bereits angesprochenen § 31b BGB für das Vereinsmitglied, welches eine unentgeltliche Tätigkeit zugunsten des Vereins ausübt.

Eine Beschränkung auf die eigenübliche Sorgfalt im Sinne des § 277 BGB findet sich zum Beispiel bei der unentgeltlichen Verwahrung gemäß § 690 BGB, der BGB-Gesellschaft gemäß § 708 BGB und im Familienrecht in §§ 1359 und 1664 BGB.

Naturgemäß kommen nicht alle aufgezeigten gesetzlichen Haftungsbeschränkungen für eine Anwendung auf den hier relevanten Fall in Betracht. Daher bedarf es einer Systematisierung der gefundenen Regelungen. Eine Anwendbarkeit könnte einerseits aufgrund der Art des geschlossenen Vertragsverhältnisses in Betracht kommen. Weiter könnten aber auch die Regelungen aus dem Bereich des Gesellschaftsrechts fruchtbar gemacht werden.

(1) Anwendbarkeit der existierenden gesetzlichen Haftungsbeschränkung aufgrund Vertragstypus

(a) Unentgeltliche Übernahme der Leitungsverantwortung

Wie bereits oben beschrieben, kommt es durch Wahl des Hauptversammlungsleiters und korrespondierender Annahme bei Unentgeltlichkeit der Hauptversammlungsleitung zum Abschluss eines Auftragsverhältnisses (vgl. oben F.I.2.a)bb(2)). Für diese Art des Vertragsverhältnisses sieht das Gesetz keine Haftungsbeschränkung vor. Allerdings wird speziell für den Fall des Auftrags seit Langem diskutiert, ob eine solche durch Analogie zu den unentgeltlichen Schuldverhältnissen begründet werden kann. Denn Wesensmerkmal vieler der genannten gesetzlichen Haftungserleichterungen ist deren Anwendung auf unentgeltliche Schuldverhältnisse. Dadurch wird der unentgeltlich Handelnde privilegiert.[537] Dies gilt beispielsweise für den Verleiher, den Schenker oder den unentgeltlichen Verwahrer.[538]

537 Medicus/Lorenz, Schuldrecht BT II, Rn. 5 und 390.

538 Vgl. Beuthien in Soergel-BGB, § 662, Rn. 16; K.P. Berger in Erman-BGB, § 662, Rn. 24.

Auch der Auftragnehmer handelt für den Auftraggeber unentgeltlich. Dennoch wird von der heute h. M. im Auftragsrecht eine Analogie der haftungsbeschränkenden Regeln zu Recht abgelehnt.[539] Denn zum einen fehlt es an einer planwidrigen Regelungslücke, da der historische Gesetzgeber bewusst eine Haftung nach den allgemeinen Maßstäben von § 276 BGB wollte[540] und auch der Gesetzgeber des Schuldrechtsmodernisierungsgesetzes trotz Wissens um die fehlende Haftungsbeschränkung beim Auftrag eine solche nicht einführte.[541]

Zum anderen ist die Interessenlage nicht vergleichbar. Der Auftragnehmer wird aufgrund des erteilten Auftrags im Interessen- und Rechtskreis des Auftraggebers tätig und nimmt damit fremde Angelegenheiten wahr. Er hat damit Einfluss auf Rechtsstellung und Güter des Auftraggebers, wobei die wirtschaftlichen Folgen des Handelns diesen treffen.[542] Eine solche Konstellation ist bei der Schenkung oder Leihe nicht gegeben. Hier übergibt der Verleiher nur einen Teil seines Vermögens auf Zeit beziehungsweise der Schenker auf Dauer. Eine dauerhafte und umfassende Einwirkungsmöglichkeit auf fremde Vermögenssphären wird hingegen nicht begründet. Wegen dieses fundamentalen Unterschiedes kann eine entsprechende Anwendung der bestehenden Haftungserleichterungen für das Auftragsrecht nicht erfolgen.

(b) Entgeltliche Übernahme der Leitungsverantwortung

Wird die Hauptversammlungsleitung gegen ein Entgelt durchgeführt – etwa durch einen professionellen Hauptversammlungsleiter – besteht entweder ein Dienstvertrag oder eine entgeltliche Geschäftsbesorgung (s. o. F.I.2.a)aa)). Beide Vertragsverhältnisse sehen im Grundsatz ebenfalls keine gesetzliche Haftungsbeschränkung vor.

(c) Zwischenergebnis

Aus den in Betracht kommenden Schuldverhältnissen, die zwischen Gesellschaft und Hauptversammlungsleitern bestehen können, ergeben sich folglich keine unmittelbar einschlägigen gesetzlichen Haftungsbeschränkungen.

(2) Haftungsbeschränkung aufgrund bestehender gesellschaftsrechtlicher Regelungen

Als gesetzliche Haftungsbeschränkungen aus dem Bereich des Gesellschaftsrechts kommen auf der einen Seite § 708 BGB aus dem Recht der GbR und auf der anderen Seite mit §§ 31a und 31b BGB zwei Normen des Vereinsrechts in Betracht. Aufgrund

---

539 Jeweils mit w.N. K.P. Berger in Erman-BGB, § 662, Rn. 24 f.; Martinek in Staudinger-BGB (2006), § 662, Rn. 41; Seiler in MüKo-BGB, § 662, Rn. 53 ff.

540 Vgl. die Nachweise bei Seiler in MüKo-BGB, § 662, Rn. 55.

541 Vgl. Fischer in BeckOK-BGB, § 662, Rn. 14.

542 Vgl. nur Fischer in BeckOK-BGB, § 662, Rn. 14 sowie die Nachweise unter Fn. 539.

des ausdrücklichen Bezuges dieser Normen zum Recht der GbR beziehungsweise zum Vereinsrecht ist eindeutig, dass diese Regelungen – wenn überhaupt – nur in entsprechender Anwendung für den hier zu diskutierenden Bereich des Aktienrechts fruchtbar gemacht werden können.

(a) Anwendbarkeit der Haftungsbeschränkung des GbR-Rechts

Eine entsprechende Anwendung des § 708 BGB kommt auch hier nicht in Betracht. Denn wie bereits dargestellt, passt der Telos von § 708 BGB nicht in den Bereich der Publikumsgesellschaften (vgl. E.I.5.a)aa)).

(b) Anwendbarkeit der Haftungsbeschränkungen des Vereinsrechts

Im Grundsatz kommt eine analoge Anwendung der §§ 31a bzw. 31b BGB auf den Hauptversammlungsleiter der Aktiengesellschaft außerhalb der Organhaftung durchaus in Betracht. § 31a BGB könnte bei der Übernahme des Amtes durch einen Organwalter ohne die Übernahme anordnende Satzungsregelung entsprechend anwendbar sein. Denn die Norm umfasst ausdrücklich die Haftungsreduzierung zugunsten von Organmitgliedern. § 31b BGB hingegen könnte dann analoge Anwendung finden, wenn ein Aktionär im Wege der Wahl durch die Hauptversammlung in das Amt kommt. Denn der Tatbestand der Norm bezieht sich auf einfache Vereinsmitglieder.

Eine vergleichbare Interessenlage ist aber nur dann gegeben, wenn der von der analogen Anwendung der §§ 31a bzw. 31b BGB Betroffene auch in einem dem Vereinsorgan oder Mitgliedsverhältnis entsprechenden Verhältnis zur Gesellschaft steht und seine Tätigkeit unentgeltlich erfolgt. §§ 31a und 31b BGB wollen nur solche Personen von einer Haftung befreien, die für „ihre" Organisation ohne Vergütung tätig werden. Damit scheidet der professionelle Hauptversammlungsleiter für eine Haftungsreduzierung nach diesen Normen aus.

Anders als bei § 31a Abs. 1 BGB im Rahmen der Organhaftung kann hier kein systematisches Argument gegen eine analoge Anwendung ins Feld geführt werden, da im Bereich der schuldrechtlichen Haftung für Hauptversammlungsleiter keine besonderen Haftungsregelungen einschlägig sind. Weder ist eine Haftungsreduzierung durch spezielle Normen zugelassen noch verboten. Vielmehr sieht der auch für diese Personengruppe einschlägige § 276 BGB die grundsätzliche Möglichkeit von Beschränkungen der Haftung vor, ohne sich aber speziell auf Hauptversammlungsleiter zu beziehen. Eine Regelungslücke kann folglich angenommen werden.

Entscheidendes Argument gegen eine entsprechende Anwendung der vereinsrechtlichen Normen ist aber der Sinn und Zweck der Regelungen. Es besteht insofern eine Parallele zur analogen Anwendbarkeit des § 31a Abs. 1 BGB bei der Organhaftung des durch Satzung zur Hauptversammlungsleitung bestimmten Organmitglieds. Denn ausdrücklich sollte mit der Einführung der §§ 31a Abs. 1 und 31b Abs. 1 BGB der Schutz von Privatpersonen, welche sich in gesellschaftlich-relevanten Belangen engagieren, bezweckt werden.[543] Sinn und Zweck war es, durch die Haftungsprivilegierung bürgerschaftliches Engagement zu fördern, um „wirtschaftliches Wachstum, gesellschaftliche Integration, Wohlstand sowie stabile demokratische Strukturen auch für die Zukunft zu erhalten und zu verbessern“[544].

Wie bereits zuvor erläutert, passt dieser Gesetzeszweck aber nicht zur Situation des Organwalters oder Aktionärs, der die Hauptversammlungsleitung für „seine“ Aktiengesellschaft übernimmt. Hierin zeigt sich kein bürgerliches Engagement mit gesamtgesellschaftlicher Relevanz, sondern es wird vielmehr eine mittelbare Förderung der Unternehmens- und Aktionärszwecke vorgenommen. Eine entsprechende Anwendung auf die im Grundsatz gewinnorientierten Kapitalgesellschaften ist daher nicht denkbar. Die Stärkung des bürgerschaftlichen Engagements durch eine ausdrückliche Haftungsbeschränkung wurde mit Absicht vom Gesetzgeber in das Recht der Vereine eingefügt. Hauptsächlich von dieser Gesellschaftsform verspricht sich der Gesetzgeber eine ehrenamtliche Tätigkeit von gesamtgesellschaftlicher Relevanz.

(c) Zwischenergebnis zur Anwendbarkeit der gesellschaftsrechtlichen Haftungsbeschränkungen

Aus Vorstehendem ergibt sich, dass die gesellschaftsrechtlichen Haftungsbeschränkungen für den hier relevanten Fall weder direkt noch analog eingreifen können.

(3) Ergebnis zur Anwendbarkeit der bestehenden gesetzlichen Haftungsbeschränkungen

Es bleibt damit festzuhalten, dass die bestehenden gesetzlichen Haftungsbeschränkungen für den Fall der Haftung des Hauptversammlungsleiters aus schuldrechtlichen Ansprüchen keine Berücksichtigung finden können. Dies gilt sowohl für eine direkte als auch für eine analoge Anwendung.

bb) Sonstiger Inhalt des Schuldverhältnisses

Gemäß § 276 Abs. 1 BGB kann sich eine mildere Haftung auch aus dem sonstigen Inhalt des Schuldverhältnisses ergeben. In diese Kategorie können die Grundsätze der beschränkten Arbeitnehmerhaftung eingeordnet werden.[545]

---

543 Vgl. dazu die Gesetzesbegründungen in BT-Drs. 16/10120 S. 6 und BR-Drs. 663/12, S. 9. Zum legislativen Hintergrund vgl. auch Leuschner, NZG 2014, S. 281.

544 Ausdrücklich Gesetzesbegründung BR-Drs. 663/12, S. 9.

545 Lakies in ArbR Hdb Praxis, § 62, Rn. 27; Caspers in Staudinger-BGB (2014), § 276, Rn. 133; Stadler in Jauernig-BGB, § 276, Rn. 53; dagegen aber Waltermann, RdA 2005, S. 98 (99 ff.) und Waltermann, JuS 2009, S. 193 (195); zweifelnd auch Hesse in BeckOK-ArbR, § 619a BGB, Rn. 4; zum Streitstand m.w.N. vgl. auch Waas/Palonka in HandKomm-ArbR, § 619a, Rn. 3.

(1) Direkte Anwendung der Grundsätze der Arbeitnehmerhaftung

Der durch die Versammlung gewählte oder auf sonstige Weise bestimmte Hauptversammlungsleiter ist kein Arbeitnehmer, da es an seiner Abhängigkeit und Weisungsgebundenheit gegenüber der Gesellschaft im Hinblick auf die Leitungstätigkeit fehlt. Dies gilt umso mehr, wenn der Gewählte nicht vergütet wird, was der Regelfall sein dürfte. Aber auch der professionelle Hauptversammlungsleiter ist nicht als Arbeitnehmer zu kategorisieren, da auch er weder an Weisungen gebunden, noch fremdbestimmt ist, sondern stattdessen persönlich unabhängig agiert.[546]

Aufgrund der fehlenden Arbeitnehmerqualität kommt sowohl für den bezahlten als auch für den unbezahlten Hauptversammlungsleiter folglich nur eine analoge Anwendung der Grundsätze der beschränkten Arbeitnehmerhaftung in Betracht.

(2) Analoge Anwendung der Grundsätze der Arbeitnehmerhaftung

Hierfür bedarf es wiederum einer vergleichbaren Interessenlage beider Konstellationen. Die Situation des gegenüber der Gesellschaft haftenden Leiters müsste folglich mit der eines seinem Arbeitgeber gegenüber haftenden Arbeitnehmers vergleichbar sein.

Im Grundsatz besteht eine solche Vergleichbarkeit. Sowohl der Arbeitnehmer als auch der Hauptversammlungsleiter werden für eine fremde Person in deren Interesse tätig. Ihr Handeln in dieser Funktion wirkt sich unmittelbar auf den Arbeitgeber beziehungsweise die Gesellschaft aus. Schäden, die durch das Handeln entstehen, treffen zunächst denjenigen, in dessen Interesse beide tätig werden. Der jeweils Geschädigte kann dann aber Regress nehmen.

Da hier speziell die Grundsätze der beschränkten Arbeitnehmerhaftung für den Hauptversammlungsleiter fruchtbar gemacht werden sollen, muss weiter überprüft werden, ob die zentralen Erwägungen, auf denen die Grundsätze der beschränkten Arbeitnehmerhaftung fußen, auch beim Hauptversammlungsleiter in entsprechender Weise eingreifen können.[547] Dabei ist auch zu berücksichtigen, dass im Rahmen der in dieser Konstellation meist vorliegenden Vertragsverhältnisse eine Haftungsbeschränkung vom Gesetzgeber bewusst nicht vorgesehen ist. Diese Intention ist zu berücksichtigen, indem eine entsprechende Anwendung nicht leichtfertig angenommen wird. Vielmehr muss deren Anwendbarkeit im Hinblick auf die spezielle Situation des Hauptversammlungsleiters genau überprüft und entsprechend begründet werden.

---

546 Vgl. zum Arbeitnehmerbegriff nur Müller Glöge in MüKo-BGB, § 611, Rn. 171 ff.

547 Ebenso allgemein für die Organhaftung vorgehend Koch, AG 2012, S. 429 (436).

(a) Grundgedanken der beschränkten Arbeitnehmerhaftung

Grundlage der beschränkten Arbeitnehmerhaftung ist der Gedanke, dass eine unbegrenzte Haftung des Arbeitnehmers gegenüber dem Arbeitgeber schlicht unbillig wäre,[548] da eine soziale Schutzbedürftigkeit des Arbeitnehmers bestehe.[549]

Zur rechtlichen Begründung dieses Empfindens wird darauf rekurriert, dass der Arbeitgeber durch die Eingliederung des Arbeitnehmers in seinen Betrieb und die Ausübung der Tätigkeit nach den vom Arbeitgeber statuierten Betriebsvorgaben eine eigene Betriebsgefahr mitzuverantworten habe.[550] Der Arbeitgeber sei für Arbeitsumgebung und teilweise die Ausübung der Tätigkeit des Arbeitnehmers verantwortlich.[551] Daher trage er ein Betriebsrisiko.[552] Folglich müsse er ebenfalls für Schäden, welche im Rahmen dieser Arbeit in seinem Betrieb verursacht werden, teilweise einstehen. Dogmatisch leite sich diese Mithaftung aus dem Gedanken des § 254 BGB her.[553]

In Ergänzung zu diesem auf § 254 BGB gestützten Gedankengang wird zudem argumentiert, dass dem Arbeitgeber die sich aus der Arbeitsleistung des Arbeitnehmers ergebenden Vorteile in Gänze zugutekommen und er sich damit dessen Arbeitskraft in wirtschaftlicher Hinsicht zunutze mache. Daher sei es auch folgerichtig, ihn an dem mit der menschlichen Arbeitsleistung verbundenen Risiko zu beteiligen.[554] Dies gelte umso mehr aufgrund des möglicherweise eklatanten Missverhältnisses zwischen den Verdienstmöglichkeiten des Arbeitnehmers und den Haftungssummen im Regressfall.[555]

Zudem wird argumentiert, dass der Arbeitgeber gegenüber dem Arbeitnehmer eine Fürsorge- und Schutzpflicht als Korrelat aus der Direktionsbefugnis habe und ihn deswegen nicht über Gebühr in Anspruch nehmen dürfe.[556]

---

548 Dazu und zum folgenden statt aller Preis in ErfKomm-ArbR, § 619a, Rn. 9 ff.

549 Krause in ArbR Komm, § 619a, Rn. 14; Lakies in ArbR Hdb Praxis, § 62, Rn. 25. In diese Richtung bereits BAGE 5, 1 (7). Zur verfassungsrechtlichen Herleitung vgl. die Ausführungen in BAGE 78, 56 (65 ff.) = NZA 1994, S. 1083 (1085 f.).

550 BAGE 78, 56 = NZA 1994, S. 1083; BAGE 101, 107 (112 f.) = NZA 2003, S. 37 (39). Vgl. aus der Literatur nur die Ausführungen von Krause in ArbR Komm, § 619a, Rn. 13 ff.; Preis in ErfKomm-ArbR, § 619a, Rn. 10.

551 Ausführlich BAGE 78, 56 = NZA 1994, S. 1083. Aus der Literatur vgl. nur Preis in ErfKomm-ArbR, § 619a, Rn. 10; Waas/Palonka in HandKomm-ArbR, § 619a, Rn. 6.

552 Siehe Fn. 550.

553 BAGE 78, 56 = NZA 1994, S. 1083; BAGE 101, 107 (113) = NZA 2003, S. 37 (39); Preis in ErfKomm-ArbR, § 619a, Rn. 10; Hanau/Adomeit, Arbeitsrecht, S. 189.

554 Krause in ArbR Komm, § 619a, Rn. 13; Otto in Otto/Krause/Schwarze, Haftung des ArbN, § 3, Rn. 18; grundlegend zu diesem Gedanken Canaris, RdA 1966, S. 41 ff.

555 So bereits BAGE 5, 1 (7); Otto in Otto/Krause/Schwarze, Haftung des ArbN, § 3, Rn. 23 ff.; Brox/Rüthers/Henssler, ArbR, Rn. 245; Preis, AuR 1986, S. 360 (364); Buchner, RdA 1972, S. 153 (157 f.).

556 Reichold in MünchHdB ArbR, § 51, Rn. 30.

(b) Anwendbarkeit der Grundgedanken der beschränkten Arbeitnehmerhaftung auf den Hauptversammlungsleiter

Einige der angeführten Argumente können auch für eine Haftungsbeschränkung zugunsten des haftenden Hauptversammlungsleiters fruchtbar gemacht werden.[557] Auch dieser wird für die Gesellschaft tätig, die aus seiner Tätigkeit wirtschaftliche Vorteile zieht. Nur durch das Tun des Hauptversammlungsleiters werden wichtige wirtschaftliche Vorgänge für die Gesellschaft überhaupt möglich – etwa wenn es einer Kapitalmaßnahme oder eines sonstigen Hauptversammlungsbeschlusses für die Nutzung von bestehenden Geschäftschancen bedarf. Der unbezahlte und gewählte Hauptversammlungsleiter ist zudem einem erheblichen wirtschaftlichen Risiko bei Fehlern ausgesetzt (vgl. F.I.2.d)), ohne dass er eine entsprechende Ausgleichsleistung für dieses Risiko erhält.

Auch das Argument vom Betriebsrisiko des Arbeitgebers kann entsprechend zugunsten des gewählten Hauptversammlungsleiters angeführt werden. Denn auch im Falle der Hauptversammlungsleitung ist es im Normalfall die Gesellschaft, die die Rahmenbedingungen der Tätigkeit des Hauptversammlungsleiters bestimmt und festlegt. Sie lädt die Aktionäre, organisiert die Abläufe der Hauptversammlung und sorgt dafür, dass eine entsprechende Unterstützung der auf der Versammlung agierenden Personen gewährleistet ist. Kurzum stellt auch im Falle der Hauptversammlung die Gesellschaft den äußeren Rahmen für die Tätigkeit des Leiters, in den dieser sich einzupassen hat. Daran ändert es auch nichts, dass der Hauptversammlungsleiter im Rahmen seiner eigentlichen Leitungstätigkeit frei und nur den Grundsätzen der Gleichbehandlung, Neutralität und Verhältnismäßigkeit unterworfen ist. Denn sein Handeln wird dennoch von den äußeren Umständen der Versammlung mitbestimmt und beeinflusst. Dies gilt umso mehr, als der Hauptversammlungsleiter keinen Einfluss auf die – möglicherweise kontroversen – Tagesordnungspunkte der Hauptversammlung hat. Er hat aber mit den potenziell konfliktträchtigen Gegenständen der Debatte umzugehen und die Hauptversammlung zu einem gütlichen Ende zu bringen.

Nach alledem ist ein Betriebsrisiko der Gesellschaft durch Veranstaltung der Hauptversammlung durchaus anzuerkennen.

(c) Ergebnis und Konsequenz

Letztendlich lässt sich festhalten, dass die Argumente, welche für die Anwendung der Grundsätze der beschränkten Arbeitnehmerhaftung ins Feld geführt werden, im Wesentlichen auch für den Fall des Hauptversammlungsleiters fruchtbar gemacht werden können. Auch der Hauptversammlungsleiter verdient Schutz vor übermäßiger Inanspruchnahme vonseiten der Gesellschaft, genau wie dies im Verhältnis von Arbeitgeber zu Arbeitnehmer der Fall ist. Einen tragfähigen Grund,

557 Ausdrücklich dagegen für den Fall der Organhaftung Fleischer, ZIP 2014, S. 1305 (1306).

den Hauptversammlungsleiter trotz identischer Interessen- und Gefährdungslage unbeschränkt haften zu lassen, während der normale Arbeitnehmer von einer solchen uferlosen Haftung aus gleichen Gründen verschont bleibt, ist nicht ersichtlich.

Daraus folgt, dass die zur beschränkten Arbeitnehmerhaftung entwickelten Regelungen betreffend den Umfang der Haftungserleichterungen grundsätzlich entsprechend für den gewählten Hauptversammlungsleiter angewendet werden müssen. Bei leichtester Fahrlässigkeit haftet der Hauptversammlungsleiter daher nicht.[558] Bei Vorsatz und grober Fahrlässigkeit bleibt es im Regelfall bei einer vollen Haftung.[559] Für sonstige Fahrlässigkeit findet eine Schadensteilung statt, wobei verschiedene Faktoren für die konkrete Aufteilung herangezogen werden können.[560]

cc) Möglichkeit der vertraglichen Beschränkung der Haftung

Neben der Einschränkung der Haftung durch Gesetz oder aus dem Inhalt des Schuldverhältnisses besteht auch die Möglichkeit von Parteiabsprachen in dieser Frage. Eine vertragliche Beschränkung der Haftung ist aufgrund der Vertragsfreiheit ohne Weiteres möglich und auch in § 276 Abs. 1 S. 1 BGB vorgesehen.[561] Auch § 276 Abs. 3 BGB zeugt davon, dass eine solche Vereinbarung zulässig ist. Die Norm setzt diese Möglichkeit voraus, indem sie die Grenze eines solchen Vorgehens festlegt. Vorliegend könnte also durch Absprache des Hauptversammlungsleiters mit dem Vorstand der Gesellschaft als deren Vertreter eine Haftungsbeschränkung zugunsten des Hauptversammlungsleiters vereinbart werden.

Bei einem Versammlungsleiter, der nicht nach den Regeln der Organhaftung in Anspruch genommen werden kann, bestehen gegen solche Vereinbarungen keine Bedenken, da die speziellen Haftungsanordnungen des Aktienrechts nicht eingreifen und auch sonst keine Gründe für die Unzulässigkeit einer Haftungserleichterung erkennbar sind. Daran ändert auch die Wahl eines Organmitgliedes als Hauptversammlungsleiter nichts. Denn ist das Aufsichtsratsmitglied nicht aufgrund einer entsprechenden Satzungsanordnung, sondern aufgrund der Wahl durch die Hauptversammlung tätig, wird die Hauptversammlungsleitung nicht Teil seiner Organaufgabe.

---

558 Zur Aufteilung nach den Verschuldungsgraden vgl. anschaulich BAGE 101, 107 (113) = NZA 2003, S. 37 (39) sowie aus der Literatur stellvertretend Preis in ErfKomm-ArbR, § 619a, Rn. 13 ff.

559 Grundlegend BAGE 7, 290 = DB 1959, S. 948; BAG, DB 2013, S. 705. Ausführlich zu dieser Frage BAGE 57, 55 = NZA 1988, S. 579. Aus der Literatur vgl. nur Krause in ArbR Komm, § 619a, Rn. 29 ff.

560 BAGE 57, 55 = NZA 1988, S. 579; BAGE 101, 107 (113) = NZA 2003, S. 37 (39); DB 2013, S. 705. Grundlegende Beispiele liefert auch BAGE 78, 56 (67) = NZA 1994, S. 1083 (1086). Aus der Literatur vgl. statt aller Krause in ArbR Komm, § 619a, Rn. 34 ff.; Preis in ErfKomm-ArbR, § 619a, Rn. 16 f.

561 Caspers in Staudinger-BGB (2014), § 276, Rn. 114; Unberath in BeckOK-BGB, § 276, Rn. 34.

Eine Haftungserleichterung wird sich normalerweise auf den Ausschluss der Haftung bei einem bestimmten Grad des Verschuldens beziehen. Ebenfalls denkbar ist eine Vereinbarung im Hinblick auf den Haftungsumfang, etwa durch Vereinbarung einer Haftungshöchstgrenze.[562] Auch ist eine Vereinbarung in der Art möglich, dass nur für bestimmte Schadensarten gehaftet wird.[563]

(1) Zustandekommen von beschränkenden Abreden

Zu klären ist aber, auf welche Weise solche Haftungsbeschränkungsvereinbarungen zustandekommen können. Unzweifelhaft ist dies durch eine ausdrückliche Vereinbarung möglich.

(a) Grundsätze der stillschweigenden Haftungsbeschränkung

Aber auch ohne ausdrückliche Vereinbarung kann zumindest ein Ausschluss der Haftung für einfache Fahrlässigkeit gegeben sein.[564] Für eine solche stillschweigende Haftungsbeschränkung sind zwei unterschiedliche Konstruktionen denkbar,[565] die aber in der gerichtlichen Praxis nicht strikt getrennt werden.[566] Zum Einen kann der Wille zur Haftungsbeschränkung konkludent aus den Umständen des Einzelfalls gefolgert werden. Notwendig ist dabei aber ein konkreter Anhaltspunkt für einen entsprechenden Willen der Parteien.[567] Zum anderen kann die Haftungsbeschränkung auch aus ergänzender Vertragsauslegung folgen. Dies kommt aber nur dann in Betracht, wenn bei hypothetischen Verhandlungen über eine Haftungsbeschränkung der Schädiger eine solche gefordert und der Geschädigte sich billigerweise einer solchen nicht hätte verschließen können.[568]

Allein die Einschlägigkeit eines Gefälligkeitsvertrages – wie hier etwa der Auftrag – ist noch kein Grund für die Annahme einer stillschweigenden Haftungsbeschränkung.[569] Vielmehr setzt eine solche allgemein voraus, dass für den Schädiger – beispielsweise auch aufgrund einer fehlenden Versicherungsmöglichkeit – ein nicht hinzunehmendes Haftungsrisiko gegeben ist und zudem Umstände vorliegen, die einen Haftungsverzicht des Geschädigten besonders plausibel

---

562 Caspers in Staudinger-BGB (2014), § 276, Rn. 129; Schulze in BGB-HandKomm, § 276, Rn. 27.
563 Stadler in Jauernig-BGB, § 276, Rn. 38.
564 Grüneberg in Palandt-BGB, § 276, Rn. 37 m.w.N.
565 Vgl. Grüneberg in Palandt-BGB, § 276, Rn. 37; Caspers in Staudinger-BGB (2014), § 276, Rn. 118; Unberath in BeckOK-BGB, § 276, Rn. 49.
566 Vgl. Grüneberg in Palandt-BGB, § 276, Rn. 37; Unberath in BeckOK-BGB, § 276, Rn. 49.
567 Grüneberg in Palandt-BGB, § 276, Rn. 37 m.w.N.
568 BGH, NJW 1980, S. 1681 (1682); BGH, NJW 1993, S. 3067 (3068).
569 BGH, NJW 1993, S. 3067 (3068); Unberath in BeckOK-BGB, § 276, Rn. 51 m.w.N.

erscheinen lassen.[570] Dabei ist grundsätzlich eine Betrachtung der Umstände des Einzelfalls notwendig.[571]

(b) Auswertung der bestehenden Rechtsprechung

Die umfangreiche Rechtsprechung zu stillschweigenden Haftungsbeschränkungen gibt trotz dieser jeweils notwendigen Einzelfallbetrachtung Indizien vor, bei deren Vorliegen eine stillschweigende Haftungsbeschränkung angenommen werden kann.[572] So wurde beispielsweise bei der Übernahme einer Fahrerposition aus Gefälligkeit zugunsten des Vertragspartners und im Wissen beider Parteien um die mit der Übernahme verbundenen erheblichen Gefahren, eine stillschweigende Haftungsbeschränkung angenommen.[573] Zum gleichen Ergebnis kam die Rechtsprechung bei der Übernahme einer Aufgabe auf Bitten des Geschädigten und dessen Wissen um die Unerfahrenheit des Schädigers.[574] Besonders bei Bewusstsein beider Parteien um die Wahrscheinlichkeit und das erhebliche Potenzial der Schäden sowie einer hinzutretenden unentgeltlichen Übernahme der Aufgabe durch den Schädiger im alleinigen Interesse der Geschädigten, geht die Rechtsprechung davon aus, dass eine Beschränkung der Haftung auf grobe Fahrlässigkeit und Vorsatz bei einer hypothetischen Verhandlung wohl vereinbart worden wäre.[575] Als Indizien für eine stillschweigende Haftungsbeschränkung können damit also die beiden Parteien bekannte Unerfahrenheit des Schädigers, der Umfang des Schadenspotenzials, die Wahrscheinlichkeit eines Schadenseintritts sowie die Übernahme der Aufgabe aus bloßer Gefälligkeit ohne Vergütung herausgearbeitet werden.

(c) Anwendung der Grundsätze auf den Hauptversammlungsleiter

Diese Indizien können auch im Falle der Hauptversammlungsleitung durch die Vertragspartner der Gesellschaft erfüllt sein. Eine Verantwortlichkeit für jede Art der Fahrlässigkeit stellt ein sehr erhebliches Haftungsrisiko dar, da bereits leichteste Fahrlässigkeit zum vollen Schadensersatz verpflichtet. Dieses Risiko ist dann besonders hoch, wenn es um eine große und wirtschaftlich aktive Aktiengesellschaft geht. Denn dann ist das Schadenspotenzial besonders erheblich. Das Gefahrenpotenzial erhöht sich noch weiter, wenn es sich bei dem zur Hauptversammlungsleitung Bestimmten um eine Privatperson – etwa den ältesten anwesenden Aktionär – ohne besondere Kenntnisse im Aktienrecht handelt. In einem solchen Fall sind Fehler bei der Leitung absehbar und folglich das Risiko für die Privatperson unüberschaubar,

---

570 BGH, NJW 1993, S. 3067 (3068); Unberath in BeckOK-BGB, § 276, Rn. 50 m.w.N.

571 Unberath in BeckOK-BGB, § 276, Rn. 50.

572 Einen Rechtsprechungsüberblick gibt Grüneberg in Palandt-BGB, § 276, Rn. 38 f.

573 Vgl. OLG Köln, MDR 2002, S. 150 f.; LG Bonn, NJW-RR 1994, S. 797 (798); AG Nürnberg, NJW-RR 2005, S. 1612 f.

574 Vgl. OLG Stuttgart, NJW-RR 2009, S. 384 (385).

575 Vgl. OLG Hamm, NJW-RR 2007, S. 1517 (1518); OLG Frankfurt a.M., NJW 2006, S. 1004 (1005).

weit ausufernd und damit unbillig. Dies gilt insbesondere auch unter dem Gesichtspunkt, dass – soweit ersichtlich – aktuell am Markt keine Versicherungen explizit für aus der Versammlungsleitung resultierende Schäden angeboten werden, so dass eine Versicherbarkeit zugunsten des Leiters fehlt.[576] Kommen also Unerfahrenheit, hohes Schadenspotenzial und fehlende Versicherbarkeit zusammen, kann von der Unbilligkeit einer unbeschränkten Haftung zulasten einer Privatperson ausgegangen werden. Gleichzeitig ist davon auszugehen, dass bei hypothetischen Verhandlungen zu diesem Punkt eine Beschränkung verlangt worden wäre.

Sind aber die eben genannten Indizien erfüllt, könnte sich auch die Gesellschaft einer Haftungsbeschränkung schon nach dem Grundgedanken von § 242 BGB wohl nicht verschließen. Hinzu kommt noch, dass es auch in ihrem Interesse liegt, das Amt des Hauptversammlungsleiters attraktiv zu gestalten und hierdurch möglicherweise vielversprechende Kandidaten für die Übernahme dieser Position zu gewinnen.[577] Besonders wenn die Übernahme des Amtes durch eine einzelne Person für die Gesellschaft hervorgehobene Bedeutung hat, würde sich der Vorstand einer Haftungsbeschränkung billigerweise wohl nicht entziehen.[578] Aber auch generell liegt es im Interesse der Gesellschaft, dass das Amt des Hauptversammlungsleiters nicht mit unüberschaubaren Haftungsrisiken in Verbindung steht. Immerhin ist die Gesellschaft ohne satzungsmäßige Bestimmung der Leitungsperson auf die Übernahme der Aufgabe durch die gewählte oder sonst ausgewählte (Privat-)Person angewiesen. Das aber die Bereitschaft zur Übernahme des Amtes bei einer möglichen ruinösen Haftung sinkt, kann nicht bezweifelt werden. Es sind damit Umstände gegeben, die auch für die Zustimmung zu einer entsprechenden Haftungsbeschränkung durch die Gesellschaft sprechen. Dies gilt besonders dann, wenn die Person von der Gesellschaft gebeten wird, die Hauptversammlung zu leiten. In der Bitte kann auch der Anhaltspunkt für eine konkludente Vereinbarung gesehen werden.

(d) Zwischenergebnis

Liegen die eben herausgearbeiteten Kriterien in der konkreten Situation vor, kann von einer stillschweigenden Beschränkung der Haftung auf grobe Fahrlässigkeit und Vorsatz ausgegangen werden. Sind nicht alle genannten Indizien erfüllt, kommt es auf eine Einzelfallbetrachtung an, bei der wiederum der Wissens- und Erfahrungsgrad der Leitungsperson, das Haftungspotenzial sowie die Umstände der Übernahme des Amtes einzubeziehen sind.

---

576 Zur Relevanz der versicherungsrechtlichen Rahmenbedingungen bei stillschweigenden Haftungsabreden vgl. nur Grüneberg in Palandt-BGB, § 276, Rn. 37; Unberath in BeckOK-BGB, § 276, Rn. 50; Casper in Staudinger-BGB (2014), § 276. Rn. 118.

577 Dieser Gedanke findet sich auch bei v. der Linden, NZG 2013, S. 208 (211 f.).

578 BGH, NJW 1992, S. 2474 (2475); OLG Stuttgart, NJW-RR 2009, S. 384 (385); Unberath in BeckOK-BGB, § 276. Rn. 51.

(2) Rechtmäßigkeitskontrolle der Haftungsklausel

Unabhängig von dem Zustandekommen einer haftungsbeschränkenden Vereinbarung stellt sich die Frage nach der Wirksamkeit der konkret zwischen den Parteien getroffenen Regelung. Generell kommt über die Beschränkung des § 276 Abs. 3 BGB hinaus eine AGB-Kontrolle in Betracht, soweit es sich bei der Haftungsabrede nicht um eine individualvertragliche Vereinbarung handelt.[579] Ferner bestehen bezüglich Haftungserleichterungen eine Reihe von gesetzlich-normierten Verboten.[580] Allerdings sind keine Anhaltspunkte für eine Anwendbarkeit dieser Verbote im Fall der Haftung eines Hauptversammlungsleiters ersichtlich.

(a) Relevanz der AGB-Kontrolle

Auch für eine AGB-Kontrolle der konkreten Vereinbarung ist in den speziellen Fällen der Haftung des Hauptversammlungsleiters nur ein begrenzter Anwendungsspielraum vorhanden. Wegen der bestehenden Interessenlage der Parteien wird die AGB-Kontrolle nämlich nur dann in Betracht kommen, wenn die Klausel zur Haftungsbeschränkung vom Hauptversammlungsleiter selber eingebracht wird. Ansonsten würde der Hauptversammlungsleiter gegen eine ihn begünstigende fremde Klausel klagen. Daraus folgt, dass der Hauptversammlungsleiter im Rahmen der Vertragsverhandlungen betreffend die Übernahme der Leitung AGB im Sinne der Definition des § 305 Abs. 1 BGB gegenüber der Gesellschaft stellen müsste. Es müsste sich also bei der Regelung der Haftungsbeschränkung um eine für eine Vielzahl von Verträgen vorformulierte Klausel handeln. In dieser Art wird allenfalls der professionelle Hauptversammlungsleiter vorgehen und auch nur dann, wenn es bereits im Vorfeld der Hauptversammlung zu Vertragsverhandlungen kommt. Denn es ist kaum wahrscheinlich, dass der spontan auf der Hauptversammlung gewählte Leiter für diesen Fall bereits vorgefertigte AGB ad hoc vorlegen kann. Innerhalb des insofern begrenzten Anwendungsbereiches der AGB-Kontrolle kann eine solche allerdings sowohl auf Haftungsbeschränkungen nach Art des Verschuldens als auch für höhenmäßige Beschränkungen eingreifen.

(b) Auswirkungen der AGB-Kontrolle

Ein vollständiger Ausschluss der Haftung bei grober Fahrlässigkeit ist durch AGB nicht zulässig. Dies ergibt sich entweder aus § 309 Nr. 7b BGB oder bei Eingreifen des § 310 Abs. 1 S. 1 BGB aus den allgemeinen Gedanken des § 307 Abs. 2 BGB. Nach einer Ansicht verstößt ein solcher Komplettausschluss gegen den allgemeinen Gerechtigkeitsgehalt des anwendbaren Vertragsrechts (§ 307 Abs. 2 Nr. 1 BGB).[581] Nach

579 Vgl. dazu ausführlich Grundmann in MüKo-BGB, § 276, Rn. 183 ff.
580 Vgl. dazu die Aufzählung bei Unberath in BeckOK-BGB, § 276, Rn. 46.
581 BGH, NJW 1978, S. 1918; Caspers in Staudinger-BGB (2014), § 276, Rn. 127.

anderer Meinung liegt bei einem solchen Ausschluss eine nach § 307 Abs. 2 Nr. 2 BGB unzulässige weil ungerechtfertigte Benachteiligung des Vertragspartners vor.[582]

Aus § 307 Abs. 2 Nr. 2 BGB ergibt sich ebenfalls das Verbot des Ausschlusses der Haftung bei Verletzung vertragswesentlicher Pflichten.[583] Dieses Verbot greift unabhängig vom Grad der Fahrlässigkeit und würde faktisch zu einer Unzulässigkeit aller beschränkenden Vereinbarungen im Hinblick auf diese vertragswesentlichen Pflichten führen. Damit stellt sich im vorliegenden Fall die Frage, ob die rechtmäßige Hauptversammlungsleitung eine vertragswesentliche Pflicht des professionellen Hauptversammlungsleiters ist. Denn wäre dies der Fall, wäre ein Haftungsausschluss bei rechtswidrigem Verhalten generell unzulässig. Um als vertragswesentliche Pflicht zu gelten, müsste es sich bei der rechtmäßigen Leitung um eine Pflicht handeln, welche die ordnungsgemäße Durchführung des Vertrages überhaupt erst ermöglicht.[584] Als solche wäre hier sicherlich die grundsätzliche Pflicht zur Leitung zu sehen. Die Rechtmäßigkeit der Leitung ist hingegen nicht zwingende Notwendigkeit für die Durchführung des Vertrages.

Allerdings ist eine Freizeichnung auch für solche Pflichten unzulässig, bei denen der Vertragspartner etwa aufgrund besonderer Sachkenntnis ein besonders sorgfältiges Handeln vom Verwender erwarten kann.[585] So liegt der Fall auch bei der Pflicht zur rechtmäßigen Versammlungsleitung durch den professionellen Hauptversammlungsleiter. Dieser wird im Regelfall nur dann zur Leitung berufen, wenn die Verwaltung der Gesellschaft eine besonders schwierige Hauptversammlung erwartet und sie daher professionelle und erfahrene Hilfe in Anspruch nehmen möchte/muss. Zweck des Vertrages ist dann gerade die fachmännische Durchführung der Hauptversammlung. In einem solchen Fall vertraut die Gesellschaft auf das ordnungsgemäße Verhalten des professionellen Leiters und erhofft sich damit Planungssicherheit im Hinblick auf die gefassten Beschlüsse. Auf der anderen Seite nimmt der professionelle Hauptversammlungsleiter gerade für sich in Anspruch, aufgrund seiner besonderen Sachkenntnis die Hauptversammlung ohne wesentliche Komplikationen oder anfechtungsrelevante Umstände zu leiten.[586] Ein Ausschluss der Haftung für rechtswidrige Leitungsmaßnahmen wäre in einer solchen Konstellation folglich nicht mit dem Vertragszweck einer professionellen und fachmännischen Leitung vereinbar.

Die eben geschilderte Sondersituation beim professionellen Hauptversammlungsleiter bewirkt zusätzlich, dass auch eine Beschränkung der Haftungshöhe unzulässig ist.[587] Denn auch eine solche Beschränkung würde den Vertragszweck

---

582 BGHZ 174, 1 (5 Rn. 13) = NJW 2007, S. 3774 (Rn. 13); Coester-Waltjen in Staudinger-BGB (2013), § 309, Rn. 42.

583 Vgl. dazu Coester in Staudinger-BGB (2013), § 307, Rn. 438 f.

584 Coester in Staudinger-BGB (2013), § 307, Rn. 438 m.w.N.

585 Stadler in Jauernig-BGB, § 307, Rn. 12; Coester in Staudinger-BGB (2013); § 307, Rn. 440. Vgl. auch den Fall BGH, NJW-RR 1986, S. 271 (272).

586 Vgl. zu einer identischen Konstellation BGH, NJW-RR 1986, S. 271 (272).

587 Vgl. dazu Grundmann in MüKo-BGB, § 276, Rn. 185.

der Vereinbarung mit dem professionellen Hauptversammlungsleiter gefährden.[588] Allenfalls denkbar wäre die Vereinbarung einer Haftungshöchstsumme, wenn diese Summe ausreicht, den vorhersehbaren Schaden mitsamt Folgeschäden auszugleichen.[589] Diese Höchstsumme müsste zumindest die Kosten der Hauptversammlung und des Anfechtungsverfahrens einschließen.

Zusammenfassend ist damit zu sagen, dass eine Rechtmäßigkeitskontrolle der vereinbarten Haftungsbegrenzungen nur für professionelle Hauptversammlungsleiter tatsächlich in Betracht kommt. Für diese ist aufgrund von § 307 Abs. 2 Nr. 2 BGB aber sowohl der Ausschluss als auch die summenmäßige Beschränkung der Haftung – unabhängig vom Grad des Verschuldens – nicht zulässig.

(3) Zwischenergebnis

Grundsätzlich können Haftungsbeschränkungen unter Berücksichtigung der Grenze des § 276 Abs. 3 BGB sowohl ausdrücklich als auch stillschweigend zwischen Hauptversammlungsleiter und Gesellschaft vereinbart werden. Die Beschränkungen des AGB-Rechts verbieten aber eine Haftungsbeschränkung für Fehler bei der Leitung durch professionelle Leiter.

dd) Zwischenergebnis

Als Ergebnis zu den Möglichkeiten einer Haftungsbeschränkung bleibt damit festzuhalten, dass kein Fall der gesetzlich-angeordneten Haftungsbeschränkungen eingreift. Dies gilt sowohl im Hinblick auf die bestehenden Regelungen der Schuldverhältnisse als auch auf die Haftungsbeschränkungen aus dem Bereich des Gesellschaftsrechts.

Hingegen kommt eine entsprechende Anwendung der Grundsätze der beschränkten Arbeitnehmerhaftung aufgrund vergleichbarer Interessenlagen durchaus in Betracht. Der Hauptversammlungsleiter bedarf aufgrund einer vergleichbaren Interessenlage eines ähnlichen Schutzes im Rahmen des Regresses wie der Arbeitnehmer gegenüber dem Arbeitgeber.

Darüber hinaus bleibt die Möglichkeit der Vereinbarung einer Haftungsbeschränkung zwischen Gesellschaft und Hauptversammlungsleiter. Eine solche kann auch stillschweigend erfolgen, ist aber in bestimmten Konstellationen unzulässig.

ee) Haftungsbeschränkung zugunsten eines gerichtlich bestellten Hauptversammlungsleiters

Im Grunde gelten die soeben diskutierten Möglichkeiten einer Haftungsbeschränkung auch für den gerichtlich bestellten Leiter der Hauptversammlung. Denn trotz

---

588 Vgl. den Fall BGH, NJW 1993, 335 (336).

589 So auch allgemein Grundmann in MüKo-BGB, § 276, Rn. 185 und Coester in Staudinger-BGB (2013), § 307, Rn. 448. Vgl. auch BGH, NJW 1993, 335 (336).

der gerichtlichen Bestellung besteht zwischen Gesellschaft und Hauptversammlungsleiter ein Schuldverhältnis. Daher findet auch § 276 Abs. 1 BGB Anwendung.

Gesetzliche Haftungsbeschränkungen zugunsten des gerichtlich bestellten Hauptversammlungsleiters sind ebenfalls nicht ersichtlich. Doch sollte auch zu seinen Gunsten aufgrund der vergleichbaren Interessenlage die Beschränkung durch eine entsprechende Anwendung der Grundsätze der beschränkten Arbeitnehmerhaftung eingreifen. Zudem steht es dem bestellten Hauptversammlungsleiter natürlich frei, eine Haftungsbeschränkung entsprechend der obigen Ausführungen zu vereinbaren. Dies müsste in Ermangelung eines Vertrages mit der Gesellschaft gesondert vereinbart werden.

f) Beweislastverteilung

Die Beweislast für das Verschulden wäre nach allgemeinen Grundsätzen als anspruchsbegründende Tatsache von der Gesellschaft zu tragen. Davon abweichend ordnet § 280 Abs. 1 S. 2 BGB eine Beweislastumkehr in der Art an, dass der Schuldner – also hier der Hauptversammlungsleiter – sein fehlendes Verschulden nachzuweisen hat.

Allerdings ist hier besonders zu berücksichtigen, dass die Grundsätze der beschränkten Arbeitnehmerhaftung auch auf der prozessualen Seite – genauer: Für den Bereich der Beweislast – eine besondere Ausprägung erfahren haben. Denn diesbezüglich ordnet § 619a BGB eine gesonderte Verteilung der Beweislast an. Abweichend von der allgemeinen Regelung des § 280 Abs. 1 S. 2 BGB sieht die Norm im Bereich der Arbeitnehmerhaftung eine Beweislast nach den allgemeinen Grundsätzen des Zivilprozesses vor, so dass im Ergebnis der Arbeitgeber das Verschulden des Arbeitnehmers im Prozess zu beweisen hat.

Diese Beweislastregelung gilt aufgrund des eindeutigen Wortlauts nur für Arbeitnehmer. Nach ihrem Sinn und Zweck stellt sie die prozessuale Absicherung der Grundsätze der beschränkten Arbeitnehmerhaftung dar.[590] Hintergrund dazu ist, dass der Arbeitnehmer im Anwendungsbereich der beschränkten Arbeitnehmerhaftung durch die im Zuge der Schuldrechtsmodernisierung eingeführte allgemeine Beweislastumkehr des § 280 Abs. 1 S. 2 BGB nicht schlechter gestellt werden sollte als dies vor der Reform der Fall war.[591] Nach altem Recht war eine Beweislastumkehr zulasten des Arbeitnehmers nicht anzuwenden.[592] Aus diesem Sinn und Zweck ergibt sich aber auch, dass die Anordnung des § 619a BGB immer dann gelten muss, wenn die Grundsätze der beschränkten Arbeitnehmerhaftung gelten.[593]

---

590 Henssler in MüKo-BGB, § 619a, Rn. 43.

591 Diese Sorgen artikuliert beispielsweise Löwisch, NZA 2001, S. 465 (466). Zur gesamten Entstehungsgeschichte und Normzweck vgl. Richardi/Fischinger in Staudinger-BGB (2011); § 619a, Rn. 1 ff. und Fuchs in BeckOK-BGB, § 619a, Rn. 1.

592 Dazu m.w.N. Preis in ErfKomm-ArbR, § 619a, Rn. 2.

593 Preis in ErfKomm-ArbR, § 619a, Rn. 3; Henssler in MüKo-BGB, § 619a, Rn. 44; Hesse in BeckOK-ArbR, § 619a, Rn. 2.

Aus diesen Überlegungen folgt, dass bei entsprechender Anwendung der Grundsätze der beschränkten Arbeitnehmerhaftung auf die Fälle der Haftung des Hauptversammlungsleiters auch die Regelung des § 619a BGB Anwendung finden muss. Dies bedeutet, dass die Beweislast für das Verschulden entgegen § 280 Abs. 1 S. 2 BGB wieder bei der Gesellschaft liegt.

g) Ergebnis

Eine Haftung des Hauptversammlungsleiters nach § 280 Abs. 1 BGB ist möglich. Allerdings führt § 280 Abs. 1 BGB bei einem Hauptversammlungsleiter, der die Hauptversammlungsleitung als Organ aufgrund einer entsprechenden Satzungsanordnung übernimmt, zu keiner weitergehenden Verantwortlichkeit als im Rahmen der in einem solchen Fall vorrangig anwendbaren Organhaftung nach §§ 93 Abs. 2, 116 AktG. Aus diesem Grund ist die Haftung nach § 280 Abs. 1 BGB nur für die durch die Hauptversammlung gewählten oder auf sonstige Weise (z. B. durch den Aufsichtsrat ausgewählt) bestimmten Hauptversammlungsleiter von Relevanz. Denn für diese greifen die Organhaftungsregelungen wie gezeigt nicht.

Ein Schuldverhältnis zwischen Leitern und der Gesellschaft ist zumeist vertraglicher Art, kann aber auch durch Gesetz begründet werden. Handeln diese Hauptversammlungsleiter aufgrund Missachtung der Grundsätze der Hauptversammlungsleitung rechtswidrig, liegt darin zugleich eine Verletzung der übernommenen Pflichten.

Im Hinblick auf das Verschuldenselement gilt § 276 Abs. 1 BGB. Daher wird grundsätzlich für Vorsatz und jede Art der Fahrlässigkeit gehaftet. Es sprechen aber gute Gründe dafür, die Grundsätze der beschränkten Arbeitnehmerhaftung zugunsten des gewählten oder auf sonstige Weise bestimmten Hauptversammlungsleiters anzuwenden. Die grundsätzliche Möglichkeit der Anwendung der Grundsätze der beschränkten Arbeitnehmerhaftung eröffnet ebenfalls § 276 Abs. 1 BGB. Darüber hinaus sind Vereinbarungen zwecks Haftungsbegrenzung zulässig.

Wendet man die Grundsätze der beschränkten Arbeitnehmerhaftung auf den Hauptversammlungsleiter an, ergibt sich die Beweislast für das Verschulden aus § 619a BGB, weswegen die Gesellschaft für alle Tatbestandsmerkmale beweisbelastet ist. Außerhalb der Privilegien der Arbeitnehmerhaftung gilt die Verschuldensvermutung des § 280 Abs. 1 S. 2 BGB, so dass der Hauptversammlungsleiter sein fehlendes Verschulden nachzuweisen hat.

Der ersatzfähige Schaden liegt zumeist in den Kosten einer zu wiederholenden Hauptversammlung, den durch die Beschlussanfechtung verursachten Kosten oder dem möglichen Gewinn aus entgangenen wirtschaftlichen Geschäftschancen.

3. Haftung nach § 280 Abs. 3 BGB in Verbindung mit § 281 BGB

Wie bereits angesprochen, kommt in bestimmten Konstellationen auch eine Haftung des Hauptversammlungsleiters nach den Regeln des Schadensersatz statt der Leistung gemäß §§ 280 Abs. 3, 281 BGB in Betracht.

Grundsätzlich bedarf es nach dem Wortlaut des § 281 BGB auch hier der eben besprochenen Voraussetzungen von § 280 Abs. 1 BGB. Darüber hinaus setzt § 281 BGB die Bestimmung einer angemessenen Frist zur Nacherfüllung voraus. Wie lang eine solche Frist zu sein hat, bestimmt sich nach den Umständen des Einzelfalls. Es ist aber für den Fall der Hauptversammlungsleitung davon auszugehen, dass normalerweise eine schnelle Nacherfüllung erfolgt, um die möglicherweise noch bestehende Geschäftschance doch noch nutzen zu können (vgl. dazu das Beispiel oben F.I.1.b)). Die Entbehrlichkeit der Fristsetzung kann sich für den Fall der Haftung des Hauptversammlungsleiters aus § 281 Abs. 2 und Abs. 3 BGB ergeben.

4. Haftung nach § 280 Abs. 2 BGB in Verbindung mit § 286 BGB

Auch für die möglicherweise in Betracht kommende Verzugshaftung nach §§ 280 Abs. 2, 286 BGB müssen die Voraussetzungen des § 280 Abs. 1 BGB gegeben sein. Darüber hinaus bedarf es einer Mahnung, durch welche der Schuldner – hier also der Hauptversammlungsleiter – in Verzug gesetzt wird. Die Entbehrlichkeit einer solchen Mahnung wird im vorliegenden Fall aufgrund von § 286 Abs. 2 Nr. 1 BGB die Regel sein. Für die geschuldete Leistung des Hauptversammlungsleiters ist eine feste Zeit bestimmt – nämlich die der Hauptversammlung – und dieses Ereignis wurde im Regelfall auch zwischen den Parteien als fixer Leistungszeitpunkt vereinbart.[594]

II. Deliktische Haftung

Neben den Ansprüchen auf Schadensersatz aufgrund eines zwischen den Parteien bestehenden Schuldverhältnisses ist auch eine Haftung nach den Regelungen des Deliktrechts denkbar.[595] Zu prüfen sind in diesem Zusammenhang sowohl § 823 Abs. 1 und Abs. 2 BGB als auch § 826 BGB. Deliktische Normen außerhalb des BGB sind hingegen nicht für den speziellen Fall der Hauptversammlungsleiterhaftung anwendbar.

1. § 823 Abs. 1 BGB

Aus § 823 Abs. 1 BGB kann sich für die dargestellten Schadenspositionen der Gesellschaft kein Anspruch gegen den Hauptversammlungsleiter ergeben. Denn die Kosten einer wiederholten Hauptversammlung, des Verfahrens der Anfechtung und auch der Schaden aufgrund einer verpassten Geschäftschance sind reine Vermögensschäden der Gesellschaft.[596] Private Vermögensschäden können nicht über § 823 Abs. 1 BGB liquidiert werden, da § 823 Abs. 1 BGB nur absolute Rechte schützt.

Auch eine Beeinträchtigung des eingerichteten und ausgeübten Gewerbebetriebs der Gesellschaft kommt im Hinblick auf die möglicherweise vereitelte

---

594 Vgl. dazu Ernst in MüKo-BGB, § 286, Rn. 56.
595 Vgl. dazu eingehender Reinicke, Rechtsstellung des Vors. der HV, S. 171 ff.
596 So auch v. der Linden, NZG 2013, S. 208 (212).

Geschäftschance nicht in Betracht. Denn es bedarf eines unmittelbaren Eingriffs des Schädigers in den Betrieb selbst.[597] Ein bloßes Fehlverhalten auf der Hauptversammlung reicht daher nicht aus.

2. § 823 Abs. 2 BGB

Auch eine Haftung aus § 823 Abs. 2 BGB in Verbindung mit einem Schutzgesetz kommt bei Fehlern des Hauptversammlungsleiters nicht in Betracht. Denn es sind keine Schutzgesetze ersichtlich, welche durch das fragliche Hauptversammlungsleiterhandeln verletzt sein könnten.[598] § 266 StGB kommt aufgrund des Fehlens einer Verpflichtungsbefugnis und besonders wegen einer fehlenden Vermögensbetreuungspflicht des Hauptversammlungsleiters nicht zur Anwendung.[599]

3. § 826 BGB

Grundsätzlich ist eine Haftung des Hauptversammlungsleiters gemäß § 826 BGB möglich, zumal diese Norm auch das Vermögen schützt. Allerdings wird dieser Vermögensschutz nur unter der Voraussetzung einer vorsätzlichen Schädigung und der Sittenwidrigkeit des Handelns gewährt. Dies bedeutet, dass der Hauptversammlungsleiter sich hätte bewusst sein müssen, dass sein Handeln zu einem Schaden der Gesellschaft führen wird.[600]

Eine Konstellation, in der der Hauptversammlungsleiter die Gesellschaft bewusst durch sein Handeln schädigen will, ist in der Praxis nur schwer vorstellbar.[601] Zwar reicht es aus, wenn der Hauptversammlungsleiter weiß, dass die Schädigung im Bereich des Möglichen liegt, und er dies billigend in Kauf nimmt.[602] Doch ist auch ein solcher Dolus eventualis bei einem normalerweise im Grundsatz am Bestand und Fortkommen der Gesellschaft interessierten und mit der Gesellschaft verbundenen Leiter kaum anzunehmen.[603]

Hinzu kommt, dass der Schaden der Gesellschaft in der vorliegenden Haftungskonstellation nur mittelbar über die Beschlussanfechtung eintritt. Daraus folgt, dass der Hauptversammlungsleiter bewusst pflichtwidrig handeln müsste und zwar mit dem Ziel über eine spätere Beschlussanfechtung Schäden der Gesellschaft zu verursachen. Dies erscheint realitätsfern und ist im Übrigen in der Praxis auch

597 Vgl. nur Sprau in Palandt-BGB, § 823, Rn. 128.

598 v. der Linden, NZG 2013, S. 208 (212).

599 A.A. offensichtlich Heidel in Heidel-AktG und KapMarktR, Vor §§ 129–132, Rn. 71.

600 Vgl. nur Wagner in MüKo-BGB, § 826, Rn. 24.

601 Kubis in MüKo-AktG, § 119, Rn. 184; Heidel in Heidel-AktG und KapMarktR, Vor §§ 129 - 132, Rn. 71.

602 Vgl. zu diesem Erfordernis im Allgemeinen BGHZ 160, 149 (156) = NZG 2004, S. 907 (909); Wagner in MüKo-BGB, § 826, Rn. 26.

603 v. der Linden, NZG 2013, S. 208 (212).

kaum nachzuweisen.[604] Das gilt umso mehr, als dass das Handeln des Hauptversammlungsleiters für eine Haftung nach § 826 BGB dem „Anstandsgefühl aller billig und gerecht Denkenden“ widersprechen müsste.[605] Es ist kaum vorstellbar, dass das Handeln des Hauptversammlungsleiters im Rahmen einer Hauptversammlung einmal als so verwerflich einzustufen ist.

4. Ergebnis

Damit kann sich allenfalls aus § 826 BGB eine deliktische Haftung des Hauptversammlungsleiters ergeben. Doch auch dort sind die Hürden der vorsätzlichen Schädigung und sittenwidrigen Handlung so hoch, dass eine Haftung nur in seltensten Fällen einschlägig sein wird.

604 Vgl. Heidel in Heidel-AktG und KapMarktR, Vor 129–132, Rn. 71.
605 BGHZ 160, 149 (157) = NZG 2004, S. 907 (909); Staudinger in BGB-HandKomm, § 826, Rn. 6.

G. Versicherung des Haftungsrisikos

Nach den im Verlauf der Arbeit dargelegten und begründeten Ergebnissen haften grundsätzlich sowohl Organmitglieder als auch sonstige Personen für Schäden, die sie aufgrund von Fehlern bei der Versammlungsleitung verursachen. Das führt zu der Frage, ob dieses Haftungsrisiko über eine entsprechende Versicherung aufgefangen werden kann.[606]

I. Grundsätzliche Versicherbarkeit des Hauptversammlungsleiterhandelns

Im Grundsatz sind keine Argumente gegen eine Versicherungsmöglichkeit zugunsten des Hauptversammlungsleiters ersichtlich.[607] Denn die Interessenlage entspricht der Situation bei der D&O-Versicherung, deren Zulässigkeit seit Langem unbestritten und durch § 93 Abs. 2 S. 3 AktG mittlerweile auch gesetzlich anerkannt ist.[608] Entsprechend dieser vergleichbaren Interessenlage müssen die Grundprinzipien der D&O-Versicherung auch bei eine Versicherung zugunsten des Hauptversammlungsleiters gelten. Die D&O-Versicherung ist eine freiwillige Vermögensschaden-Haftpflichtversicherung.[609] Praktisch umgesetzt wird sie als Versicherung auf fremde Rechnung[610] (§§ 43 ff. VVG) durch Abschluss eines Versicherungsvertrages zwischen Gesellschaft und Versicherer zugunsten der Organmitglieder, wobei der Versicherungsschutz nicht an eine bestimmte Person, sondern abstrakt an Organpositionen angeknüpft.[611]

Gegen den Abschluss der Versicherung zugunsten des Hauptversammlungsleiters durch die Gesellschaft selbst sprechen – wie bei der D&O Versicherung – keine durchgreifenden Bedenken, und zwar auch dann nicht, wenn die von der Gesellschaft abgeschlossene Versicherung auch die Ansprüche aus der Innenhaftung abdeckt.[612] Die verhaltenssteuernde Wirkung der Haftung bleibt auch bei einer

606 Laut Heidel in Heidel-AktG und KapMarktR, Vor §§ 129–132, Rn. 74 mit Fn. 252 war das Thema der Versicherung des Hauptversammlungsleiters nach Auskunft von Dr. Horst Ihlas von Dr. Ihlas GmbH Financial Lines Versicherungsmakler in der Vergangenheit weltweit noch kein Thema.

607 So auch v. der Linden, NZG 2013, S. 208 (212).

608 Fleischer in Spindler/Stilz-AktG, § 93, Rn. 226.

609 Armbrüster, PrivatVR, Rn. 1750. Zur Einordnung der D&O-Versicherung eingehend Dreher, DB 2005, S. 1669 (1670 f.).

610 Vgl. dazu Dreher, DB 2005, S. 1669 (1670 f.).

611 Armbrüster, PrivatVR, Rn. 1752.

612 v. der Linden, NZG 2013, S. 208 (212); allgemein zu diesem Aspekt bei der D&O-Versicherung Voit in Armbrüster/Prölss u. a.-VVG, D&O, Rn. 6; Dreher, DB 2005, S. 1669 (1672 ff.); Sieg in Münch AnwHdb VersicherungsR, § 17, Rn. 39.

bestehenden Versicherung weitgehend erhalten.[613] Zudem ergeben sich aus dem Abschluss monetäre Vorteile für die Gesellschaft. Denn wie bei der D&O-Versicherung gewährleistet der Versicherungsschutz für Fälle der Innenhaftung, dass ein solventer Schuldner zugunsten der Gesellschaft bereitsteht.[614] Dieses Argument kann im besonderen Maße für die Haftung des Hauptversammlungsleiters fruchtbar gemacht werden, da die zu ersetzenden Schäden schnell in Bereiche steigen können, welche für die allermeisten Privatpersonen finanziell überfordernd sind. Die Gesellschaft wäre also ohne eine ausreichende Versicherung mit einem häufig nicht realisierbaren Anspruch und dadurch dem Schaden allein gelassen. Auch erhöht der Abschluss einer Versicherung die Attraktivität des Amtes und erleichtert damit die Kandidatenfindung.[615] Weiter schützt eine Versicherung und das Bewusstsein um diese davor, aufgrund einer möglichen tiefgreifenden Haftung mit übermäßiger Vorsicht zu agieren und die eventuell einschneidenden, aber notwendigen Entscheidungen zugunsten einer ordnungsgemäß verlaufenden Hauptversammlung nicht zu treffen.[616]

Seine Grenzen findet der Versicherungsschutz des Hauptversammlungsleiters in den vertraglichen Absprachen mit dem Versicherer[617] und den allgemeinen Bestimmungen betreffend Versicherungsverhältnisse – etwa bei vorsätzlichem oder grob fahrlässigem Verhalten (§ 81 VVG).[618]

II. Notwendigkeit des Versicherungsschutzes

Diese Versicherbarkeit gilt sowohl für die Haftung eines Organwalters als auch für die Haftung einer sonstigen die Hauptversammlungsleitung übernehmenden Person. Bei Letzterer wird die Versicherbarkeit neben eine eventuelle Haftungsbeschränkung treten und damit das ruinöse Haftungsrisiko minimieren.

Beim Aufsichtsratsmitglied, welches die Hauptversammlungsleitung aufgrund statuarischer Regelung in der Satzung übernimmt, ergibt sich die Haftung nach hier vertretener Ansicht direkt aus § 116 AktG in Verbindung mit § 93 Abs. 2 AktG, ohne dass die Möglichkeit einer Haftungsbeschränkung besteht. Insofern ist die Versicherungsmöglichkeit gegen eine persönliche Inanspruchnahme in dieser Konstellation von besonderer Bedeutung. Die Inanspruchnahme eines Versicherungsschutzes ist

---

613 Hopt/Roth in GroßKomm-Aktiengesetz, § 93, Rn. 453.

614 Zu diesem Gedanken bei der D&O-Versicherung vgl. Hölters in Hölters-AktG, § 93, Rn. 398; Fleischer in Spindler/Stilz-AktG, § 93, Rn. 229.

615 Vgl. Fleischer in Spindler/Stilz-AktG, § 93, Rn. 229; Mertens/Cahn in KK-AktG, Band 2.1, § 93, Rn. 242.

616 Koch in Hüffer-AktG, § 93, Rn. 58; Fleischer in Spindler/Stilz-AktG, § 93, Rn. 229; Mertens/Cahn in KK-AktG, Band 2.1, § 93, Rn. 242.

617 Vgl. zu den Ausschlüssen bei der D&O-Versicherung die Ausführungen von Ihlas in MüKo-VVG, D&O, Rn. 362 ff.

618 Zur Anwendbarkeit der Regeln des VVG auf die D&O-Versicherung vgl. Armbrüster, PrivatVR, Rn. 1751.

für diese Personengruppe nahezu zwingend. Denn zumeist erfolgt die Übernahme der Hauptversammlungsleitung durch ein satzungsmäßig bestimmtes Aufsichtsratsmitglied ohne gesonderte Vergütung. Unterbliebe aber nun eine Versicherung gegen die dargelegten Risiken, stünde die potenzielle Haftungsgefahr mit möglicherweise erheblichen Beeinträchtigungen des Privatvermögens in einem krassen Missverhältnis zum Nutzen der Übernahme der Leitung für die betreffende Person.[619] Nur durch die Versicherung bleibt das persönliche Haftungsrisiko kalkulierbar.

III. Bestehende D&O-Versicherung und Hauptversammlungsleitung

Aufsichtsratsmitglieder sind zumeist bereits durch eine bestehende D&O-Versicherung gegen die Inanspruchnahme im Innen- oder Außenverhältnis aufgrund eines Pflichtverstoßes abgesichert. Ein solcher genereller Versicherungsschutz ist in der heutigen Zeit bei nahezu allen börsennotierten Aktiengesellschaften Standard.[620] Damit stellt sich die Frage, ob es bei der Hauptversammlungsleitung durch ein in der Satzung bestimmtes Aufsichtsratsmitglied tatsächlich einer gesonderten Versicherung für die Leitertätigkeit bedarf oder ob diese Tätigkeit bereits vom Schutz der bestehenden D&O-Versicherung umfasst ist.

Letzteres ist der Fall, wenn der Schutzbereich der bestehenden D&O-Versicherung zugunsten eines Aufsichtsratsmitglieds auch die Hauptversammlungsleitung als mitversicherte Tätigkeit beinhaltet und daher bei dieser Tätigkeit entstandene Schäden abdeckt. Es kommt folglich auf den Umfang des durch die bestehende Versicherung gewährten Versicherungsschutzes an. Um Reichweite und Umfang des Versicherungsschutzes beurteilen zu können, muss der Inhalt der verwendeten Versicherungsbedingungen untersucht werden.

1. Umfang des durch D&O-Versicherungen gewährten Schutzes

Allgemeine Aussagen über den Umfang des Versicherungsschutzes durch D&O-Versicherungen sind schwierig, da dieser immer von der konkret zwischen den Parteien getroffenen Vereinbarung abhängt. Der Wortlaut von in der Praxis gebräuchlichen Versicherungsbedingungen wird Fehler bei der Hauptversammlungsleitung nur selten ausdrücklich als abgedeckte Verhaltensweisen benennen.[621] Allerdings könnte sich der Versicherungsschutz für diese Tätigkeit auch aus den in den gebräuchlichen Versicherungsbedingungen enthaltenen allgemeinen Darstellungen des versicherten Verhaltens ergeben.

Ein Anhaltspunkt für die im Regelfall verwendete Umschreibung des versicherten Verhaltens findet sich in den Allgemeinen Versicherungsbedingungen für die

---

619 Dieser Gedanke findet sich auch bei Mutter, AG 2013, S. R161.
620 Fleischer in Spindler/Stilz-AktG, § 93, Rn. 225.
621 So v. der Linden, NZG 2013, S. 208 (212), allerdings ohne konkrete Nachweise.

Vermögensschaden-Haftpflichtversicherung von Aufsichtsräten, Vorständen und Geschäftsführern (AVB-AVG). Diese werden vom Gesamtverband der Deutschen Versicherungswirtschaft herausgegeben und regelmäßig aktualisiert.[622] Diese allgemeinen Bedingungen sehen einen Versicherungsschutz für in Ausübung der Organtätigkeit begangene Pflichtverletzungen, die zu einer Inanspruchnahme führen, vor (Ziffer 1.1 AVB-AVG). Ebenso formulieren es die Versicherungsbedingungen der CHuBB SE.[623]

Versichert sind danach bei einem Aufsichtsratsmitglied solche Schadensersatz auslösenden Pflichtverletzungen, die im Rahmen der zugewiesenen Aufgaben als Organperson begangen wurden.[624] Versicherte Tätigkeiten sind alle, die nach Gesetz, Satzung, Geschäftsordnung oder Anstellungsvertrag zum Maßnahmenkreis des jeweils versicherten Organmitglieds gehören.[625] Die fragliche Tätigkeit muss sich in diesem so abgesteckten Rahmen der anvertrauten Organaufgaben bewegen, darf folglich nicht außerhalb des zugewiesenen Aufgabenkreises anzusiedeln sein.[626] Dies bedeutet letztendlich, dass die als Pflichtverletzung zu qualifizierende Handlung eine Handlung als Organ der Gesellschaft – konkret als Aufsichtsratsmitglied – sein muss, um unter den Versicherungsschutz zu fallen. Die betreffende Tätigkeit kann auch bloße Nebentätigkeit sein, solange sie aufgrund entsprechender Aufgabenzuweisung zum versicherten Berufsbild zählt.[627]

Gleiches gilt im Anwendungsbereich der Allgemeinen Versicherungsbedingungen der von Allianz und AIG angebotenen D&O-Versicherungen. Nach deren ausdrücklichem Wortlaut ist die gesamte operative Tätigkeit des Aufsichtsratsmitglieds für die Gesellschaft mitversichert, soweit sie im Zusammenhang mit der Stellung des Organmitglieds steht.[628] Ähnlich umschreiben auch die Versicherungsbedingungen der VOV GmbH den Umfang der Versicherung. In diesen wird als versicherte Tätigkeit jedes Handeln oder Unterlassen von Versicherten Organmitgliedern in dieser Funktion genannt.[629]

622 Hier wird die Fassung von Mai 2013 zugrunde gelegt.

623 Nr. 1.1.1. Chubb OLA 2011 PrimeLine.

624 Beckmann in VersicherungsR Hdb, § 28, Rn. 76; Ihlas in MüKo-VVG, D&O, Rn. 117; Lange, Hdb. D&O, § 7, Rn. 5.

625 Lange, Hdb. D&O, § 7, Rn. 5.

626 Ihlas in MüKo-VVG, D&O, Rn. 117.

627 Lange, Hdb. D&O, § 7, Rn. 5.

628 Nr. 7.25 a) der Versicherungsbedingungen zur Vermögensschaden-Haftpflichtversicherung von Unternehmensleitern der Allianz AG und Nr I.2. der Allgemeinen Bedingungen für die Vermögensschaden-Haftpflichtversicherung von Unternehmensleiter der AIG.

629 § 6 Nr. 1 der Allgemeine Bedingungen zur VOV D&O-Versicherung 2012.

2. Hauptversammlungsleitung als Organtätigkeit auch betreffend D&O-Versicherung

Nach hier vertretener Auffassung handelt es sich bei der Hauptversammlungsleitung um eine Aufgabe des jeweils durch die Satzung dazu bestimmten Aufsichtsratsmitglieds als Organ, wenn die Aufgabenzuweisung durch entsprechende Satzungsanordnung erfolgt. Denn durch eine solche satzungsmäßige Zuweisung erweitert sich der Aufgabenkanon des jeweils bestimmten Aufsichtsratsmitglieds (vgl. oben E.I.1.b)cc)).[630] Folglich handelt es sich bei Fehlern im Rahmen der Hauptversammlungsleitung um Pflichtverletzungen, die aus der Handlung als Organ der Gesellschaft resultieren. Die Tätigkeit als Hauptversammlungsleiter ist eine dem Aufsichtsratsmitglied in seiner Position als Organ der Gesellschaft zugewiesene Aufgabe. Auf genau solche den Organe zugewiesenen Handlungen bezieht sich der Versicherungsschutz von allen genannten D&O-Versicherungen.

Diese Erkenntnis hat zur Folge, dass nach hier vertretener Meinung jedes Aufsichtsratsmitglied, welches die Hauptversammlungsleitung aufgrund einer satzungsmäßigen Bestimmung übernimmt, durch eine bereits bestehende D&O-Versicherung (nach dem Vorbild der AVB-AVG oder der beispielhaft genannten Versicherungsbedingungen) ohne zusätzliche Versicherung gegen eine Inanspruchnahme für Schäden aufgrund eines Fehlers bei der Leitung abgesichert ist.[631] Denn die Hauptversammlungsleitung ist Teil der Organtätigkeit des Aufsichtsratsmitglieds und damit vom sachlichen Umfang des Versicherungsschutzes einer D&O-Versicherung umfasst.[632] Die Aufgabenzuweisung durch Satzung ist dabei unproblematisch.[633]

Die unter Berücksichtigung der AVB-AVG gefundenen Ergebnisse werden allerdings dadurch geschmälert, dass diese allgemeinen Bedingungen bis zum heutigen Tag nicht Marktstandard geworden sind.[634] Von den hier untersuchten Versicherungsbedingungen am Markt übernehmen für die Definition des Haftungsfalls nur die Bedingungen der CHuBB SE den Wortlaut der AVB-AVG weitgehend.[635] In den meisten Fällen wird der Umfang des Versicherungsschutzes aber – entsprechend der AVB-AVG – allgemein auf alle Tätigkeiten als Organmitglied der Gesellschaft bezogen sein[636] und damit auch die Hauptversammlungsleitung als Organaufgabe

630 So für den Bereich der Versicherung des Hauptversammlungsleiterhandelns auch Heidel in Heidel-AktG und KapMarktR, §§ 129–132, Rn. 74.

631 So ebenfalls Heidel in Heidel-AktG und KapMarktR, §§ 129–132, Rn. 74.

632 So offensichtlich auch die Ansicht von Mutter, AG 2013, S. R161.

633 Vgl. Fn. 624.

634 Armbrüster, PrivatVR, Rn. 1751; Lange, DStR 2002, S. 1626 (1627); Hölters in Hölters-AktG, § 93, Rn. 396 m.w.N.; Mertens/Cahn in KK-AktG, Band 2.1, § 93, Rn. 241.

635 Nr. 1.1.1. der Chubb OLA 2011 PrimeLine.

636 So Beckmann in VersicherungsR Hdb, § 28, Rn. 76 (Fn. 1).

mit umfassen. Dieser Befund bestätigt sich auch im Wortlaut der bereits erläuterten Versicherungsbedingungen von Allianz, AIG, VOV und CHuBB.[637]

3. Ergebnis

Es lässt sich daher festhalten, dass zugunsten des Aufsichtsrats, für den bereits eine D&O-Versicherung mit herkömmlichem Inhalt abgeschlossen wurde, die Tätigkeit als Hauptversammlungsleiter nicht zusätzlich durch eine besondere Versicherung abgedeckt werden muss. Fehler bei der Erfüllung dieser Aufgabe sind bereits vom bestehenden Versicherungsschutz umfasst. Dies gilt jedenfalls dann, wenn die Satzung den Aufgabenkanon des betreffenden Aufsichtsratsmitglieds explizit um die Hauptversammlungsleitung erweitert. Es bleibt aber darauf hinzuweisen, dass dieser Befund nicht ohne Überprüfung der im Einzelfall einschlägigen Bedingungswerke übernommen werden sollte. Es existieren eine Vielzahl solcher Versicherungsbedingungen, welche von den grundsätzlichen Bestimmungen und damit auch vom Versicherungsumfang der AVB-AVG beziehungsweise von den hier besprochenen Vertragswerken abweichen können.[638]

Bei Neuabschluss einer D&O-Versicherung zugunsten eines Aufsichtsratsmitglieds, welches in Zukunft auch den Hauptversammlungsvorsitz übernehmen soll, empfiehlt es sich, zwecks Klarstellung diese Tätigkeit ausdrücklich in den Schutzbereich der Versicherung miteinzubeziehen.[639]

---

637 Ebenso Heidel in Heidel-AktG und KapMarktR, Vor §§ 129–132, Rn. 74 mit Fn. 256.

638 Vgl. dazu Sieg in Münch AnwHdb VersicherungsR, § 17, Rn. 36.

639 So auch Mutter, AG 2013, S. R161.

H. Zusammenfassung der Ergebnisse/Fazit

Nach den im Verlauf der Untersuchung erlangten Erkenntnissen bedarf es für eine abschließende Zusammenfassung der Ergebnisse einer Differenzierung anhand der Person, die das Amt des Hauptversammlungsleiters bekleidet. Je nachdem, wer diese Aufgabe ausübt, sind unterschiedliche Haftungsgrundsätze einschlägig.

I. Haftung von Mitgliedern der Gesellschaftsorgane

Für ein Aufsichtsratsmitglied kommt im Grundsatz bei einer fehlerhaften Hauptversammlungsleitung und daraus resultierenden Schäden der Gesellschaft eine Haftung nach den Organhaftungsregelungen der §§ 93 Abs. 2, 116 AktG in Betracht.

1. Gewonnene Erkenntnisse

In diesem Zusammenhang ist insbesondere von Bedeutung, ob der Aufgabenkreis des betroffenen Aufsichtsratsmitglieds durch eine entsprechende Satzungsanordnung um die Aufgabe der Hauptversammlungsleitung erweitert wurde. Ist dies der Fall, sind Fehler bei der Leitung auch Fehler bei der Erfüllung der Aufgabe als Organ und demzufolge über die Organhaftungsregelungen abzuwickeln. Dies resultiert aus der Erkenntnis, dass durch die Satzungsbestimmung der Aufgabenkreis des dort für die Leitung vorgesehenen Aufsichtsratsmitglieds um die Leitungsaufgabe erweitert wird und eine solche Erweiterung auch zulässig ist.

Tatbestandlich ist im Rahmen der Organhaftung besonders die Frage zu klären, ob der Leiter eine Pflicht verletzt hat. Diesbezüglich gilt ein identischer gerichtlicher Überprüfungsmaßstab wie in einem vorhergehenden Anfechtungsprozess wegen eines durch den Hauptversammlungsleiter begangenen Verfahrensfehlers. Aus diesem Grund wird eine in diesem Sinne erfolgreiche Anfechtung in den allermeisten Fällen auch zur Bejahung einer Pflichtverletzung im nachfolgenden Haftungsprozess führen. Ist die Pflichtverletzung gegeben, liegt im Regelfall aufgrund des objektiven Verschuldensmaßstabes auch die subjektive Komponente der Vorwerfbarkeit des entsprechenden Verhaltens vor.

Im Hinblick auf die Tatbestandsvoraussetzungen ist der Hauptversammlungsleiter insofern beweisbelastet, als er die Vermutung einer zu vertretenden Pflichtverletzung durch Gegenbeweis zu widerlegen hat. Die Gesellschaft muss nur das Handeln des Hauptversammlungsleiters und den daraus resultierenden Schaden beweisen.

Ein Schaden wird dadurch ausgelöst, dass aufgrund des Fehlverhaltens des Hauptversammlungsleiters die darauffolgenden Beschlüsse anfechtbar und als Ergebnis eines Anfechtungsprozesses nichtig sind. Dies führt wiederum zur Wiederholung der beschlussfassenden Hauptversammlung mitsamt den Kosten für das Anfechtungsverfahren und möglicher Schäden aufgrund verpasster Geschäftschancen.

Eine gesetzliche oder vertragliche Haftungsbeschränkung ist bei der Organhaftung nicht einschlägig beziehungsweise nicht möglich. Auch die Grundsätze der beschränkten Arbeitnehmerhaftung können für den Organwalter als Hauptversammlungsleiter im Ergebnis nicht zu einem Ausschluss der Haftung führen. Inwieweit eine Beschränkung der Höhe nach auf den Grundgedanken der beschränkten Arbeitnehmerhaftung gestützt werden kann, ist bislang noch weitgehend ungeklärt und daher dem weiteren wissenschaftlichen Diskurs vorbehalten. Im Grundsatz stellt die dogmatische Herleitung über die Fürsorgepflicht der Gesellschaft für das die Hauptversammlungsleitung übernehmende Organmitglied zumindest eine tragfähige Basis dieses Gedankenansatzes dar.

2. Fazit

Aus alledem folgt, dass für das Aufsichtsratsmitglied, welches die Leitung infolge einer entsprechenden Satzungsregelung übernimmt, ein erhebliches Haftungsrisiko besteht. Hinzu kommt, dass infolge der ARAG-Entscheidung des BGH der Vorstand, der für die Geltendmachung von Haftungsansprüchen gegen Aufsichtsratsmitglieder zuständig ist,[640] im Grundsatz zu einer Verfolgung der Ansprüche verpflichtet ist. Denn die Pflichten aus der ARAG-Rechtsprechung sind auch für die Geltendmachung von Ersatzansprüchen durch den Vorstand gegenüber den Aufsichtsratsmitgliedern entsprechend anwendbar.[641] Bewahrt werden kann der Hauptversammlungsleiter vor der ruinösen Haftung nur durch eine entsprechende Versicherung. Besteht zu seinen Gunsten bereits eine D&O-Versicherung, umfasst diese bei entsprechender Satzungsanordnung zur Übernahme der Leitung auch die Leitertätigkeit als (weitere) Organaufgabe.

Insgesamt mag es für das die Hauptversammlungsleitung im Regelfall ohne gesonderte Vergütung übernehmende Aufsichtsratsmitglied folgenreich sein, auch für Fehler bei der Hauptversammlungsleitung entsprechend den strengen Regeln der Organhaftung zu haften. Immerhin nimmt er diese Tätigkeit ja nur zusätzlich zu seiner normalen Aufgabe als überwachendes Aufsichtsratsmitglied wahr. Es darf aber nicht vergessen werden, dass das Aufsichtsratsmitglied ohnehin aufgrund seiner Organstellung strengen Haftungskriterien ausgesetzt ist, und zwar bezüglich seines gesamten Tuns in Bezug zur Gesellschaft. Wieso bei Zuweisung der Hauptversammlungsleitung zum Aufgabenkreis des betreffenden Aufsichtsrats für Fehler im Rahmen der übernommenen Leitung ein anderes, möglicherweise milderes Haftungsregime einschlägig sein sollte, ist nicht systemkonform zu erklären. Dies gilt umso mehr, als das Aufsichtsratsmitglied durch die Satzungsanordnung nicht zur Übernahme der Leitung verpflichtet wird. Der Bestimmte kann zudem professionelle Unterstützung von Beratern in Anspruch nehmen und so Fehler vermeiden. Tritt

640 Lutter/Krieger/Verse, R. u. Pfl. des Aufsichtsrat, Rn. 1025; Vetter in Hdb. börsennotierte AG, § 29, Rn. 69; kritisch dazu Peltzer, WM 1981, S. 346 (348 f.).

641 Habersack in MüKo-AktG, § 116, Rn. 8 m.w.N.

das Aufsichtsratsmitglied das Amt aber ohne ausreichende eigene Kenntnisse oder Unterstützung an, muss es auch mit der für sein Amt üblichen Haftung und den damit einhergehenden tatsächlichen Folgen rechnen. Die Hauptversammlungsleitung betreffend ergibt sich damit für das die Aufgabe übernehmende Organmitglied keine vom Regelfall abweichende Haftungssituation.

Auch im Hinblick auf die Einschränkung der Haftungsfolgen wird hier kein ungewöhnlich hartes Haftungsregime propagiert. Es werden vielmehr nur die Grundsätze der Haftung für Fehler im Rahmen der Organtätigkeit konsequent angewendet. Auch im Rahmen der originären Aufgabenerfüllung von Organen wird es hingenommen, dass allein eine Versicherung gegen die ruinöse Inanspruchnahme schützt. In diesem Zusammenhang ist es nur folgerichtig, wenn eine bereits bestehende D&O-Versicherung auch die Schäden, die aus der Versammlungsleitung resultieren, abdeckt. Wird die Leitungsaufgabe als Organtätigkeit eingeordnet, dann muss eine Versicherung, welche Schäden aus der Organtätigkeit abdeckt, auch für aus der Leitung resultierende Schäden eingreifen.

II. Haftung von sonstigen Personen

1. Gewonnene Erkenntnisse

Der Hauptversammlungsleiter ist kein Organ der Gesellschaft. Daher wird eine Person allein durch Übernahme dieses Amtes nicht den Organhaftungsregelungen unterworfen. Da auch eine analoge Anwendung der Organhaftungsregeln für Versammlungsleiter ohne Organstellung und entsprechende Satzungsbestimmung nicht in Betracht kommt, kann sich eine Haftung allein aus den allgemeinen Anspruchsnormen des BGB ergeben.

Bei Organmitgliedern, welche die Leitung aufgrund Satzungsanordnung übernehmen, wird die schuldrechtliche Haftung von der einschlägigen Organhaftung überlagert. Allein in den Anwendungsbereich der allgemeinen Haftungsregelungen fällt hingegen das fehlerhafte Verhalten von Aufsichtsratsmitgliedern, welche die Hauptversammlungsleitung nicht aufgrund ausdrücklicher satzungsmäßiger Zuweisung, sondern aufgrund der Wahl durch die Hauptversammlung übernehmen. Gleiches gilt für sonstige die Leitung übernehmende Personen.

Für eine Schadensersatzhaftung aufgrund eines zwischen den Parteien bestehenden Schuldverhältnisses müssen zunächst die Tatbestandsvoraussetzungen von § 280 Abs. 1 BGB vorliegen. Dies gilt unabhängig von der Frage, ob Schadensersatz statt oder neben der Leistung begehrt wird.

Erste Voraussetzung ist ein Schuldverhältnis des in Anspruch genommenen Hauptversammlungsleiters zur Gesellschaft. Ein solches wird – je nachdem, wie der Hauptversammlungsleiter in sein Amt gekommen ist und ob seine Tätigkeit vergütet wird – entweder zwischen den Parteien ausdrücklich beziehungsweise stillschweigend vereinbart, oder es kommt kraft Gesetz zustande.

Ein Verstoß gegen die durch das Schuldverhältnis begründeten Pflichten ist in der fehlerhaften Hauptversammlungsleitung zu sehen. Denn es besteht aufgrund des Schuldverhältnisses die Pflicht zur Hauptversammlungsleitung im Einklang mit Recht und Gesetz. Ein solcher Pflichtverstoß ist im Regelfall aufgrund des verobjektivierten Verschuldensmaßstabes auch zu vertreten. Allerdings steht es den Parteien in diesem Bereich frei, Haftungserleichterungen zu vereinbaren. Eine solche Vereinbarung kann auch stillschweigend erfolgen. Gesetzliche Haftungsbeschränkungen sind hingegen nicht einschlägig. Eine Beschränkung der Haftung durch eine entsprechende Anwendung der Grundsätze der beschränkten Arbeitnehmerhaftung kann aufgrund der identischen Interessenlage ebenfalls in Betracht kommen. Bejaht man deren Anwendbarkeit, hat dies Auswirkungen auf die Verteilung der Beweislast, die in einem solchen Fall entgegen der Regelung des § 280 Abs. 1 S. 2 BGB bezüglich des Verschuldens wieder bei der Gesellschaft liegt (§ 619a BGB).

Die Ersatzansprüche auslösenden Schadensfolgen sind identisch mit denen bei der Organhaftung. Besonders relevant sind die Kosten einer zu wiederholenden Hauptversammlung und der Verteidigung im Anfechtungsprozess. Auch verpasste Geschäftschancen können sich als Schaden der Gesellschaft darstellen. Je nachdem, welcher Schaden konkret in Betracht kommt und welche Situation zum Zeitpunkt der Geltendmachung des Anspruchs vorliegt, ist entweder eine Haftung für Schadensersatz neben der Leistung oder statt der Leistung einschlägig. Die insofern über die Voraussetzungen des § 280 Abs. 1 BGB hinausgehenden Anforderungen sind im Regelfall erfüllt beziehungsweise erfüllbar.

Eine Haftung nach den Regelungen des Deliktrechts kommt hingegen nur in besonderen Ausnahmefällen und nur nach § 826 BGB in Betracht.

2. Fazit

Die Schadensersatzhaftung nach den allgemeinen Anspruchsnormen des BGB greift grundsätzlich auch im Zusammenhang mit Fehlern eines Hauptversammlungsleiters ein. Die Haftung aufgrund eines zwischen der Gesellschaft und dem Hauptversammlungsleiter bestehenden Schuldverhältnisses ist in den meisten Fällen tatbestandlich gegeben. Allerdings bestehen umfangreiche Möglichkeiten der Haftungsbeschränkung. Zudem kommt eine Erleichterung der Haftung über die Grundsätze der beschränkten Arbeitnehmerhaftung in Betracht.

Aufgrund dieser Umstände bleibt festzuhalten, dass sich auch bei Anwendung des schuldrechtlichen Haftungsregimes keine Besonderheiten im Vergleich zur Haftungssituation bei sonstigen (Dienst-)Verträgen ergeben. Der Hauptversammlungsleiter als Vertragspartner der Gesellschaft haftet für Verletzungen der aus dem geschlossenen Schuldverhältnis resultierenden Pflichten, kann sich einer solchen Haftung aber durch Vereinbarung weitgehend entledigen. Zudem greifen allgemeine Grundsätze zur Haftungsbeschränkung ein, wenn der Hauptversammlungsleiter als besonders schützenswert anzusehen ist. Aus diesem Grund spielt die Möglichkeit eines Versicherungsschutzes in dieser Konstellation allenfalls eine untergeordnete und ergänzende Rolle.

III. Ausblick/Empfehlung

Die Situation des Innenregresses gegen einen Hauptversammlungsleiter weicht nicht wesentlich von den Grundsätzen der Organhaftung auf der einen und denen des schuldrechtlichen Regresses auf der anderen Seite ab. Daher ist in Zukunft ein Anstieg der diesbezüglichen Haftungsprozesse zu erwarten. Dies gilt in besonderem Maße vor dem Hintergrund der durch die ARAG-Rechtsprechung des BGH eingeführten Pflicht zur Geltendmachung.[642] Sollte tatsächlich ein Trend zur Geltendmachung von Schadensersatzansprüchen gegen Hauptversammlungsleiter eintreten, bleibt abzuwarten, ob die angerufenen Gerichte die hier aufgeworfenen Fragen wie vorliegend beurteilen werden. Davon unabhängig sollten aber die heutigen und zukünftigen Hauptversammlungsleiter nicht auf eine abschließende gerichtliche Klärung warten, sondern vielmehr bereits jetzt aktiv werden. Denn eindeutig ist auch, dass es korrespondierend zur bestehenden Haftung Möglichkeiten der Beschränkung der Regressfolgen für alle Versammlungsleiter gibt. Insofern ist den Hauptversammlungsleitern zu raten, das Gefährdungspotenzial zu erkennen, dieses gegebenenfalls mit Hilfe von externen Beratern zu analysieren und entsprechende Gegenmaßnahmen einzuleiten.

Für die Aufsichtsratsmitglieder, die die Leitung aufgrund einer Satzungsanordnung übernehmen, sollte zunächst eine die Versammlungsleitung ausdrücklich mit umfassende Versicherung abgeschlossen werden. Auch wenn bereits eine D&O-Versicherung besteht, empfiehlt es sich aus Klarstellungsgründen die Hauptversammlungsleitung betreffend einen entsprechenden Nachtrag zum bestehenden Versicherungsvertrag abzuschließen. Mehrkosten sollten daraus in Anbetracht der heute bereits sehr weitgehenden Formulierungen der aktuell verwendeten Versicherungsbedingungen nicht resultieren.

Alle weiteren zur Leitung Berufenen sollten bereits im Vorfeld der Hauptversammlung überlegen, inwiefern sie mit der Gesellschaft eine Haftungsbeschränkung – etwa auf Vorsatz und grobe Fahrlässigkeit – vereinbaren können. Es empfiehlt sich, für den Abschlusses einer solchen Vereinbarung die Hilfe von Rechtsberatern in Anspruch zu nehmen, um einen ausreichenden Schutz vor einem ruinösen Regress zu gewährleisten. Ist die Gesellschaft an der Leitung durch eine bestimmte Person interessiert, dürfte sie sich einer entsprechenden Vereinbarung nicht verschließen. Dies gilt insbesondere dann, wenn der vorgesehene Hauptversammlungsleiter schon länger mit der Gesellschaft verbunden ist.

Alternativ oder ergänzend dazu kann auch für diese Gruppe von Hauptversammlungsleitern die Versicherung des Haftungsrisikos sinnvoll sein, insbesondere dann, wenn die Gesellschaft die Kosten der Versicherung übernimmt. Es ist denkbar, dass die Gesellschaft zwar nicht bereit ist, eine Haftungsbeschränkung zu vereinbaren, sich aber mit dem Abschluss einer Versicherung zu ihren Lasten einverstanden erklärt. Denn auf diese Weise sichert sich die Gesellschaft im Regressfall einen

642 Vgl. BGHZ 135, 244 = NJW 1997, S. 1926.

solventen Schuldner. Der Abschluss einer Versicherung ist auch für professionelle Hauptversammlungsleiter der richtige Weg, bei denen die Vereinbarung einer Haftungsbeschränkung unzulässig ist.

Durch die beschriebenen Vorkehrungen kann die tatsächlich gegebene Regressgefahr zugunsten der Hauptversammlungsleiter minimiert und so verhindert werden, dass die Hauptversammlungsleitung zu einer Spielwiese „mutiger Altruisten"[643] verkommt. Vielmehr wird gewährleistet, dass den Hauptversammlungsleitern trotz des bestehenden Regressrisikos in Zukunft die Angst vor einer möglicherweise existenzgefährdenden Haftung infolge der übernommenen Aufgabe genommen wird. Dies trägt wiederum dazu bei, dass für die verantwortungsvolle, einflussreiche und im Gefüge der Aktiengesellschaft so entscheidende Position des Hauptversammlungsleiters auch tatsächlich die bestmöglichen Kandidaten zur Verfügung stehen.

643 So die Befürchtung bei Mutter, AG 2013, S. R161.

Literaturverzeichnis

Armbrüster, Christian, Privatversicherungsrecht, Tübingen 2013.

Armbrüster, Christian/Prölss, Jürgen/Klimke, Dominik/Dörner, Heinrich/Roller, Ingo/Schneider, Winfried-Thomas/Knappmann, Ulrich/Lücke, Werner/Reiff, Peter/Voit, Wolfgang, Versicherungsvertragsgesetz: Kommentar zu VVG, EGVVG mit Rom I-VO, VVG-InfoV und Vermittlerrecht sowie Kommentierung wichtiger Versicherungsbedingungen, 28. Aufl., München 2010.

Bachmann, Gregor, Gutachten E zum 70. Deutschen Juristentag: Reform der Organhaftung? – Materielles Haftungsrecht und seine Durchsetzung in privaten und öffentlichen Unternehmen, München 2014.

Bachmann, Gregor, Reform der Organhaftung? Materielles Haftungsrecht und seine Durchsetzung in privaten und öffentlichen Unternehmen, Neue Juristische Wochenschrift, Beilage 2014, S. 43–46.

Bachmann, Gregor, Auskunftsrecht, Redezeitbeschränkung, Gleichbehandlungsgebot/„Macrotron AG", EWiR § 131 AktG 1/2000, S. 157–158.

Bachmann, Gregor, Die Haftung des Geschäftsleiters für die Verschwendung von Gesellschaftsvermögen, Neue Zeitschrift für Gesellschaftsrecht 2013, S. 1121–1128.

Bachmann, Gregor, Anmerkung zur Entscheidung des LG München I v. 10.12.2013, Az.: 5 HK O 1287/10, Zeitschrift für Wirtschaftsrecht 2014, S. 579–583.

Bachmann, Gregor, Die Geschäftsordnung der Hauptversammlung, Die Aktiengesellschaft 1999, S. 210–215.

Bamberger, Heinz Georg/Roth, Herbert (Hrsg.), Beck'scher Onlinekommentar BGB, 31. Edition, Stand: 01.05.2014, München.

Barz, Carl Hans/Brönner, Herbert/Klug, Ulrich/Mellerowicz, Konrad/Meyer-Landrut, Joachim/Schilling, Wolfgang/Wiedemann, Herbert/Würdinger, Hans (Hrsg.), Aktiengesetz: Grosskommentar, Band 1.2, §§ 76–147, 3. Aufl., Berlin 1973.

Bassenge, Peter/Brudermüller, Gerd/Ellenberger, Jürgen/Grüneberg, Christian/Thorn, Karsten/Sprau, Hartwig/Weidenkaff, Walter/Götz, Isabell, Palandt-BGB, 73. Aufl., München 2014.

Bastuck, Burkhard, Enthaftung des Managements: corporate indemnification im amerikanischen und deutschen Recht, Köln 1986.

Baums, Theodor, Der Geschäftsleitervertrag: Begründung, Inhalt und Beendigung der Rechtsstellung der Vorstandsmitglieder und Geschäftsführer in den Kapitalgesellschaften und Genossenschaften, Köln 1987.

Bayer, Walter/Hoffmann, Thomas, Aktuelles zur Beschlussmängelklage, Die Aktiengesellschaft 2014, S. R163 – R166.

Bayer, Walter/Hoffmann, Thomas, Hauptversammlungsleitung: Statuarische Regelungen, Die Aktiengesellschaft 2012, S. R339 – R341.

Beckmann, Roland Michael/Matusche-Beckmann, Annemarie (Hrsg.), Versicherungsrechts-Handbuch, 2. Aufl., München 2009.

Benicke, Christoph (Hrsg.), Soergel – Bürgerliches Gesetzbuch mit Einführungsgesetz und Nebengesetzen, Band 10, 13. Aufl., Stuttgart 2012.

Besse, Dirk, Praxis der Hauptversammlung 2013 – Anmerkungen für die Saison 2014, Gesellschafts- und Wirtschaftsrecht 2014, S. 54–55.

Beurskens, Michael/Fastrich, Lorenz/Haas, Ulrich/Noack, Ulrich/Zöllner, Wolfgang, Baumbach/Hueck – GmbHG, 20. Aufl., München 2013.

Bitter, Georg/Crezelius, Georg (Hrsg.), Kommentar zum GmbH-Gesetz, Band 2, 11. Aufl., Köln 2014.

Brox, Hans, Fehler bei der Leitung einer Hauptversammlung und ihre Folgen, Der Betrieb 1965, S. 731–735.

Brox, Hans, Nochmals: Fehler bei der Leitung einer Hauptversammlung und ihre Folgen, Der Betrieb 1965, S. 1203–1204.

Brox, Hans/Rüthers, Bernd/Henssler, Martin, Arbeitsrecht, 18. Auflage, Stuttgart 2011.

Buchner, Herbert, Berufshaftpflichtversicherung oder gesetzliche Beschränkung der Arbeitnehmerhaftung?, Recht der Arbeit 1972, S. 153–171.

Bürgers, Tobias/Körber, Torsten (Hrsg.), Heidelberger Kommentar zum Aktiengesetz, 3. Aufl., Heidelberg 2014.

Butzke, Volker, Die Hauptversammlung der Aktiengesellschaft, 5. Aufl., Stuttgart 2011.

Butzke, Volker, Die Abwahl des Versammlungsleiters – ein neues Betätigungsfeld für „kritische" Aktionäre?, Zeitschrift für Wirtschaftsrecht 2005, S. 1164–1168.

Canaris, Claus-Wilhelm, Risikohaftung bei schadensgeneigter Tätigkeit in fremdem Interesse, Recht der Arbeit 1966, S. 41–51.

Canaris, Claus-Wilhelm/Habersack, Mathias/Schäfer, Carsten (Hrsg.), Staub-Handelsgesetzbuch, Großkommentar, Band 3, §§ 105–160, 5. Aufl., Berlin, New York 2009.

Canaris, Claus-Wilhelm/Habersack, Mathias/Schäfer, Carsten (Hrsg.), Staub-Handelsgesetzbuch, Großkommentar, Band 7.1, §§ 316–330, 5. Aufl., Berlin, New York 2010.

Casper, Matthias, Hat die grundsätzliche Verfolgungspflicht des Aufsichtsrats im Sinne des ARAG/Germenbeck-Urteils ausgedient?, Zeitschrift für das gesamte Handelsrecht und Wirtschaftsrecht 2012, S. 617–651.

Däubler, Wolfgang/Hjort, Jens Peter/Schubert, Michael/Wolmerath, Martin (Hrsg.), Handkommentar Arbeitsrecht: Individualarbeitsrecht mit kollektivrechtlichen Bezügen, 3. Aufl., Baden-Baden 2013.

Dietrich, Christian, Voraussetzungen und Inhalte einer Geschäftsordnung der Hauptversammlung – zugleich eine Besprechung des Art. 1 Nr. 16 (§ 129 I 1 AktG neu) des Gesetzes zur Kontrolle und Transparenz im Unternehmensbereich (KonTraG) -, Neue Zeitschrift für Gesellschaftsrecht 1998, S. 921–928.

Dietz-Vellmer, Fabian, Hauptversammlungsbeschlüsse nach § 119 II AktG – geeignetes Mittel zur Haftungsvermeidung für Organe?, Neue Zeitschrift für Gesellschaftsrecht 2014, S. 721–729.

Dreher, Meinrad, Die Rechtsnatur der D&O-Versicherung, Der Betrieb 2005, S. 1669–1675.

Drinhausen, Florian/Marsch-Barner, Reinhard, Zur Rechtsstellung des Aufsichtsratsvorsitzenden als Leiter der Hauptversammlung einer börsennotierten Gesellschaft, Die Aktiengesellschaft 2014, S. 757–769.

Ek, Ralf, Praxisleitfaden für die Hauptversammlung, 2. Aufl., München 2010.

Fleischer, Holger, Behavioral Law and Economics im Gesellschafts- und Kapitalmarktrecht – ein Werkstattbericht, Festschrift für Ulrich Immenga zum 70. Geburtstag, hrsg. von Andreas Fuchs, Hans-Peter Schwintowski und Daniel Zimmer, 2004, S. 575–588.

Fleischer, Holger, Haftungsfreistellung, Prozesskostenersatz und Versicherung für Vorstandsmitglieder – eine rechtvergleichende Bestandsaufnahme zur Enthaftung des Managements -, Zeitschrift für Wirtschafts- und Bankrecht 2005, S. 909–920.

Fleischer, Holger, Ruinöse Managerhaftung: Reaktionsmöglichkeiten de lege lata und de lege ferenda, Zeitschrift für Wirtschaftsrecht 2014, S. 1305–1316.

Fleischer, Holger, Handbuch des Vorstandsrechts, 1. Aufl., München 2006.

Flume, Werner, Allgemeiner Teil des burgerlichen Rechts. Bd. 1. Teil 2. Die juristische Person, Berlin 1983.

Frhr. von Falkenhausen, Joachim/Kocher, Dirk, Abwahlanträge gegen satzungsmäßig bestimmte Hauptversammlungsleiter, Betriebsberater 2005, S. 1068–1070.

Geßler, Ernst/Hefermehl, Wolfgang/Eckardt, Ulrich/Kropff, Bruno (Hrsg.), Aktiengesetz: Kommentar, Band 2, 1. Auflage, München 1973.

Goette, Wulf, Zur Verteilung der Darlegungs- und Beweislast der objektiven Pflichtwidrigkeit bei der Organhaftung, Zeitschrift für Unternehmens- und Gesellschaftsrecht 1995, S. 648–674.

Goette, Wulf/Habersack, Mathias/Kalss, Susanne (Hrsg.), Münchener Kommentar zum Aktiengesetz, Band 1, §§ 1–75, 3. Aufl., München 2008.

Goette, Wulf/Habersack, Mathias/Kalss, Susanne (Hrsg.), Münchener Kommentar zum Aktiengesetz, Band 2, §§ 76–117, 4. Aufl., München 2014.

Goette, Wulf/Habersack, Mathias/Kalss, Susanne (Hrsg.), Münchener Kommentar zum Aktiengesetz, Band 3, §§ 118–178, 3. Aufl., München 2013.

Goette, Wulf/Habersack, Mathias/Kalss, Susanne (Hrsg.), Münchener Kommentar zum Aktiengesetz, Band 4, §§ 179–277, 3. Aufl., München 2011.

Grigoleit, Hans Christoph (Hrsg.), Aktiengesetz: Kommentar, 1. Aufl., München 2012.

Grüner, Michael, Zeitliche Einschränkung des Rede- und Fragerechts auf Hauptversammlungen – zugleich Besprechung der BVerfG-Entscheidung „Wenger/Daimler-Benz", Neue Zeitschrift für Gesellschaftsrecht 2000, S. 770–779.

Grunewald, Barbara, Haftungsvereinbarung zwischen Aktiengesellschaft und Vorstandsmitgliedern, Die Aktiengesellschaft 2013, S. 813–818.

Habersack, Mathias, Perspektiven der aktienrechtlichen Organhaftung, Zeitschrift für das gesamte Handelsrecht und Wirtschaftsrecht 2013, S. 782–806.

Hahne, Meo-Micaela/Munzig, Jörg (Hrsg.), Beck'scher Onlinekommentar FamFG, 9. Edition, Stand: 1.7.2013, München.

Hanau, Peter/Adomeit, Klaus, Arbeitsrecht, 14. Aufl., Neuwied 2007.

Happ, Wilhelm/Freitag, Angelika, Die Mitternachtsstund' als Nichtigkeitsgrund, Die Aktiengesellschaft 1998, S. 493–497.

Hefermehl, Wolfgang, Zur Haftung von Vorstandsmitgliedern bei Ausführung von Hauptversammlungsbeschlüssen, Festschrift für Wolfgang Schilling zum 65. Geburtstag, hrsg. von Robert Fischer und Wolfgang Hefermehl, 1973, S. 159–174.

Heidel, Thomas (Hrsg.), Aktienrecht und Kapitalmarktrecht, 4. Aufl., Baden-Baden 2014.

Heidel, Thomas (Hrsg.), Aktienrecht und Kapitalmarktrecht, 3. Aufl., Baden-Baden 2011.

Henn, Günter/Frodermann, Jürgen/Jannott, Dirk (Hrsg.), Handbuch des Aktienrechts, 8. Aufl., Heidelberg 2009.

Henssler, Martin/Strohn, Lutz, Gesellschaftsrecht, 1. Aufl., München 2011.

Henssler, Martin/Willemsen, Heinz Josef/Kalb, Heinz-Jürgen (Hrsg.), Arbeitsrecht Kommentar, 6. Aufl., Köln 2014.

Herberger, Maximilian/Martinek, Michael/Rüßmann, Helmut/Weth, Stephan (Hrsg.), juris Praxiskommentar-BGB, Band 1, 6. Aufl., 2012.

Hirsch, Christoph, Schadensersatz statt oder neben der Leistung – Aktuelle Fragen der Abgrenzung, Juristische Schulung 2014, S. 97–101.

Hirte, Heribert, Kapitalgesellschaftsrecht, 7. Auflage, Köln 2012.

Hirte, Heribert/Mülbert, Peter/Roth, Markus (Hrsg.), Aktiengesetz Großkommentar 4/2, Band 4/2, §§ 92–94, 5. Aufl., Berlin, München, Boston 2015.

Hoffmann, Gunter M., Existenzvernichtende Haftung von Vorständen und Aufsichtsräten?, Neue Juristische Wochenschrift 2012, S. 1393–1399.

Hoffmann-Becking, Michael (Hrsg.), Münchener Handbuch des Gesellschaftsrechts – Aktiengesellschaft, Band 4, 3. Aufl., München 2007.

Hölters, Wolfgang (Hrsg.), Aktiengesetz Kommentar, 2. Aufl., München 2014.

Hommelhoff, Peter/Hopt, Klaus J/v. Werder, Axel (Hrsg.), Handbuch corporate governance; Leitung und Überwachung börsennotierter Unternehmen in der Rechts- und Wirtschaftspraxis, 2. Auflage, Stuttgart 2009.

Hopt, Klaus J, Die Verantwortlichkeit von Vorstand und Aufsichtsrat, Zeitschrift für Wirtschaftsrecht 2013, S. 1793–1806.

Hopt, Klaus J/Kumpan, Christoph/Merkt, Hanno/Roth, Markus, Baumbach/Hopt – Handelsgesetzbuch, 36. Aufl., München 2014.

Hopt, Klaus J/Wiedemann, Herbert (Hrsg.), Aktiengesetz: Grosskommentar, Band 3, §§ 76–94, 4. Aufl., Berlin 2012.

Hopt, Klaus J/Wiedemann, Herbert (Hrsg.), Aktiengesetz: Grosskommentar, Band 4, §§ 95–117, 4. Aufl., Berlin 2011.

Hopt, Klaus J/Wiedemann, Herbert (Hrsg.), Aktiengesetz: Grosskommentar, Band 5, §§ 118–149, 4. Aufl., Berlin 2008.

Hopt, Klaus J/Wiedemann, Herbert (Hrsg.), Aktiengesetz: Grosskommentar, Band 7/2, §§ 241–277, 4. Aufl., Berlin 2013.

Horrwitz, Hugo, Das Recht der Generalversammlung der Aktiengesellschaften, Berlin 1913.

Ihrig, Hans-Christoph, Zur Entscheidungskompetenz der Hauptversammlung in Fragen der Versammlungsleitung, Festschrift für Wulf Goette zum 65. Geburtstag, hrsg. von Mathias Habersack und Peter Hommelhoff, 2011, S. 205–218.

Janert, Ingo, Rechtliche Gestaltungsmöglichkeiten zur Beschränkung der Geschäftsführerhaftung, Betriebsberater 2013, S. 3016–3022.

Joussen, Jacob, Der persönliche Anwendungsbereich der Arbeitnehmerhaftung, Recht der Arbeit 2006, S. 129–137.

Keidel, Theodor/Sternal, Werner/Engelhardt, Helmut (Hrsg.), FamFG: Kommentar zum Gesetz über das Verfahren in Familiensachen und in den Angelegenheiten der freiwilligen Gerichtsbarkeit, 17. Aufl., München 2011.

Kitter, Michael/Zwanziger, Bertram/Deinert, Olaf (Hrsg.), Arbeitsrecht: Handbuch für die Praxis, 7. Aufl., Frankfurt am Main 2013.

Koch, Jens, Beschränkung der Regressfolgen im Kapitalgesellschaftsrecht, Die Aktiengesellschaft 2012, S. 429–440.

Koch, Jens, Das UMAG, Zeitschrift für Unternehmens- und Gesellschaftsrecht 2006, S. 769–804.

Koch, Jens, Beschränkungen des gesellschaftsrechtlichen Innenregresses bei Bußgeldzahlungen, Liber Amicorum für Martin Winter, hrsg. von Michael Hoffmann-Becking, Uwe Hüffer und Jochem Reichert, 2011, S. 327–350.

Koch, Jens (Hrsg.), Hüffer-Aktiengesetz, 11. Aufl., München 2014.

Koch, Ulrich/Linck, Rüdiger/Treber, Jürgen/Vogelsang, Hinrich (Hrsg.), Schaub-Arbeitsrechts-Handbuch Systematische Darstellung und Nachschlagewerk für die Praxis, 15. Aufl., München 2013.

Kocher, Dirk/Feigen, Jan Philipp, Hilfspersonen des Versammlungsleiters, Neue Zeitschrift für Gesellschaftsrecht 2015, S. S. 620–623.

Koller, Ingo/Morck, Winfried/Roth, Wulf-Henning, Handelsgesetzbuch, 7. Aufl., München 2011.

Krieger, Gerd, Abwahl des satzungsmäßigen Versammlungsleiters?, Die Aktiengesellschaft 2006, S. 355–363.

Kuhnt, Dietmar, Geschäftsordnungsanträge und Geschäftsordnungsmaßnahmen bei Hauptversammlungen, Festschrift für Otfried Lieberknecht zum 70. Geburtstag, hrsg. von Ernst Niederleithinger, Rosemarie Werner und Gerhard Wiedermann, 1997, S. 45–66.

Lange, Oliver, D&O-Versicherung und Managerhaftung – Handbuch, München 2014.

Lange, Oliver, Praxisfragen der D&O-Versicherung (Teil I), Deutsches Steuerrecht 2002, S. 1626–1631.

Langheid, Theo/Wandt, Manfred (Hrsg.), Münchener Kommentar zum Versicherungsvertragsgesetz, Band 2, München 2011.

Lehmann, Karl, Das Recht der Aktiengesellschaften, Band 2, Aalen 1964.

Leuschner, Lars, Das Haftungsprivileg der §§ 31a, 31b BGB, Neue Zeitschrift für Gesellschaftsrecht 2014, S. 281–287.

Loitz, Rüdiger, Die Hauptversammlung – Vorbereitung und Durchführung, Der Betrieb 2014, S. 133–137.

Looschelders, Dirk, Schuldrecht, Allgemeiner Teil, 12. Aufl., München 2014.

Lorenz, Stephan, Grundwissen – Zivilrecht: Schadensarten bei der Pflichtverletzung (§ 280 II, III BGB), Juristische Schulung 2008, S. 203–206.

Löwisch, Manfred, Zweifelhafte Folgen des geplanten Leistungsstörungsrechts für das Arbeitsvertragsrecht, Neue Zeitschrift für Arbeitsrecht 2001, S. 465–467.

Lutter, Marcus, Die Eintragung anfechtbarer Hauptversammlungsbeschlüsse im Handelsregister, Neue Juristische Wochenschrift 1969, S. 1873–1879.

Lutter, Marcus/Krieger, Gerd/Verse, Dirk A., Rechte und Pflichten des Aufsichtsrats, 6. Auflage, Köln 2014.

Marsch-Barner, Reinhard, Zu den Rechtsfolgen von Fehlern bei der Leitung der Hauptversammlung, Festschrift für Günter Brambring zum 70. Geburtstag, hrsg. von der Rheinischen Notarkammer, 2011, S. 267–282.

Marsch-Barner, Reinhard/Schäfer, Frank A. (Hrsg.), Handbuch börsennotierte AG: Aktien- und Kapitalmarktrecht, 3. Aufl., Köln 2014.

Martens, Klaus-Peter, Leitfaden für die Leitung der Hauptversammlung einer Aktiengesellschaft, 3. Aufl., Köln 2003.

Martens, Klaus-Peter, Die Leitungskompetenz auf der Hauptversammlung einer Aktiengesellschaft, Zeitschrift für Wirtschafts- und Bankrecht 1981, S. 1010–1021.

Martens, Klaus-Peter, Die Reform der aktienrechtlichen Hauptversammlung, Die Aktiengesellschaft 2004, S. 238–245.

Max, Dietrich H., Die Leitung der Hauptversammlung, Die Aktiengesellschaft 1991, S. 77–94.

Medicus, Dieter, Die Leistungsstörungen im neuen Schuldrecht, Juristische Schulung 2003, S. 521–529.

Medicus, Dieter/Lorenz, Stephan, Schuldrecht I, Allgemeiner Teil, 20. Aufl., München 2012.

Medicus, Dieter/Lorenz, Stephan, Schuldrecht II, Besonderer Teil, 16. Aufl., München 2012.

Mestmäcker, Ernst-Joachim, Verwaltung, Konzerngewalt und Recht der Aktionäre, Karlsruhe 1958.

Meyer-Landrut, Andreas/Wendel, Cornelia, Satzungen und Hauptversammlungsbeschlüsse der AG, Köln 2006.

Müller, Knut, Führungskräfte: Haftung und Enthaftung, Neue Zeitschrift für Arbeitsrecht, Beilage 2014, S. 30–37.

Müller, Welf/Rödder, Thomas (Hrsg.), Beck'sches Handbuch der AG: Gesellschaftsrecht, Steuerrecht, Börsengang, 2. Aufl., München 2009.

Musielak, Hans-Joachim (Hrsg.), Zivilprozessordnung: mit Gerichtsverfassungsgesetz; Kommentar, 11. Aufl., München 2014.

Mutter, Stefan, Versammlungsleitung – nur noch was für Mutige?, Die Aktiengesellschaft 2013, S. R161.

Noack, Ulrich, Haftungsmilderung für ehrenamtliche GmbH-Geschäftsführer?, GmbHRundschau 2010, S. R81.

Obermüller, Walter, Fehler bei der Leitung einer Hauptversammlung und ihre Folgen, Der Betrieb 1965, S. 883–884.

Obermüller, Walter/Werner, Winfried/Winden, Kurt, Die Hauptversammlung der Aktiengesellschaft, 4. Aufl., Stuttgart 2001.

Otto, Hansjörg/Krause, Rüdiger/Schwarze, Roland, Die Haftung des Arbeitnehmers, 4. Aufl., Berlin 2014.

Passow, Richard, Die Aktiengesellschaft, 2. Aufl., Jena 1922.

Patzina, Reinhard/Bank, Stefan/Schimmer, Dieter/Simmon-Widmann, Michaele, Haftung von Unternehmensorganen: Vorstände, Aufsichtsräte, Geschäftsführer, 1. Aufl., München 2010.

Peltzer, Martin, Die Haftung des Aufsichtsrats bei Verletzung der Überwachungspflicht, Zeitschrift für Wirtschafts- und Bankrecht 1981, S. 946–952.

Preis, Ulrich, Die Arbeitnehmerhaftung nach dem 56. Deutschen Juristentag, Arbeit und Recht 1986, S. 360–370.

Preis, Ulrich/Müller-Glöge, Rudi/Schmidt, Ingrid (Hrsg.), Erfurter Kommentar zum Arbeitsrecht, 15. Aufl., München 2015.

Prütting, Hans/Wegen, Gerhard/Weinreich, Gerd (Hrsg.), BGB Kommentar, 9. Aufl., Köln 2014.

Quack, Karlheinz, Beschränkung der Redezeit und des Auskunftsrechts des Aktionärs, Die Aktiengesellschaft 1985, S. 145–149.

Rauscher, Thomas/Wax, Peter/Wenzel, Joachim (Hrsg.), Münchener Kommentar zur Zivilprozessordnung: mit Gerichtverfassungsgesetz und Nebengesetzen, Band 1, §§ 1–354 ZPO, 4. Aufl., München 2013.

Reichert, Jochem, Existenzgefährdung bei der Durchsetzung von Organhaftungsansprüchen, Zeitschrift für das gesamte Handelsrecht und Wirtschaftsrecht 2013, S. 756–781.

Reinicke, Jürgen, Rechtsstellung, Rechte und Pflichten des Vorsitzenden einer Hauptversammlung, Hamburg 1982.

Reuter, Dieter, Zur Vereinsrechtsreform 2009, Neue Zeitschrift für Gesellschaftsrecht 2009, S. 1368–1373.

Richardi, Reinhard/Wlotzke, Otfried/Wißmann, Hellmut/Oetker, Hartmut (Hrsg.), Münchener Handbuch des Arbeitsrecht, 3. Aufl., München 2009.

Rolfs, Christian/Giesen, Richard/Kreikebohm, Ralf/Udsching, Peter (Hrsg.), Beck'scher Onlinekommentar Arbeitsrecht, Stand: 01.06.2014, München.

Rose, Michael, Anträge auf Abwahl des durch die Satzung bestimmten Versammlungsleiters, Neue Zeitschrift für Gesellschaftsrecht 2007, S. 241–245.

Säcker, Franz Jürgen, Behördenvertreter im Aufsichtsrat, Festschrift für Kurt Rebmann zum 65. Geburtstag, hrsg. von Heinz Eyrich, Walter Odersky und Franz Jürgen Säcker, 1989, S. 781–806.

Säcker, Franz Jürgen/Rixecker, Roland (Hrsg.), Münchener Kommentar zum Bürgerlichen Gesetzbuch, Band 1, §§ 1–240, 6. Aufl., München 2012.

Säcker, Franz Jürgen/Rixecker, Roland (Hrsg.), Münchener Kommentar zum Bürgerlichen Gesetzbuch, Band 2, §§ 241–432, 6. Aufl., München 2012.

Säcker, Franz Jürgen/Rixecker, Roland (Hrsg.), Münchener Kommentar zum Bürgerlichen Gesetzbuch, Band 4, §§ 611–704, 6. Aufl., München 2012.

Säcker, Franz Jürgen/Rixecker, Roland (Hrsg.), Münchener Kommentar zum Bürgerlichen Gesetzbuch, Band 5, §§ 705–853, 6. Aufl., München 2013.

Saenger, Ingo (Hrsg.), Zivilprozessordnung: FamFG / Europäisches Verfahrensrecht: Handkommentar, 5. Aufl., Baden-Baden 2013.

Sandmann, Bernd, Die Haftung von Arbeitnehmern, Geschäftsführern und leitenden Angestellten, Tübingen 2001.

Schaaf, Andreas, Die Geschäftsordnung der AG-Hauptversammlung – eine praktische Notwendigkeit?, Zeitschrift für Wirtschaftsrecht 1999, S. 1339–1344.

Schaaf, Andreas, Publikumshauptversammlung und Rederecht, Zeitschrift für Wirtschaftsrecht 1997, S. 1324–1328.

Schäfer, Carsten, Die Binnenhaftung von Vorstand und Aufsichtsrat nach der Renovierung durch das UMAG, Zeitschrift für Wirtschaftsrecht 2005, S. 1253–1259.

Schilling, Wolfgang, Die Rechtsstellung des Aufsichtsratsmitglieds, Festschrift für Robert Fischer, hrsg. von Marcus Lutter, Walter Stimpel und Herbert Wiedemann, 1979, S. 679–692.

Schmidt, Karsten, Gesellschaftsrecht, 4. Aufl., Köln, München 2002.

Schmidt, Karsten/Ebke, Werner F. (Hrsg.), Münchener Kommentar zum Handelsgesetzbuch, Band 4, §§ 238–342e, 3. Aufl., München 2013.

Schmidt, Karsten/Lutter, Markus (Hrsg.), Aktiengesetz: Kommentar, 2. Aufl., Köln 2010.

Schneider, Sven H., „Unternehmerische Entscheidungen" als Anwendungsvoraussetzungen für die Business Judgment Rule, Der Betrieb 2005, S. 707–712.

Schneider, Uwe H., Haftungsmilderung für Vorstandsmitglieder und Geschäftsführer bei fehlerhafter Unternehmensleitung, Festschrift für Winfried Werner zum 65. Geburtstag, hrsg. von Walther Hadding, Ulrich Immenga, Hans-Joachim Mertens, Klemens Pleyer und Uwe H. Schneider, 1984, S. 795–816.

Schöne, Torsten/Petersen, Sabrina, Regressansprüche gegen (ehemalige) Vorstandsmitglieder – quo vadis?, Die Aktiengesellschaft 2012, S. 700–706.

Schulze, Reiner (Hrsg.), Bürgerliches Gesetzbuch: Handkommentar, 7. Aufl., Baden-Baden 2012.

Schüppen, Matthias/Schaub, Bernhard (Hrsg.), Münchener Anwaltshandbuch Aktienrecht, 2. Aufl., München 2010.

Schürnbrand, Jan, Rechtsstellung und Verantwortlichkeit des Leiters der Hauptversammlung, Neue Zeitschrift für Gesellschaftsrecht 2014, S. 1211–1213.

Schürnbrand, Jan, Organschaft im Recht der privaten Verbände, Tübingen 2007.

Schütz, Carsten, UMAG Reloaded – Der Regierungsentwurf eines Gesetzes zur Unternehmensintegrität und Modernisierung des Anfechtungsrechts (UMAG) vom 17.11.2004, Neue Zeitschrift für Gesellschaftsrecht 2005, S. 5–11.

Semler, Johannes/Volhard, Rüdiger/Reichert, Jochem (Hrsg.), Arbeitshandbuch für die Hauptversammlung, 3. Aufl., München 2011.

Siepelt, Stefan, Das Rederecht des Aktionärs und dessen Beschränkung, Die Aktiengesellschaft 1995, S. 254–261.

Siepelt, Stefan, Das Rederecht des Aktionärs in der Hauptversammlung, Frankfurt am Main, New York 1992.

Spindler, Gerald, Die Reform der Hauptversammlung und der Anfechtungsklage durch das UMAG, Neue Zeitschrift für Gesellschaftsrecht 2005, S. 825–831.

Spindler, Gerald, Prognosen im Gesellschaftsrecht, Die Aktiengesellschaft 2006, S. 677–689.

Spindler, Gerald, Organhaftung in der AG – Reformbedarf aus wissenschaftlicher Perspektive, Die Aktiengesellschaft 2013, S. 889–904.

Spindler, Gerald/Stilz, Eberhard (Hrsg.), Kommentar zum Aktiengesetz, 2. Aufl., München 2010.

Staudinger, Julius von (Begr.), Kommentar zum Bürgerlichen Gesetzbuch, Berlin.

Steiner, Klaus, Die Hauptversammlung der Aktiengesellschaft, München 1995.

Stohlmeier, Thomas, Freud und Leid des reformierten Freigabeverfahrens – eine Bestandsaufnahme mit Verbesserungsvorschlägen, Neue Zeitschrift für Gesellschaftsrecht 2010, S. 1011–1012.

Stürner, Rolf (Hrsg.), Jauernig, Bürgerliches Gesetzbuch mit Allgemeinem Gleichbehandlungsgesetz (Auszug); Kommentar, 15. Auflage, München 2014.

Stützle, Rudolf/Walgenbach, Joachim, Leitung der Hauptversammlung und Mitspracherechte der Aktionäre in Fragen der Versammlungsleitung, Zeitschrift für das gesamte Handelsrecht und Wirtschaftsrecht 1991, S. 516–544.

Terbille, Michael/Höra, Knut (Hrsg.), Münchener Anwaltshandbuch Versicherungsrecht, 3. Aufl., München 2013.

Theisen, Manuel R., In den Zeiten der Sphinx, Der Aufsichtsrat 2007, S. 49.

Theusinger, Ingo/Schilha, Ralph, Die Leitung der Hauptversammlung – eine Aufgabe frei von Haftungsrisiken? Zugleich Besprechung des Urteils des LG Ravensburg vom 8.5.2014–7 O 51/13 KfH 1, Betriebsberater 2015, S. 131–141.

Trouet, Klaus, Die Hauptversammlung – Organ der Aktiengesellschaft oder Forum der Aktionäre, Neue Juristische Wochenschrift 1986, S. 1302–1307.

Ulmer, Peter, Nochmals: Begründung von Rechten für Dritte in der Satzung einer GmbH?, Festschrift für Herbert Wiedemann zum 70. Geburtstag, hrsg. von Rolf Wank, Heribert Hirte, Kaspar Frey, Holger Fleischer und Gregor Thüsing, 2002, S. 1297–1322.

v. der Linden, Klaus, Haftung für Fehler bei der Leitung der Hauptversammlung, Neue Zeitschrift für Gesellschaftsrecht 2013, S. 208–212.

v. der Linden, Klaus, Keine organschaftliche Haftung des Hauptversammlungsleiters, EWiR 2014, S. 551–552.

Vetter, Eberhard, Zur Haftung im fakultativen Aufsichtsrat der GmbH, GmbHRundschau 2012, S. 181–188.

Vorwerk, Volkert/Wolf, Christian (Hrsg.), Beck'scher Onlinekommentar ZPO, Stand 15.03.2014, München.

Wachter, Thomas, Beschränkung des Frage- und Rederechts von Aktionären, Der Betrieb 2010, S. 829–835.

Wachter, Thomas (Hrsg.), AktG: Kommentar zum Aktiengesetz, 1. Aufl., Köln 2012.

Wagner, Gerhard, Organhaftung im Interesse der Verhaltenssteuerung – Skizze eines Haftungsregimes, Zeitschrift für das gesamte Handelsrecht und Wirtschaftsrecht 2014, S. 227–281.

Waltermann, Raimund, Risikozuweisung nach den Grundsätzen der beschränkten Arbeitnehmerhaftung, Recht der Arbeit 2005, S. 98–109.

Waltermann, Raimund, Besonderheiten der Haftung im Arbeitsverhältnis, Juristische Schulung 2009, S. 193–200.

Wardenbach, Frank, Keine Haftung des Aufsichtsratsmitglieds für fehlerhafte Leitung der Hauptversammlung, Gesellschafts- und Wirtschaftsrecht 2014, S. 503.

Wellhöfer, Werner/Peltzer, Martin/Müller, Welf, Die Haftung von Vorstand, Aufsichtsrat, Wirtschaftsprüfer: mit GmbH-Geschäftsführer, 1. Aufl., München 2008.

Westermann, Harm Peter/Grunewald, Barbara/Maier-Reimer, Georg (Hrsg.), Erman-Bürgerliches Gesetzbuch, Band 1, 14. Auflage, Köln 2014.

Wicke, Hartmut, Die Leitung der Hauptversammlung einer Aktiengesellschaft, Neue Zeitschrift für Gesellschaftsrecht 2007, S. 771–774.

Wiedemann, Herbert, Gesellschaftsrecht, Band 1, München 1980.

Wilsing, Hans-Ulrich/v. der Linden, Klaus, Hauptversammlungsleitung durch einen Unternehmensfremden, Zeitschrift für Wirtschaftsrecht 2009, S. 641–651.

Wilsing, Hans-Ulrich/v. der Linden, Klaus, Debatte und Abstimmung über Geschäftsordnungsanträge in der Hauptversammlung der Aktiengesellschaft, Zeitschrift für Wirtschaftsrecht 2010.

Zöllner, Wolfgang (Hrsg.), Kölner Kommentar zum Aktiengesetz, Band 2, §§ 148–290, 1. Aufl., Köln 1985.

Zöllner, Wolfgang (Hrsg.), Kölner Kommentar zum Aktiengesetz, Band 5.3, §§ 262–290, 2. Aufl., Köln 2004.

Zöllner, Wolfgang/Noack, Ulrich (Hrsg.), Kölner Kommentar zum Aktiengesetz, Band 1, §§ 1–75, 3. Aufl., Köln 2011.

Zöllner, Wolfgang/Noack, Ulrich (Hrsg.), Kölner Kommentar zum Aktiengesetz, Band 2.1, §§ 76–94, 3. Aufl., Köln 2010.

Zöllner, Wolfgang/Noack, Ulrich (Hrsg.), Kölner Kommentar zum Aktiengesetz, Band 2.2, §§ 95–117, 3. Aufl., Köln 2013.

Zöllner, Wolfgang/Noack, Ulrich (Hrsg.), Kölner Kommentar zum Aktiengesetz, Band 3.2, §§ 121–130, 3. Aufl., Köln 2011.

Zöllner, Wolfgang/Noack, Ulrich (Hrsg.), Kölner Kommentar zum Aktiengesetz, Band 3.5, §§ 147–149, 3. Aufl., Köln 2014.

www.ingramcontent.com/pod-product-compliance
Ingram Content Group UK Ltd.
Pitfield, Milton Keynes, MK11 3LW, UK
UKHW021903290926
8980IPUK00015B/1027

9 783631 665787